正義

是你想的那樣嗎？

訴訟實戰攻略

蘭天律師——著

謹以此書獻給親愛的父母

黃鼎漢 先生

黃范員妹 女士

目錄

推薦序

律師的鐵血柔情

邱坤良

現代社會人際網絡日趨複雜，許多傳統社會習以為常的觀念與行為在今日早已過時。原本被忽略的著作權、隱私權以及其他自身應有的權利，逐漸受到重視。保護自己權益的同時，不小心可能侵犯他人的權益。

現代人雖然有了法律觀念，但這方面專業知識十分薄弱，除了法律人或對法律有較深涉獵者，即使大企業家或大學教授，一旦涉入法律案件，再稀鬆平常的生活小事，面對檢調、法官或對方律師一再詰問，也焦頭爛額，不是詞意含糊，就是無法把握重點，這個時候自然發覺隔行如隔山，必須求助辯護律師，特別是自己信賴的律師，以免公親變事主，有理變無理，原告變被告。

認識蘭天律師是在十七、八年前，時間不算長，她一開始給我的印象就是腦筋清楚，專業能力強，討論事情時，語言凌厲，卻恆帶微笑，條理分明地敘述緣由，不因他人的強烈反應而情緒起伏。當時我擔任一個初創的行政法人團體董事長，在籌組董事會時須要有法律背景的監察人，在跟她認識之前，我未曾跟法律人有較多的互動，但耳聞她的功力。在當時的董監事會聯席會議上，十幾位董事擔任白臉，三個監察人就她一人自動變黑臉，像包青天辦案，鉅細靡遺，讓行政業務同仁傷腦筋，但對一個典章制度尚未完全建立就已上路的行政法人，確實需要像她這樣具正義感的「壞人」。

蘭天律師從小到大，就是很會念書的「學霸」，她對文史深感興趣，父母與長輩卻希望她念法律，這也難怪，傳統社會中人文、社會領域中，念法律的人被認為較念文史的人有出息。她也如他們所願，從念台大法律系、法律研究所，年紀輕就考上律師執照。執業當律師後，在法律領域打拚了二十多年，從一般民刑事案件的訴訟，因緣際會跨入文化藝術領域，從音樂、文學、到影視創作的智慧財產權。

她發覺文學作家、編劇、導演、詞曲、編曲，甚至高知名度的演藝人員，思考脈絡很纖細，很有浪漫色彩，對於自己的權益卻不太清楚，碰上錙銖必較的大老闆，很難在一個頻率上對話，與每天處理硬梆梆法條、習慣你來我往、敵我攻防的法律人更是迥異，加上藝文行業樣態百百種，創作者需要學習法律知識，律師、檢察官及法官對藝文特質與內容的了解也是挑戰。

日前與蘭天律師相見，她說近幾年已將工作重心從訴訟案轉移到教學、演講，也許是對藝文的熱愛，也許是天生同情弱者，堅持正義，她協助很多第一線的藝文創作者解決法律紛爭。她特別關注紀錄片導演，顯現這個鐵桿律師柔情似水的一面，紀錄片工作者頗具理想與浪漫性格，他們的影片拍攝不如有較大資金投入的商業電影，但創作上又涉及許多歷史影像的運用，著作權複雜，因此她很願意協助他們釐清、保障自己的創作權利。

基於讓社會大眾，特別是影像藝文界，能對法律稍具概念，蘭天律師把近年來承辦訴訟案件或合約爭議歷程，透過淺顯的文字，將這些複雜、艱澀的法律條文轉換成一個個生活的故事，而且一口氣出三本書，還取了「蘭天律師」的筆名，乍看還以為是哪位大法師呢！

「蘭天律師」前兩本著作分別是《在多變的婚姻危機中找出路》與《如何面對合約》，前者談的是婚姻，後者針對影視、文創、投資合夥、建案買賣、出版設計、音樂授權、勞資僱傭、藝人經紀等案例作討論。最近出版的新書是《正義是你想的那樣嗎？》裡面所分享的個案，涵蓋醫療、企業、偽造文書、詞曲侵權、傷害、網路誹謗、影像侵權等……。一口氣讀下來，我發覺她的文筆洗鍊，頗能傳達法律案例的背景與氛圍，她的文字讀來輕鬆，但仍可感受案情的驚心動魄、高潮起伏。更多的創作者或法律盲如我者，從「蘭天律師」講述的「故事」，必能對法律及自己的權益有更多的了解。

（本文作者為台北藝術大學教授）

推薦序

從閉眼簽約到看懂合約外星語

莊益增、顏蘭權

自白一：五年級生是成長在一個資訊不流通的保守社會，即便我的體內已經溢滿叛逆的血液，內心深處仍藏存某些莫名的恐懼，例如訴訟。小時候偶爾聽到大人們說「被告」、「法院」等字眼，就覺得是好像會被抓入暗無天地的監獄，內心不斷告誡自己，這一生定要遠離那些無法理解的法律糾纏。

自白二：自從投入影像創作行列，就常常收到有如天書的「合約書」，形同外星語的文字不僅密密麻麻，還厚厚一疊。這個時候我就會習慣性地拿起筆和印章，閉上眼睛，率性的完成兩個動作，將這份合約書，寄出。

自白三：多年前透過一個朋友認識了蘭天律師，我很喜歡這個人的質感，從穿著打扮到笑容，都散發出一種暖暖的溫柔，讓人不自覺想要親近。蘭天律師說，她很喜歡《無米樂》這部紀錄片，也很想協助比較沒有社會資源的紀錄片工作者，如果有任何法律疑惑或問題，她很樂意幫忙。我帶著感動的情緒走出律師事務所，卻心中暗暗禱告，雖然交了個好朋友，但願這一生都不會麻煩她。

為何一篇推薦文從「自白」開場，因為這三段的「自白」，蘊含著我們對蘭天律師無限的感謝與祝福。不是祝福她的書大賣，而是祝福每個看過蘭天律師作品的朋友。因為我們曾因法律問題，墮入沮喪深淵的困境，憑藉著蘭天律師那溫暖且可靠的曙光，引導我們一步步走出來，然後將《牽阮的手》送到觀眾面前。

如「自白」所言，我曾經是一個非常畏懼「合約」、「訴訟」等法律問題的人，而《牽阮的手》是一部敘述台灣戰後六〇年爭取民主自由的歷史紀錄片，內容使用了大量的資料照片、影片、與老歌曲。事實上，在創作過程中，我們一度想要放棄影片的歷史架構與規模；試想，整個製作團隊只有兩個導演外加一個助理，怎麼有辦法應對這麼大量的「合約書」與複雜的「智慧財產權」，在理念與現實苦苦糾結時，腦海突然飄出一股暖暖的味道……啊，我們找到依靠了。

蘭天律師陪伴我們走過一年的創作期、二年的創作期……，然後三年、四年、乃至五年。期間，她用輕鬆的態度與嚴謹的專業素養，不厭其煩地幫我們修改一份又一份的合約書；用閒聊的口吻，協助我們進一步認知「智慧財產權」；更令人驚喜的是，她居然有辦法讓兩個個性散漫的導演，終於看得懂外星語的「合約書」；我們也開始懂得珍惜自己的創作權與如何尊重他人的智慧財產權。就這樣，蘭天律師一層層地溶解了我自小莫名養成的「對法律恐懼」的黑暗帶。

到了第五年的製作期，眼看影片即將完成，我們卻因為堅持導演的創作理念跟委製單位產生極大的衝突。如果導演不修改影片，就無法順利結案，就會被伴隨影片而來的各式各樣合約綑綁，當然也不能將耗盡五年心力的《牽阮的手》推出來……。頓時，我又被打回那個膽小、畏懼法律糾纏的黑洞中。猶記當時耳中不斷傳來蘭天律師的鼓勵：「這個世界，任何人都可以告任何人。」、「被告不等於無理」、「堅持才會有力量」；但我的心中卻一直吶喊，放棄……放棄……逃避……逃避……，懦弱無助的姿態癱瘓在蘭天律師的面前，最後蘭天律師動怒了。

蘭天律師寫了封短信給我，數十字中……一句「為母則強」深深震撼了我。是的，「為母則強」。《牽阮的手》在我們的懷中孕育了五年，克服了千辛萬苦才催生出來，怎可以輕易放棄自己的小孩。「為母則強」給了我無比的信心與力量，以「母親」的姿態重新站在蘭天律師面前，讓蘭天律師牽著我們的手，逐「字」逐「關」的闖，終於捍衛了《牽阮的手》，也讓今日的我們，擁有足夠的勇氣與力量在創作的旅途中持續闖盪。

常有朋友戲笑我們是紀錄片的苦行僧，一部影片往往花三、五年的時間蹲點拍攝，才能製作完成。然而在這條創作的坎坷路，我們是極為幸運的，因為在困頓時永遠都有一雙又一雙溫暖的手，緊握我們……。

我們將努力多年的作品獻給大家，也將在背後默默支持這些作品的溫柔暖意……傳遞給大家。希望讀者能在《正義是你想的那樣嗎？》的字裡行間，感受到蘭天律師那雙筆耕的手，那雙手的手心……飽含柔暖的情意，手尖……透著穩定而堅毅的力量。

（本文作者為《無米樂》《牽阮的手》導演）

推薦序

弱勢者的工具箱與邁向和解

黃俊銘

和蘭天律師初識時，我還是報社記者，當時她已是鼎鼎大名、處理過多件轟動社會影視糾紛的知名律師，由行政院指派來擔任台灣首例行政法人機關兩廳院之「國立中正文化中心」（現為國家表演藝術中心）的監察人，可想見台灣表演藝術事業起飛，迫需熟悉文創與著作權的法律眼，能儘快建立制度，當時對於她專業、充滿熱忱及理想性格，印象深刻。

不過，藝文圈小，同仁性質強，做事多半憑「搏感情」，法律與公共事務觀念仍有努力空間，我有時耳聞一些權力之士甚畏懼蘭天律師，覺得藝文事物期待社會賢達來做功德跟「捧場」即可，不理解她為何甚至犧牲事務所業務，將無給職簡直當主業來拚，但我更多聽聞基層員工對她敬重，正因為她的「外來者」身分反而能透徹事理，擺脫包袱，讓新組織擁有變革的活力。

我也曾好奇，為何對這義務職萬分投入，記得她平淡地說：「有機會為國家做事，就要全力以赴。」這段話不知為何，多年來一直烙印我腦海，在功利掛帥，而對於公部門參與有志之人又多半抱持不得罪人且便宜行事，如此「純粹」風格，反而強大的令人肅然起敬。

蘭天律師是台灣極少數精通法庭訴訟、合約談判，且對於影視演藝產業、文創及相對小眾的藝術文化領域，皆有長期實戰經驗的優秀律師。我私下知道，她在影視流行音樂圈享有崇高地位，尤其是多位「影視大亨」極信賴、願意「傾訴心靈」的能者。她善於傾聽，處事從容，能踩進事物迷障與關鍵要害，並運用她天賦裡的敏銳觀察與感受能力，與法律的論理結合；此外，她極重視當事人感受，但更著深於探究何以演變成法律問題背後的情感與心理根源，我始終相信這樣的能力，得自長期精湛的法律訓練，還有旁看法庭人生所練就對眾生細膩的領悟。

另一方面，蘭天律師對年輕、缺少資源的創業／創作者卻又極度愛護，我經常看她耗費最多心力時間且不計成本幾乎達「志工」境界，都是毫無「利益」可圖的案件；她甚至挺身出面協調，幫忙整合社會資源，讓年輕人在關鍵起步踏得穩健，就我所知在影視、紀錄片、文創出版、流行音樂界多位如今挺拔人士的路途，都有蘭天律師的身影。

很高興看到蘭天律師將生涯諸多代表性「案件」，改寫成生動有力的個案故事分冊出版，首冊《在多變的婚姻危機中找出路——山盟海誓比不過一張紙》談得的是人世間最難以法論斷的婚姻情事，第二冊《如何面對合約——解約有理告別無罪》，將觸角深入近年最熱議的文創領域，從影視產業、圖文創作、演藝經紀到音樂產業，勾勒理性與感性經常無法順利平衡的文化工作者場景，本冊《正義是你想的那樣嗎？——訴訟實戰攻略》為法庭場景的各種訴訟紀實，讀來有時令人怵目驚心，猶勝於電視法庭劇情。

然而，細觀全系列理路，將發現作者更多反思法律的終極價值與困境，諸多案例都有朝向「和解」的意涵：法律通常無法真正解決世間糾爭，尤其諸多訟訴多半表面交戰的是資源、利益、剝削與人間的愛恨與欺瞞，但背後訴訟的癥結經常都是情感的歸屬與同理無法安放。法律講究合法性、合理、證據主義與一般性正義揭露，法律卻無能解決「感受」問題，亦不等同於道德與倫理運作，判決常有令人嘆息之處，本冊的書名，已闡明法律自身的受限：它更依賴人性的理解、情感釋放、換位及尋求和解之道。

不過，法律在當前，仍需迫切成為弱者的武器。台灣法律公民教育初萌芽，媒體本應扮演法律的社會教育責任，不過，我們的新聞時事與專題出現有關法律面向，多為各種爭議事端的瑣碎八卦，意在偷窺，缺乏法律運作原理、權利與義務概念的媒體解析，甚至抽象層次例如法律與正義、法律與人權議題亦少關切，蘭天律師的法律生活書寫，提供了一個對普通民眾「賦權」（empower）的可能：透過世間眾生的各種案例，以及各種日常生活脈絡、社會現場的寫真，讀者很容易可以設身處地將之轉換成「為己所用」的法律工具箱。

過往，法律總給人「為有權有勢者論辯」的形象，本書明顯盼翻轉這種社會印象，將法律常識抽絲剝繭，透過與當事人的互動、對話來演練各種法律處境，並提出各種可能性解方及利弊反思，這對於不諳法律話語而在公共生活裡吃虧的公民、資源上的弱勢者，尤能受用；知識使人感覺有力量，意即於此，我認為法律的公民教育意義還在於：即使我們處在資訊密集的當今，這個世界因為社會不平等（social inequality）所造成的「知識落差」，仍十分顯著，我常聽蘭天律師提及一些在家庭暴力、不幸婚姻裡掙扎受害的女性，或偏鄉未受教育者，如何藉由法律走出人生幽黯，若有更多人懂得運用法律自我保護與培養利他的精神，社會的安全感將可提昇。

除了社會弱勢者，我認為，這系列書寫對於以下所屬群體也能受益：一、個人生命／生涯偶發性危機者：書中多有涉及人生風波，從婚姻危機、醫療糾紛到車禍官司如何處理，及法、理、情的思索之道。二、與人合作／企業危機處理：書中透過案例分析投資者、有權勢者的心態，也有受剝削者的心路歷程，讀者可深透社會現場裡的相關眉角，理解場域裡的運作法則、行規及其透露出來的各領域職業思維，這對於當前社會漸浮現與人合作、「共製」的工作模式，應能受用。三、媒體公關與策略者：書中涉及數項當事人是否適合打「媒體戰」的反思，媒體本意在揭露，但實際運作則多為一刀兩刃，後續有時無法匡正視聽，還讓相關當事人或公司賠上形象；同時，新聞經常是政治—媒體共謀的複合體（media-political complex），許多新聞報導所呈現既非真相本身，也常是記者同業競爭、相關當事人的意圖／議程、媒體的商業本質，與法律倫理界限所共同競爭出來的結果；法律與媒體揭露的綜效，經常相輔相成（complementary），也可能相互破壞（undermining），作者亦有關鍵提醒。這系列書對我個人而言，則充滿社會學式（sociologically）對社會生活的理解，它對於社會運作、各領域工作文化，及「法律怎麼解釋」與「社會如何想」等，皆有厚描，有志於法律、人類學、社會學、人權、傳播學、商業危機管理的讀者將感受閱讀樂趣，它百科全書的涉及社會生活的運作全貌，且總帶著人性終極寬容與理解的色彩。

最後，我對於作者自述裡提及，盼藉由法律，「協助創作者修復或結束合作關係，開啟人生新的篇章」，特別有感。「修復」是社會益發冷漠、意見分裂亟需重建的技藝；修復非意謂著掠奪，而是一套與自己及他人和解的歷程，這也是法律最重要且迷人，充滿社會使命之處。我因此認為，這系列書還是作者個人的法律信仰告白；我們需要正義捍衛者，也需要更多勇敢溫柔的和解倡議者；法律是一套處理異質與差異的我們，如何生活在一起（living together）的制度，它始終與人的境況有關：人是變化、學習，不斷與現實協商，人也需要而且有能力藉修復重建，這是作者的終極關懷。

今年三月，甫收到蘭天律師贈書，打開內頁寫著：「謹以此書紀念多年雋永芬芳的情誼」。言短意深，令人陷入回憶。我即使閉上雙眼都能想起來，多年前我是多麼汗涔涔而戰兢走到蘭天律師的事務所，一個迷惘的年輕記者，求助釐清相關新聞爭議，我至今仍能感受當時對新聞的熱切，還有她包容、寬厚與談起法律時的風采。

以此序紀念我們的忘年友誼，並深表感謝我從那些「密室告解」裡所獲，不斷翻轉而重新得力的人生。

（本文作者為政治大學傳播學院助理教授，英國愛丁堡大學社會學博士）

推薦序

我國宜改採全面律師強制主義

蔡虔霖

本書作者以其女性細膩思維及母親的同理心去處理司法案件，再將其二、三十年來的經驗娓娓道來，配上生花妙筆，極具可看性。

在下工作經驗包括法律教師、檢察官、法官，唯獨未曾擔任律師。本以為律師一個月只要接個三、四件案件，每個月收入就與在下現在任職的家事法官每月六、七十件接近。且律師的狀紙可漫無邊際的恣意揮灑，反正縱使不為司法官接受也不傷大雅。惟看了本書作者的描述，作為律師的她必須隨時察言觀色，處處觀照當事人甚至其公司同仁的情緒，更暖心的設法偷偷聯絡失聯許久的當事人子女去當事人就醫的病榻旁探視慰問，此種付出已近乎全面性的作之親（人）、作之（律）師，絕非僅限於一個斷面的訴訟的決斷。

在步入二十一世紀之後，我國的訴訟制度已到了非改弦更張走上專業化不可的時候了。在下有下述經驗：在審理家暴案件：「法官，我要告蔡英文家暴；我跟馬英九上床；我以前關過，是葉金鳳迫害我的。」；在刑庭的交互詰問：「請被告訊問證人」，「請問法官要怎麼問？」；在民事案件：「接下來我們來做整理爭點」，「法官，什麼叫爭點」。在台灣，除了重大刑案，任何人都可以本人在法院起訴或應訴，而毋須律師代理。所以在台灣的法庭，法官大部分面對的是法律的素人，甚至病人（開庭時常碰到思覺失調的病人）自己訴訟。導致法官開庭時常須花許多時間對當事人作法律教育，指導如何進行訴訟，以致如上述的近年來我國許多訴訟變革因許多案件缺乏法律專家的在庭參與而徒法不足以自行。

「庭上，本案應適用一八九六年的A判例，理由有下述……」，「庭上，本律師主張應適用一九〇六年的B判例，理由有下述……」，這是溫哥華（英國及許多大英國協，如香港）的法庭現況，即除非簡易案件，只要到法庭開庭，一定要律師代理，而且要Barrister（訴訟律師），而非Solicitor（非訟律師），因後者的專業是法律的諮詢及法律文書的傳送並非到法院開庭。

近幾年，法界被諸如「法院是為人民而生」，「你給我事實，我給你法律」的大帽子所籠罩，洵致法院的程序流於民粹而專業隱退。上述理念是對的，但應指其結果，而非過程。過程如此的草根，其結果恐與理想大相逕庭。

當然，改革之初毋須陳意過高，馬上採用諸如加拿大的訴訟律師（Barrister）強制代理，而可先採用只要有律師資格即可代理之律師強制代理制度。或謂聘請律師必須費用，對於低收入等弱勢族群可能是筆承受不起的負擔。惟台灣現在每年錄取約千位律師，可毋庸擔心律師的供給問題。再我國已有法律扶助基金會可以提供義務律師，更不用擔心弱勢族群的法律權益保障問題。

假如台灣的法庭開庭審理的所有案件兩造均有如本書作者隨時以當事人最大利益為念的律師出庭，加上法官共三位法律專家各盡其職的為法律爭議尋求最妥適的解決方案，則我國的司法必可步上「明」、「速」的里程碑。

（本文作者為高雄少年及家事法院法官）

自序

擔任訴訟律師二十幾年以來，在整個訴訟過程中，壓力最大的引爆點，往往不是接獲法院敗訴判決之際，而是當事人決定要提告的一刻！因為訴訟一經啟動，新的人性戰爭即將開啟，所有的人際關係重新洗牌，恩怨情仇再度烙印。

長期在法庭裡外看遍當事人的愛恨情仇，似乎冥冥中就有一條線，把原告、被告牽引到法院，必得對簿公堂，決一生死，才會甘願！舉凡兄弟鬩牆、侵權賠償、夫妻反目、交易爭端、父子決裂、合夥糾紛等案件，決定起訴時，已無暇細析官司勝負，或能否真正解決問題，終究是決意走上這一遭，此刻人際衝突透過宗教信仰、道德倫理、情份道義已然無法解決，只能進入法庭尋求公平的裁斷。

然而，是非對錯豈是一紙判決書寫得清楚？輸贏得失又焉得司法天秤精確衡量？有時贏得了真理，卻輸掉人情；有時獲取了正義，卻失去道義！走進法院之前，人們真的準備好了嗎？往往世人採取法律途徑，或出於一口氣嚥不下，或冀盼洗刷清白、爭取公道，終歸是期待法院實現公理正義。可是真正上了法庭才發現，原來對方會否認事實、證人會說謊、證據會不翼而飛、法官會怠惰偏執、對方律師會無情攻擊、法律條文會不夠用、自己會疲累絕望、公平正義會消失……。於是在提告之前，常勸當事人慎思，除非對方冥頑不靈、不見棺材不掉淚，否則切勿輕啟訟爭；司法訴訟是一條不歸路，走上訴訟之途，多半「傷敵一千，自損八百」，甚至雙方同歸於盡，驀然回首，已是百年身。

案件進行中，經常尋求適當時機建議和解，並非認定判決結果必輸無疑，而是當事人不明白法庭中危機四伏，律師辯護過程中，由於被告未完整透露事實、案情急轉直下或證據不足，經常會踩到地雷，難以力挽狂瀾。而且訴訟程序曠日費時，當事人面對訴訟更加敏感脆弱、易受傷，動輒在法庭中惡言相向、拼個你死我活，心結愈大、仇恨益深。倘使能透過和解，避免遭受二度傷害，徹底解決衝突，自是兩造圓滿，功德無量。推動和解，有時也是為了各方心安，尤其有些案件被害人損了財、傷了心、失了業、殘了身，訴訟程序中力勸雙方進行和解，促使被告認錯致歉，有所彌補，消弭仇恨，順利結案，才不會讓惡緣業力繼續輪迴。

長年在法庭訴訟攻防中觀察人生百態，雖然職場的腳步不曾停歇，但深刻感受到心裡長期承受沉重的負荷，在法庭中、會議桌上很多人性善惡衝擊、事實真相不明、公理正義的失落，持續糾結，無法覓得終極答案。近年來決定緩下工作步調，帶著深深的困惑進入生命的幽谷，透過旅行覓得心靈的自由，經由中國經典的學習尋求精神的依託，藉著佛法禪修煉取靈魂的解脫。回首過往，人生一幕幕場景、一段段經歷，在省思與體悟中，獲得療癒與平靜，最終得以自在放下。

二〇一九年四月一日

有時官司打贏了或當事人雙方和解了，也沒有特別興奮之情，因為感受到當事人遭受的傷害，不是事後的金錢賠償或一紙勝訴判決可以彌補的！

墨鏡裡的無奈／醫療糾紛

他說眼睛差點被醫生弄瞎了，要告醫生。

又是醫療糾紛，通常碰到這樣的案子，都轉介給其他律師，一來不易舉證；二來纏訟多年曠日費時。

可是這位老先生很篤定，堅持要我辦，唯一的理由是：「因為妳上次幫我女兒辦一個案子，辦得很好！」

可是那是通姦離婚案，跟醫療糾紛案完全不同啊！

他把墨鏡拿下來，正常的眼睛透露堅定的眼神，我才注意到另一隻眼睛呆滯渙散，難怪進來會議室仍一直戴著太陽眼鏡。

他說：「律師，我才六十五歲，剛剛退休，正想把眼疾醫好，開始帶太太四處旅行，享受退休生活，沒想到一個簡單的手術，毀了我的眼睛，也毀了我多年寄望的退休夢想！現在別說開車，連過馬路都看不清楚，需要太太牽我，……難道我的人生剩下來的日子都要這樣度過？」

很多當事人敘述完案情，往往提出法律之外的問題，我想不只是律師，恐怕連上帝都難以回答！

看著他憤慨的神情，再轉向一旁坐著的女兒，同樣期盼的表情，真的不忍心拒絕。翻了一下診斷證明書，叮嚀他們要再準備更詳細的病歷資料，女兒有些遲疑地說：「現在我們準備告診所了，他們願意再提供資料嗎？何況前幾天，我爸爸已經去診所吵過了。」

唉！當事人常會自絕生路，把情況弄得無可收拾才來找律師。

好吧！顯然診所資料是要不到了，那麼再來思索何種法律途徑對他最有利。我循例解釋，一般醫療糾紛我們會先寄發律師函，說明醫師的診斷疏失，與病人所受損害，要求醫師出面洽談和解；如果和解破裂，再考慮訴訟，過失傷害追訴的期限是六個月，邊解釋邊檢視診斷證明書上手術時間。

哎呀！只剩下十天，刑事傷害案的告訴時效即將消滅，急忙問阿伯為何拖了五個多月才想解決，他無奈地說，因為手術失敗，醫生重作，又發生不適應，醫生轉診到台大醫院治療，才知道已無改善的機會。

這下可好，不只資料不足，連準備的時間也極為有限，開始有些後悔剛剛的婦人之仁。

只好在詳細討論案情後，速速送走當事人，振筆疾書，擬就一份措辭嚴厲的律師函，限對方三日內出面解決。以限時雙掛號寄出後，不抱多大希望，通常的經驗是對方回覆一份客氣但卸責的信函，表明遺憾之旨，但全無認錯賠償之意。果不其然第三天就收到這麼一封四平八穩的解釋回函，連見面協商的機會都付諸一空！

原本平靜但稍帶憂慮的心，立即轉為憤慨，適巧在網路上發現那位醫生與診所的廣告，心想不知有多少無辜的病人會再遭殃，如果不採取非常手段，恐怕無法找出談判的籌碼。於是迅速與當事人商議，立即向法院民事庭聲請保全證據，民事庭法官非常積極，受理後立刻來電聯絡前往診所，實施保全病歷資料程序的時間，當事人強烈要求就訂在那位醫生門診時間，「這樣才能讓其他病人知道這個醫生多爛！」當事人憤憤不平地說！

法官從善如流準時到達，而且還專程囑託兩位法醫陪同，那位醫生慌亂之餘，連忙請候診的病人改約其他時間，但仍向法官虛與委蛇，表示病歷資料不在診所，法官要求立即送到診所。醫師交代司機載來，我低聲叮嚀當事人的子女直接到地下室停車場監看司機拿取資料過程，免得中途掉包或竄改湮滅證據，他們機靈地先到停車場等候，跟在司機及一堆資料後面隨同上樓，法官仔細檢查後指示影印部分病歷，我又囑咐他們跟隨前往影印室監看影印過程。

此時當事人已按捺不住多日委屈與氣憤，在門診室指責醫師，法官要求我制止當事人後，只見法醫向法官說明重點後，法官當場訊問醫師，醫師在連番關鍵問題無法合理回答後，低聲承認有部分醫療疏失。法官表明他只執行證據保全程序，建議診所與當事人商談和解，驅車離去，診所委託的律師立即約定翌日和解時間。

步出了診所，我告訴當事人，你們很幸運遇見了一位好法官！

當事人與我一起回到事務所，診所委任的律師來電解釋：「醫師需要開刀，明天和解醫師不克前來。」我回覆如果醫師不來就不談了，當事人的女兒在一旁聽了，訝異於我的強硬，疑惑著不是診所的代表人來協商就可解決？

「世界上很多委屈不是金錢可以彌補的，今天縱然診所付了賠償金，也已經無法回復妳父親的視力。雖然雙方和解了，妳父親心理也較平衡了，但日後他因手術失敗產生的後遺症、生活的不便，心理的調適，仍然會帶來許多的煎熬，如果負責開刀的醫師，沒有當面向妳父親誠心致歉，妳父親面對那些煎熬仍有深深的不平，所以我要求醫師親自出面，向妳父親認錯道歉，讓妳父親有機會選擇原諒他，這份原諒會產生很大的力量支持他度過日後許多痛苦的歲月。」我平和地解釋著，當事人的女兒陷入沉思，彷彿看到未來父親的生活景象……。

翌日談判桌上，醫師匆匆趕到，在對方律師要開始賠償金的議題前，我請會議桌上每個人安靜下來，神色凝重地注視著醫師，說道：「這個案子，本來我們可告刑事傷害罪的；我們也可以請壹週刊作封面故事報導；甚至每天到診所去大吵大鬧；可是，我的當事人都沒這麼做，雖然他的眼睛沒救了，他還是寧可相信醫生只是一時疏忽，不是故意的……」醫師欲言又止。

「您是否有些話要跟我的當事人說？」我引導著……。

他聞言不再沉默，立即起立，向曾經是他的病人——墨鏡的阿伯解釋，這一切都因為他太忙而產生疏忽，造成的病痛，祈請諒解。阿伯最初愕然，呆立不動，女兒在旁拉一下他的衣袖，阿伯才回神站起來主動伸出手，在雙方握手中，一笑泯恩仇。

接下來醫師告退先行返回診所繼續看診，留下律師及診所股東與我們商談。我在和解前就請當事人仔細估算後續眼睛回診之醫藥費，以及更換水晶體的手術費與精神上的賠償，特別叮嚀他們勿漫天喊價，一切要有國內外醫療機構的數據，縱使醫師已承認醫療疏失，但和解金額仍應有合理的計算標準。

對方聽了這一連串我當事人從各處詢問的醫療數據，雖然無從反駁，但仍表示診所能力有限，只能支付五十萬元，說著說著一疊現金就提出擺在桌上。我疾言厲色地訓斥叫他們收起來，表示這種強迫和解的方式我們不能接受，並請他們離開，在場包括我的當事人面面相覷，不知為何我反應激烈，他們收拾了桌上的現金尷尬地離去。

我告訴當事人：「原諒醫師的過錯，並不表示我們可以被隨便打發，賠償金的給予是表達他們的歉意，藉此檢討疏失，而不是花錢消災的心態，更不是廉價地購買我們的尊嚴！」

當事人憂愁地問，那麼我們拒絕這筆現金，會不會就此談判破裂，展開漫長的訴訟？我說應該不會，他們會回來找我們重談的，「因為他們診所還是要開門做生意，醫師禁不起病患為了醫療糾紛登門鬧事，更無法忍受媒體報導這一樁失敗的手術，甚至還必須上法院出庭，背負過失傷害的前科罪名，他們一定會再來談和解的。」阿伯跟女兒聽了半信半疑地回家了。

第二天就接到對方律師的電話，表示願意提高一倍的和解金合計一百萬元，我仍婉拒，來回多次聯繫磋商，最後以一百四十五萬元定案。

當事人簽了和解書，收到賠償金，提了一盒水果來道謝，沒戴墨鏡的眼神中有欣慰之情！離去時請他好好保重，多珍惜退休時光，帶著妻子去各地旅遊。

當事人開心地走了，我卻不覺得特別高興，想著那天醫師歉意的臉，不曉得日後開刀時，是否多一份謹慎與尊重?!

敗訴如山倒／回復股權案

人性的貪嗔痴，總希望人生在世，擁有愈多愈好，甚至最初只是借個名字當個人頭，到最後自我催眠、假戲真做，也當作是自己的財產。於是人性的弱點在這裡開始浮現，恩怨情仇因而展開角力與拉鋸，到頭來居然是相信人性，卻不懂法律的人失去一切！

當事人是個企業家，典型的兩岸三地貿易起家的台商，在台灣經營有成後，往香港推進，建立外貿據點，再到大陸設廠。九七大限時，為了分散香港的政治風險，前往新加坡及英屬維京群島尋找避稅天堂設立境外公司，企業集團逐漸成形，海內外共有十家公司。在企業家妻子的精心布局下，多數公司以妻子或其娘家親人的名義開設，企業家基於信任，一直以登記人頭視之，從無防範之心。

沒想到夫妻反目後，妻子全部視為己有，在夫妻對簿公堂的各個訴訟中，極力主張是她與丈夫共同打下這片事業江山，認為那些公司負責人與股東名義的登記都有實質意義，甚至強調境外兩家紙上公司都是她個人擁有。於是整個企業集團的咽喉全被掐住，因為那兩家境外公司存放整個集團的營業收入，各個公司的人事開銷、員工薪水、廠商貨款、材料費用，都仰賴這兩個公司的銀行帳戶挹注調節，在這個節骨眼咽喉被掐住，勢必動彈不得。企業家只好啟動危機處理機制，全面通知各國外廠商，變更貨款匯入帳戶，再另外開設境外公司，建立新的財務收支網絡，當然原來的公司帳戶裡的美金存款數百萬元被妻子扣住，皆無法追回。

一開始承接這個集團的案子，面對這些公司登記人頭的問題，我就強烈建議，針對借名登記的人頭打回復股權官司，結果無人理會。公司老臣、管理顧問、其他事務所律師，甚至老闆聽了，都覺得沒有必要。他們認為那些公司已停止營業，舊有的銀行存款也被提領一空，另闢戰場要收回這些空殼子公司也無實益！

另一個考慮點是這種官司沒有勝算機率，因為所有登記書面，包括資金投入，當初企業家妻子規畫縝密，天衣無縫，幾乎無法舉證推翻，可是我有把握，可以援用很多佐證，扳回一城。但是好的訴訟策略在剛提出時，常會被忽略，因而連我解釋這種回復股權的案子對於其他案件的衝擊與連鎖反應時，依然無人附和，我只好閉嘴！

直到一年過後，有件關鍵的案子打贏，企業家免去牢獄之災，他對司法還他公道，非常欣慰，也開始對我逐漸產生信任。這時其他民事案件都遭受到人頭公司的攻防干擾，我在一次公司內部的訴訟會議上再度陳詞，詳細說明它的提告利弊得失。總經理聽懂了，同意提出回復股權的訴訟，終於委託我向法院起訴，可是老闆依舊不抱希望，公司的管理顧問甚至唱衰，不斷阻擾。直到法院起訴前一天，管理顧問依舊發電郵警告此案敗訴的後遺症。

於是第一次開庭，我頂著極大的壓力到了法院，總經理、管理顧問坐在旁聽席上，看著我能否說服法官。果不其然，美麗而聰敏的女法官庭訊第一句話就是：「當初公司設立的資本壹仟萬元是原告或被告出的？如何證明？」一下問到要害，對方律師洋洋得意，認為法官完全站在他們的立場，因為他們的答辯狀已寫明壹仟萬元是從他們的當事人即妻子的帳戶提領匯入公司籌備處的銀行帳戶，鐵證如山，身為原告的我們如何扭轉情勢？

法庭中空氣凝結，旁聽席上總經理一臉焦急，管理顧問則露出平素常有的鄙夷嘴臉，一副我方輸定了的神態。我站起來恭敬地回答：「報告審判長，我方並無直接證據，可是當時公司設立，是我方當事人指示妻子去辦理，錢是由公司集團帳戶支領，這整個集團都是原告在經營，包括這家公司，而公司的收入都是……」，還沒解釋完畢，法官已經不耐煩，阻止我再陳述：「大律師，我問的是這壹仟萬元出資額的來源，妳不要跟我講公司集團，也不用提到到公司經營，這是兩回事，請針對你們的訴求舉證，否則我就駁回此案，退庭！」

走出法庭，總經理很緊張地問：「律師，怎麼辦？我們就是沒有出資證明，這幾年才不敢提告，現在法官又要求我們要拿出來，這個案子怎麼打下去呢？」管理顧問趁機落井下石，立刻砲轟：「我叫你們不要告，你們卻堅持，看吧！果然如我預期的情況……」。

兩軍交鋒，才第一回合，怎能輕易認輸。在法庭長廊上，我跟當事人強調有證人可以傳訊，下一庭可以深入解說公司營運現況，讓法官改變關切的焦點。總經理滿臉疑惑，問著：「這樣有用嗎？」管理顧問依然質疑，強行要求總經理與我接受他提出的訴訟策略，從整個企業集團的境內、境外資金流向來解析，進而向法官整體證明。我委婉地解釋：「法官應該不會接受這種論點，因為與本案關聯性太低……」話未聽完，管理顧問居然火冒三丈，拂袖而去。

這種情形已經不是第一次了，每次與管理顧問討論，我們好像都成了他的學生，必須全盤接受他的說辭，不許有反對意見，否則他就以諸多肢體語言訴說不滿與情緒反彈，聽說心理學有種分析，愈沒自信的人，愈會以「憤怒」發洩情緒。在管理顧問身上，明顯地看到這個理論的體現。

以前我會小心翼翼地處理當事人的情緒問題，自從禪修之後，習得「不攀緣」的法門，漸漸學會只面對與本案有關聯的情緒，其他就讓它自然升起再消逝。於是在管理顧問氣沖沖走了之後，我原想不予理會他的情緒，繼續討論案情，沒想到總經理擔心管理顧問不悅，竟追上去特意安撫。唉！難怪管理顧問每次翻臉都跟翻書一樣，因為老是有人買單，誰叫他有特殊的背景——總裁的親戚，公司上下沒人敢得罪。只有我堅持對事不對人，今天他風度不足，對人不夠尊重，那就到此為止，我是不可能去伺候當事人的情緒的，縱使冒著被解除委任的風險，律師提供法律服務也必須有尊嚴、有原則！

第二次開庭，情勢不變，法官開始願意傾聽我們說明公司營運面的狀況，而不是斤斤著重於設立登記時投注的壹仟萬元資本，甚至還接受我方聲請傳訊證人——另一名人頭股東說明借名登記的緣由。旁聽的總經理甚感快慰，可是卻疑惑為何法官態度一百八十度轉變？我提醒總經理，上次庭訊後我們提出公司實際營運面及財務面的資料，法官想必閱讀了，所以開始懷疑被告是否真的擁有這家公司，才會同意調查經營權及傳訊另一人頭股東。

原本預期這位股東出庭可以交代整個股權借名的情節，沒想到陰錯陽差，法官傳訊證人，我們事先並不知曉。開庭時碰巧總經理與主管們都遲到，開庭前兩分鐘才趕到。我雖然提早半個小時報到，但也是看到報到單上列明證人姓名，才知道今天的庭期證人會出現。舉目四望，不認得這位證人的長相，不知證人是否到法院了，剛巧有個中年男人與我四目相接，「是他嗎？」心中一連串問號，盯著他的臉龐，想找到答案。他卻立即移開眼神，不敢繼續直視，因為他一定看得出我是律師，萬一認錯了，他的壓力肯定比我大。

於是在法庭外不斷踱步來回，等候期間我們又互望兩次，有著很奇怪的感覺！等到謎底揭曉，庭務員已經在點呼開庭了，總經理趕到後，不停致歉，那位中年男子認出總經理後疾步靠近，我們以最快速度告知這位焦慮的證人，法官可能詢問的問題，沒想到他的答案都不是我們意料的，完全狀況外，開庭迫在眉睫，對方律師已入座，我只能告訴他，「請照記得的事實說吧！」唉！一切聽天由命了。

還好庭訊中，我提示了一些當年處理的文件，證人逐漸回復記憶，說出了事實真相，向法官說明他與其他股東皆屬人頭的往事。對方律師不甘心，不斷製造問題為難證人，幸好無一得逞，反而讓證人更篤定地強化過往的親身經歷。

真是有驚無險，法官對於此案似乎先入為主的觀念漸漸被打破，我們趁勝追擊，聲請再傳訊兩名資深員工，而且早有準備對方會反對在職員工出庭，我們聲請傳喚的是兩位已離職的員工，對方再也不能以忠誠度和老闆可能施壓的藉口，來質疑他們證詞的可信度，法官明快地准許了。

經過這兩位離職員工的長時間庭訊作證，事實浮現更明確，法官再給我們一個月時間準備資料。下一庭進入辯論程序，對方卯足了勁，力陳公司設立的過程，只可惜被告律師邏輯不夠清晰，反而給我反將一軍的機會，被告律師漲紅了臉力挽狂瀾，可是愈發語無倫次，連法官也聽不下去了，庭諭辯論終結。一場公司股權爭奪戰終告尾聲，關鍵證人傳訊完畢，兩造律師激戰後，法官似乎已得心證，宣告辯論結案，下個月宣判。

我們樂觀地等候判決結果，沒想到一個月後法官駁回我們的請求，判原告敗訴，真是晴天霹靂，收到判決書手都會抖。

原來法官在深入調查後，還是退縮回原點，罔顧三名證人舉證歷歷，證實整間公司就是我方當事人在經營，資產也屬於我們，法官竟然不敢直接認定公司屬於我們當事人的，反而陷在公司登記文件的形式上，最終只選一個最安全最簡便的方式下判決。法官卻沒想到這個敗訴判決將造成連鎖反應，直接衝擊我們剛啟動的五個相關案件，以及背後牽動的海內、外十家公司及近千名員工，逾十億以上的集團資產。

握著敗訴判決書，心想接下來當事人縱使沒把我換掉，恐怕訴訟之路舉步維艱，更難突破了吧！

一個人如未歷經長夜漫漫，不足以語人生！當你獨自面對漫漫長夜，不知何時才看得到曙光時，需要沉住氣，凝聚內心的力量，堅定地向前邁進，才能找到生命的出口。

夫妻反目／公司資產爭奪戰

聽說他們的訴訟纏鬥多年，在我之前，已經與多家知名律師事務所合作，委任多位律師出庭應戰，可是案件仍陷膠著，屢吃敗仗，歷經兩年餘，找上了我，當事人說是別的律師推薦，引薦名單上列有五位律師，我居末位。因為他們認為曾經擔任法官、檢察官，或兼教職的律師處理訟案，較具勝算，可是一路更換律師，整體訟局仍未扭轉乾坤，於是他們嘗試找到這位推薦名單上唯一的女律師。

第一次討論案情，企業集團的總裁指派公司的管理顧問來我的事務所諮詢。公司正在進行中與甫結案的十幾件民、刑案情，管理顧問一一敘明。這些案件似乎先天不良、後天失調，在日後的訴訟程序中才得知，對方早在十年前，透過公司財務管控的機會開始布局，包括境外公司開設、資金匯流設計、股份規畫分配，皆明顯指向擔任公司副總兼財務長的妻子圖謀蠶食鯨吞集團資產。

只是這位擅長國際貿易、營收長紅的總裁因著對於妻子根深柢固的信任，與不喜究明財務文件的習性，於是集團財務重要證件均握於財務長的手裡，二〇一六年已然進行五鬼搬運、內神通外鬼的勾當，總裁卻毫無所悉。

一次雄中同學會中，同窗好友——一家上市公司的老總提醒他，家財萬貫、金玉滿堂，不見得全然掌控己手，總裁心頭一驚，開始慢慢收回公司財務大權。耗時半年，企業集團的海外資金逐漸調回自己帳戶，可是幾百萬的美金依然調匯不及，刻正質疑調查之際，妻子發現即將東窗事發，一不做二不休，將海外資金帳戶全部取消授權，境外公司資金慘遭凍結，總裁在質問妻子未果後，決定親赴海外公司查明原因，始悉股權已遭稀釋、銀行帳戶中止提款權，公司股份被妻子的親友移轉持有，總裁名下一無所有，頓覺晴天霹靂！

總裁兼程返台後，緊急召開公司高層主管會議，兩天之內，通令全球客戶勿再將貨款匯至海外帳戶，而須轉匯二十四小時內臨時開戶之新公司帳戶，以免鉅額收入又遭凍結；對內全面撤查公司各項資產，總裁親自管控財務文件，同時拔除妻子全部職務，轉調顧問。

妻子不甘一夕之間大權旁落，立即進行絕地大反攻。先向勞工局申訴公司不當調職，拒絕上班以示抗議；另於家裡私下安裝錄影監視器，蓄意激怒丈夫出言責罵，以家暴之名義聲請處分令，委託律師訴請離婚。妻子最狠的一招是半夜帶著唯一的兒子離家出走，讓內憂外患的丈夫陷入孤立慘況！

總裁挨告之餘，只好反擊，然而心軟氣煩，提出訴訟總是遲了一步，刑案多數因逾越六個月的追訴時效而遭法院駁回，或經檢察官以海外犯罪欠缺境外管轄權為由不起訴處分。在民事請求回復資產部分，由於妻子布局縝密，資金流程完備，無法舉證總裁之出資，亦獲敗訴。反而在總裁收回海外資金過程，因不具境外公司負責人之身分，事後反遭妻子以刑事侵占罪名、民事侵權賠償同時提告。

委託我首度加入戰局的案件，是總裁住家借名登記在妻子胞姊名下，訴請回復產權登記。然而由於當年買賣價金流程妻子安排得無懈可擊，一審身為原告的總裁舉證失敗，請求返還房屋暨過戶登記被法院駁回。二審進行到最後一庭言詞辯論才來委任我訴訟代理，已無力挽回，辯論庭上縱令我激昂爭辯、剴切陳詞，懇請法院重啟調查，三名合議庭法官不為所動，當庭結案，終遭上訴駁回，再上訴最高法院仍未改頹勢，三審判決敗訴定讞。

斥資千萬的房屋確定無法索回，總裁只好暫時搬到飯店住宿，二十年的商場打拚，家財萬貫，居然淪落至棲身之所皆無著落，真是不勝唏噓。聽說收到最高法院判決書當天，總裁突然心肌梗塞，送醫急救，長達十小時的心臟手術，終於挽回性命。

未及收拾敗訴的心情，又接獲妻子提告刑事侵占案的開庭傳票，被告須親自出庭，終於在開庭前夕的會議桌上，第一次見到這位遭受妻子背叛、公司情勢動盪的總裁。堅強剛毅的外表，絲毫看不出剛裝心臟支架的重病跡象，問他如何向檢察官說明上次庭期罹病請假的原因，他說：「律師，就說我到醫院動心臟手術吧，時至今日也無須再隱瞞我的病情了！」

是怎樣的意志力，撐持著他在心肌梗塞的威脅下，獨自面對內憂外患的變局與困境？一場會議討論下來，他語重心長地嘆道：「西方哲人曾謂『一個人如未歷經長夜漫漫，不足以語人生！』而我的漫漫長夜，不知何時才看得到曙光。」一時之間不知如何安慰心力交瘁的當事人，只在心裡思索著，困頓中的人必須找到生命的出口，才能見到曙光啊！而我能幫這位企業家找到生命的出口嗎？

翌日地檢署開庭，總裁與離家半年的妻子遙遙相對，二人均未交談，妻子在偵查庭上力陳遭受家暴被逐出家門的痛楚，又暗喻丈夫不忠，染指公司女職員，淚眼迷濛中激動述說二十年來夫妻白手起家，共同打拚天下的辛苦貢獻……

身為被告的總裁枯坐在偵查庭的長條木椅上三個小時，在證人輪番作證後，檢察官急於結束庭訊，未遑給予被告辯白的機會，只想勸諭和解。被告立即回應，懇切表示和解之門從來沒關上過，妻子協助公司營運當然有貢獻，如達成和解願意支付現金一億元，妻子聞之表情漠然，一億元在她眼中似乎只是一萬元，絲毫不為所動。

怎麼了？是否不和解，反而可以擁有更多資產，或者可以透過多起訴訟來懲罰她心目中無情無義又不忠的丈夫？不然為何面對鉅額和解金，竟無任何回應！

退庭後，我分析今日庭訊狀況，同時安撫總裁不滿的情緒，並提醒他，妻子向檢察官當庭指控不倫戀情，恐對案情有負面衝擊。他聽了更加氣憤，指示陪同前來的職員們先行離去後，頹然坐在偵查庭外長廊椅上，解釋秘書平日只是盡責貼心，就被多疑善妒的妻子當作情敵，其實秘書的家庭美滿、婚姻幸福，他與秘書之間只是單純的僱傭關係，從無不倫戀。又低喟：「當夫妻緣盡情了，陷入權力鬥爭時，欲加之罪，何患無辭？」

庭訊結束已經是晚間七點多了，偵查庭一一鎖門關燈，長廊上只剩下一盞燈，感覺更加淒清。昏暗燈光中，總裁平日叱吒風雲、指揮千軍萬馬的氣勢消失無影，憂心忡忡地抬頭問我：「看起來檢察官很同情對方，一定會把我起訴，怎麼辦？」

面對當事人這一類起訴與否的問題，執業二十年來，從未隱瞞。看著他難過煩惱的神情，雖然不忍心，可還是點點頭認同起訴的可能性，促使當事人面對真實訴訟的不利狀況，才能預作準備，思考下一步因應之道。

「那我該怎麼辦？」總裁平時作慣了公司決策，此刻卻無助又茫然。先安慰他後，接著解釋：「你放心，檢察官不會因為同情對方，就定你的罪，還是要看證據。如果我們可以努力整理出剛才檢察官需要了解的資金流向相關證據，應該有機會改變檢察官先入為主的錯誤印象！」他聽了眼睛閃了一絲光亮，接著又沉默靜思了許久。

我知道他需要安靜片刻、沉澱心情，但也需要人陪伴，此刻毋需多言，靜默地坐在當事人一旁，讓他穩定心神。當心情回復後，走出法院，才有力量面對法庭外所有的風風雨雨，繼續走下去！

沉默許久，終於他起身了，慢慢走到法院門口，挺立的總裁又恢復平日剛毅堅強的模樣。上車後，向他揮手道別，濛濛夜色中，心裡很想叮嚀他：「漫漫長夜，一路小心走下去吧，前面的路還很遠呢！」

過完年，在辦公室還回味著農曆年假在澳洲溫暖的陽光下慢活的感覺，總裁透過總經理通知我到公司開會，說要討論數樁民事新案預備提告，給予對方痛擊，企圖挽回過年前刑案之頹勢；為了不與他們公司繁忙的業務衝突，特別選在過年後第一個補上班的週末下午開會。我讀著手機顯示的電郵，所有週末的期盼與樂趣都被這份通知給沖散了。

星期五下班前已把好幾件可以提告的案件分析評估完畢，整理出最強的理由與最有利的訴求，看著條列分明的法律意見與策略分析，相信如果以這種方式提告，必然會有很高的勝算率。一旦進入法庭，當事人不都以成敗論英雄，評斷律師的優劣?!我也必須先評估訴訟的勝算比率，方能穩定軍心。

可是下班後反覆尋思這些個案件，尤其在每日例行的行禪時間，心思一直無法定靜，一位多年前有短暫因緣的精舍師姊語重深長的一句話，時而迴盪腦海，她說：「律師是介入別人的因果」，囑咐我要謹慎執業、慎選案件。後來每次要開啟一件新的案件，尤其是我們這一方要提告，我總是思索再三，深怕錯誤地開啟了當事人與對方世代不斷的因果循環。而在決定付諸行動前，總會以易經中揭櫫行動力的〈震〉卦大象傳：「君子以恐懼修省」來警示自己。開會前夕這一夜，是在反覆省思後淺睡入眠的。

翌日中午平靜地到了總裁的公司，全部一級主管已在會議室依序入座，卷宗資料一堆一堆高疊在會議桌上。總裁進入坐定後，依循往日幹練明快的作風，寒暄幽默數語後，隨即切入正題，按照既定的會議議程，一項一項法律議題分析討論。我說明每一樁訴訟的利弊得失，以及提告後對整體訴訟的影響與勝訴率後，總裁立即決策，並指示總經理後續配合事項，包括交代業務部提供彙整更深入資料證據、要求財務部配合匯款支應裁判訴訟費用、研發部門負責尋找相關人證物證，盡速整合各部門意見提供予律師。

等候總裁工作分配完畢，我最後拋出一個問題，如果法院勸諭和解，如何回應？總裁想了三秒鐘，立刻給出答案：「請對方全部返還侵吞的資產與股權，我願意提高和解金，支付五億元現金補償。」條件優厚又給的乾脆，顯然總裁有了上次偵查庭提出和解金額的經驗，深知對方胃口之大，被告只好花大錢消災厄，才能減省訴訟勞費，並換取早日的平靜。會議結束前五分鐘總裁交代我，準備起訴的同時，先寄發律師函給全體被告，提出和解條件，限期回應；逾期不理，五億元和解金失效，一切和解條件歸零，日後如重啟談判，就必須重新提條件了。

迅速明快！我們事務所密集研究四個月的八個案子，在總裁主導兩個小時有效率的會議中拍板定案。難怪總裁領軍的企業集團能屹立三十年，歷經台灣經濟起飛的八十年代，及多次金融海嘯，在兩岸三地建立緊密強大的製造生產線與接單作業，年平均營業額逾二十億元，在在有賴領導人周全快速的評估與決策，及多年訓練成軍的執行團隊，高度配合切實執行。能與如此精良的企業團隊合作，想必日後辦案順遂，障礙減少。

採著輕快的腳步走出公司大樓，仁愛路的兩排路樹迎風吹拂，一片綠意盎然，冬日已盡，即將迎來春天。可是心裡仍然沉甸甸地，似乎沒有因為承接多宗新案件而生興奮之情，反而預想到日後法庭中兵戎相見，兩軍交鋒死傷慘烈的境況。

花了一個月的時間，將總裁提告案件的起訴狀與證據全部整理完妥，一件一件遞送法院。伴隨這些正式提告的案件，為了避免對方脫產反撲，前期查封假扣押計畫當然須先落實。假扣押過程法院執行處循例是不會通知對方債務人的，直到所有不動產查封完成，對方才會接獲通知，此際我們所有的訴訟起訴程序已告完成。

在這些保持高度機密的作業過程中，總經理每一環節親自督軍，重點回報，總裁完全掌握進度。只是他日理萬機，化繁為簡，不希望部屬多方打擾，我尊重他的習慣，平日皆向總經理說明，透過他轉告，而以總裁堅強明快的處理方式，相信他能應付所有訴訟壓力與變局，毋庸像一般訴訟當事人需要耳提面命，或甚至輔導安撫。

有一日晚上加班完畢，才驚覺翌日某件刑案需要總裁親自出庭說明，雖然上次會議已深入討論，但是開庭前夕，未與當事人提醒討論，總覺不踏實；可是又不好驚擾，於是傳簡訊給總裁，小心翼翼地詢問，是否需要再電話討論重點？沒想到一向給人堅強驃悍印象的他，居然回傳一封令人心痛的簡訊：「我打算十點就寢，討論這種案件的事，其實，對我都是沉重的再傷害！如需討論，白天或明早都可以。」破碎的心、脆弱的情，縱使是商場鉅子面對司法戰開打，依然痛楚！一時之間不知如何回應，我只好道句晚安，請他早點安歇。

第二天開庭，法庭裡兩軍對峙，總裁坐我旁邊，回答法官的問題時平靜清楚，看不出任何情緒，倒是總裁昔日親密戰友——對造當事人（妻子）激動異常，兩造律師針鋒相對、僵持不下，法官多次訓斥，氣氛稍緩，但在對方聲請法官調閱與本案無關聯性的證據下，又挑起戰火。我猛烈攻擊被告的居心不良、逸脫訴訟主旨，企圖拖延訴訟，對方律師氣沖沖地回應又無法提出正當性的理由，我覺得必須及時遏阻他們的非法詭計，於是顧不得法官高聲喝止，我起身再提出異議，打斷被告律師的發言。被告怒不可遏，立刻加入戰局，頓時法庭人聲充斥、罵語不斷，法官急忙訓斥，只有總裁神色自若、冷眼旁觀。

對方律師攻防激烈，殺紅了眼，竟然在被告慫恿下，問了律師不該問的話：「請問旁聽席上坐在自訴人旁邊的女生是誰？她為何來旁聽？」原來兩造互信基礎崩潰、對簿公堂，可以到這種草木皆兵、傷及無辜的地步，那位年輕女孩只是個小助理，陪同老闆出庭幫忙提文件而已，居然靜坐在旁聽席也成箭靶。

法官聞之立刻訓斥：「任何人都有旁聽的權利，這是公開審判法庭，我無權審問她是誰，這已經涉及旁聽者的隱私，請律師自重！」沒想到法官的警告甫畢，被告見律師策略無法得逞，居然白目地又要對我人身攻擊，法官已忍無可忍，當場禁止被告再發言，一場刑案法庭攻訐才戛然終止，被告氣憤難消地走出法庭。夫妻兼事業夥伴往日恩義蕩然無存，只剩下難解的仇怨！

刑案調查庭結束後，另外八宗民事起訴案法院受理後陸續通知開庭，每一件都先進行強制調解程序。法院大概發現其中好幾件當事人都相同，只是案件內容不同，於是將其中五個案件集中由同一位調解委員處理。

面對即將來臨的調解庭，我詢問總經理如何訂定調解腹案，他表示還沒來得及請示總裁。剛巧事務所收到掛號信，原來是起訴前寄發給被告的律師函有了回應，對方委請律師回覆，但語氣倨傲、立場自私，總裁得悉後立即下令，五億元和解金即日起失效，不談和解了；並指示日後法院強制調解，一切回到原點，對方必須返還所有侵吞的資產股權，並且要賠償損害。

這就是敬酒不吃、吃罰酒的代價！看到總裁怒氣沖天，公司誰也不敢再提所有民、刑事訴訟一起調解的建議，因為總裁明令針對個案解決，他在氣頭上，公司上上下下沒有人敢捋虎鬚的。平素我一定會勸當事人所有紛爭一次處理，可是當下勸之無效，甚至會踩到地雷，就靜觀其變吧！

在詭譎氣氛下，到了調解的庭期，對方嚴陣以待，三名律師排排坐擺出陣仗，我則是單刀赴會，只有總經理跟著我走進調解室，就被對方以總經理日後可能將調解庭的見聞出庭作證為由，要求離開。調解委員露出驚訝的神情，覺得不可置信，說他處理調解案件多年，從沒遇見如此高度對立的訴訟態勢，也讓他心生警惕，知道此案不易排難解紛。

協調過程中，調解委員掌握節奏，不讓纏訟多年的兩造律師贅述事實或作人身攻擊，每每一方要提高音量，開始情緒發洩或攻擊時，他就喊停，換另一方發言，讓已趨激動的一方不得不噤聲沉澱。這種方式倒讓劍拔弩張的調解程序意想不到地可以持續往下深入。

調解委員先問清楚雙方的訴求及立場，很快地他從一片空白中，抓到雙方的重點，於是提出關鍵性的建議：「我看這五個起訴案件只是一些表象問題，真正的根本紛爭是雙方對於集團資產歸屬與分配的處理吧！那麼就全部資產與訴訟一起談吧！」不愧薑是老的辣，完全掌握兩造的真正訴求。對方立馬回應稱是，我則謹記總裁的警示只處理個案，表明未接受全部案件的授權委託。

對方顯然不滿意我的講法，反駁說：「你們當事人前後換了四任律師，現在所有案件都到妳這裡了，為何妳拒絕全部案件一起調解?!」

我苦著臉向調解委員解釋：「當事人尚未委任的案件，我總不能強求當事人一定要交給我辦吧！」對方當事人再度表達不滿，指責我在法庭上讓她難堪，還在法官面前保證我的當事人沒有外遇……

我立即澄清：「我們律師是不會去保證任何事情的，我們只能敘述案情與分析法律關係、為當事人答辯，我怎麼會去保證妳的先生沒有外遇！」從她的激烈反應，可以感受到我平日的法庭發言與舉措對她造成多大的反彈與壓力，今日調解庭她可要全力反攻了。

幸好調解委員始終客觀、中立、超然，迅即遏止戰況的惡化，除了請對方勿再攻擊律師後，理性客觀地與雙方律師商量。當事人訴訟千絲萬縷，重重心結怨恨難以濾解，調解委員提請雙方律師先進行私下和解商議，等一個月後再回到調解庭觀察進度或評估成果。

雙方同意了，對方多達三位律師出庭，我提問何人負責後續和解的主談？對方指定其中一位律師，抬頭一看，正是總裁最厭惡的律師，多年前在家事法庭他們正面交手過，沒留下好印象，此後要與他聯絡對談，真是凶多吉少。

走出調解庭向總經理說明調解重點，他也為調解委員建議全部財產納入調解範圍，以及指定那位令人厭惡的律師作為談判窗口而憂心忡忡，我提出擔憂的事：總裁會不會因為這兩點，就斷然拒絕繼續調解？總經理默不作聲、眉頭深鎖，似乎沒有把握說服總裁接受今日調解庭的初步結論。

這種關鍵性的勸告是不能透過簡訊或電話說清楚的，我決定按兵不動，讓總經理先回去報告調解經過，再觀察總裁反應，伺機勸進。因為我們都深深了解總裁決定的事，除非情理上有極大的理由，否則不容易改變他令出必行的決定。果真總經理轉述我在調解庭的明快處理，及個案切割的方式，不涉及離婚和解的立場，總裁大為稱許，但接下來總經理也不敢大膽建議或轉達調解委員的結論。總經理特別來電要求：「沈律師，還是等下次開會，妳再明說吧！我們總裁比較會聽妳的意見。」好吧！下回再巧妙地帶入這個話題，看看能否讓這對怨偶二十幾樁訴訟一次解決。

事務所同事知悉調解經過後，又聽到我打算遵從調解委員的提議——財產訴訟全部併入調解，他疑惑地問：「如果調解成功，我們事務所不是減少很多案子？他們公司目前是我們的『大戶』，官司慢慢地打，案子一件一件收費，不是對事務所的進帳較有幫助嗎？」

是啊！這家公司可算是近年來讓我們進帳次多的一家客戶（最高的是另一家知名證券期

貨公司），如果調解可以成立，所有案源就停止，勢必影響收入。可是律師的任務是要打官司賺錢，還是徹底幫當事人解決紛爭呢？我們的工作與醫師相仿，都是要解除人們的痛苦，只不過醫生處理的是人們身體生理的痛苦，律師處理的是人們心理與財產的紛爭痛苦；醫生矢志要將病人救活醫好，律師志在打贏官司解決問題，這個心意與任務是一樣的，可是當醫師面對病人生不如死時，是否要放棄救治？律師面臨和解與訴訟的抉擇之際，如何下決定？

對於前者，醫師仍可堅持救人的天職，耗盡醫藥資源，搶救到底，除非病人家屬要求放棄急救，此刻縱使病人不治，走出手術室或加護病房，醫師沒有良心煎熬，只有內心深處對於「生存的意義」、「活著的品質」，繼續探索哲理層面的答案！而律師面臨訴訟賺錢與和解減少收入的抉擇，難免天人交戰，只要放話激怒任一方當事人，或提高和解條件的門檻，和解就可能破局，雙方當事人繼續爭訟不休，案源不斷，收入激增，可是兩造之間怨仇不止，永無寧日。

反觀和解進行中，律師們必須拋開法庭的唇槍舌劍、針鋒相對，轉為慈眉善目、百般忍耐、屢屢轉圜、步步圓融，換得一紙和解書之後，案件全部結束，收入化無，可是兩造當事人相安無事，化干戈為玉帛，不再冤冤相報、世代尋仇。

賺大錢與積陰德之間，就在良心上畫一條線，跨過去是錢的誘因，退回來是德的造就！

我身為律師事務所的負責人，承擔營運風險、盈虧責任，夜深人靜當然掙扎難定，可是回想總裁堅強表面底下的脆弱與思念兒子的哀傷，他奮鬥三十年仍要承受訴訟的折騰，又憶及法庭上他妻子斥罵扭曲的臉、卑劣的行徑，聽說她長年茹素，供養法師、長年禪修，然而法庭上的訴訟攻防，激發貪嗔痴慢疑的人性習氣，如同一把無名火，早已燒毀功德林。這段孽緣透過和解讓它早日結束，不僅能幫助總裁解脫，也減少他的妻子的造業啊！

方向既定，就主動聯絡對方律師，詢問和解進展，她話語客氣，但卻婉拒當面商議。「咦！兩造十幾億的資產不當面一一協商，電話時如何釐清資產的歸屬與過戶交付諸多繁雜手續？」心中狐疑，慮及對造律師也頗資深，難道不了解其中的複雜程度?!繼續追問，對方律師找出其他理由來搪塞：「我的當事人說很怕妳啊！單獨跟妳談，沒有安全感，希望在調解委員面前討論條件啦！」

我在法庭是很強悍沒錯，可是這段時日一心一意希望促成和解，在調解庭中已放軟身段、溫和以對，何況雙方談和解，她的律師必然陪同在側，有何欠缺安全感可言？憑著職業直覺，推測對方必有其他盤算或布局，於是禮貌性的電話來回聯絡兩次，就不再強邀協商和解，靜待後續發展。多年的經驗告訴我，時間的流動，有一些人、事、物的變化會逐漸顯現。

果真過了十天，還在辦公室思忖下一個案件的訴訟策略，總經理突然氣急敗壞地來電，接到對方再度提告刑案的警局約談通知，而且這次攻擊面擴大，波及大陸廠方幹部及離職主管。這下謎底揭曉了，顯然對方拒絕和談，主因是決定繼續提告重砲攻擊，難怪對方律師不敢接受我的和談要約，原來私下部署陣地，增加打擊對象。

總裁從總經理手中接過話筒，正要講明他的立場及因應之道，職業上的敏感，立刻阻止，建議勿透過電話討論，以免遭竊聽或盜錄。我火速趕到公司會議室商討對策，決定兩天後的分局約談總裁與大陸廠長先請假，我建議先由離職主管出面接受約談，一探虛實，了解對方提告的緣由與掌握的證據。

總裁卻拒絕，他疾言厲色地聲明：「我是企業集團的負責人，豈能瑟縮躲避於員工之後？當然要一肩扛起所有責任，面對司法機關約談調查，絕不逃避卸責，否則今後員工如何看待我？全體員工如何為我、為公司赴湯蹈火、誓言效命？」

有時候當事人勇於承擔，反而提升我們律師法庭攻防或訴訟策略的難度，如何說服有肩膀、有擔當的當事人，有時比法庭辯論更具挑戰！

「總裁您的承擔氣魄與決心，我都理解，可是法庭如戰場，也要講求戰略運用、策略擬定。目前偵查不公開，我們無法得悉對方提告的確切事實，只能推測，如果初次約談，您就出面，一來敵情不明，難以防備；二來負責人面對警局詢問必須明確回答，毫無退路或轉圜空間，倒不如先由離職員工先出面刺探軍情，作完約談筆錄，再來商議主帥親征的行動。」

連忙分析並作建議，執業二十年遇到幾位有擔當的老闆，率先士卒、勇於承擔，必須先解釋訴訟策略的考量，而且不至於造成員工的負面觀感，才有可能說服這些企業主。他們通常睿智聰敏，委婉解釋後多能理解、採納我的建議。於是我們沙盤演練後，他也覺得讓離職員工先出面較佳，我鬆了一口氣，畢竟要說服主導性強的老闆不容易啊！

回想四月第一次開民事調解庭，調解委員勸諭兩造回去思考和解條件，並進一步庭外會談協商，沒想到對方婉拒見面商談。五月我們收到刑案警局約談通知，謎團揭曉，難怪對方不願（或不敢）面對面會商。我們這邊當事人被迫到警局製作筆錄，累積更多情緒，如何在下一回合六月的調解庭表達調解誠意呢？

其實六月份的第二次調解，我是抱著「調解不成立」的心情出席的，對方都出「奧步」偷襲，另闢戰場提告刑案了，還談什麼呢？

我走進法院調解室前，瞥見對方由友人陪同坐在法庭長廊沙發上，沒打算要進入的態勢。果真調解庭開始，對方當事人沒出席，雙方律師端坐會議桌兩邊，調解委員先了解這一個多月來雙方接觸和談的進度，對方律師搶先發言，說他之前以電話與我聯絡，而我堅持要見面談判，他的當事人認為沒必要，故無法進行協商。

第一次深刻感受到，律師這個行業如此令人厭惡，真的可以把黑的說成白的，明明是我等候多日未得音訊，主動去電，居然講成他打電話過來，好凸顯他們的誠意！真是卑劣，不過自己也得深自檢討，是否在執業過程中，言行舉止也曾經令人如此厭惡呢?!

趕忙跟調解委員澄清，是我方主動聯絡，且調解的案件多達五件訴訟，標的物價值高、資產多，加上案情複雜，怎可能在電話中溝通協調？其實是他們又私下發動刑案攻勢，才不敢現身談判的。

本打算發洩完當事人積壓的情緒，就表明不再繼續談判，簽署調解不成立的筆錄走人。

可是調解委員堅定地繼續勸諭雙方，請律師們協助先整理兩造財產目錄，再來往下討論，我斷然拒絕，認為沒有必要，財產項目雙方律師瞭然於胸，毋需再拖延時間列表確認，今天如要繼續調解，雙方就各自提出條件，否則就到此為止！

對方律師見我態度堅決，馬上見風轉舵，說：「我們的條件很簡單，目前財產在誰的名下就歸誰！」這下連調解委員也聽不下去了，立刻提醒：「上次原告已經解釋明確了，他名下已無任何值錢的資產，所有不動產及境外公司資產、股份都登記你們被告等人名下，原告不會接受這樣的條件的。」終於調解委員比較進入狀況了，我接著表明立場：「辦公室及住家的不動產必須回復到我的當事人名下，否則一切免談！」對方律師也冒火了，連忙回應：「那麼你們就出錢來買回或是補償我們的損失嘛！其中一個案子三審確定，判決書明確記載是我們的財產，另一件還在上訴中呢。」

我聽了不客氣地警告：「既然談和解，就不要跟我提訴訟，不然大家就回去法裡吵就好了，何必坐在這裡耐著性子溝通！也請你們勿用『買回』或『補償』的用語，我方當事人從來不認為這些不動產是你們的，怎可能『買回』或『補償』呢！」調解委員也幫著阻止對方律師提出這些會刺激當事人、甚至影響調解意願的話語。

在一陣唇槍舌劍、情勢混亂之後，突然調解庭出現寂靜，趁這個空檔，我正色聲明：「我非常清楚這個調解案的困難度，待解決的民、刑事案件多達數十起、金額高達數十億，兩造對峙多年，心結難解、財產難理。可是今天我還坐在這裡努力調解，是因為不忍心看到重病多年的當事人在歐債風暴、事業危機沉重壓力之下，還要面對殘忍的訴訟折磨，以及家庭分裂、兒子被母親帶走的思念與煎熬……最近我的當事人眼疾要開刀，沒有家人可以陪他到醫院，很難想像當他手術後矇著紗布的雙眼，如何摸索回家？而到現在我們請對方提供兒子手機號碼，也不回覆給我們，掃墓、年夜飯都沒回來，這就是被告的教子之道嗎？她是把孩子當作報復丈夫的工具，還是真的在保護孩子呢？如果用隔離父子親情的方式來『保護孩子』，豈非灌輸小孩錯誤的觀念，造成他的人格負面成長。」調解庭中，我主動訴說身為父親的當事人對離家兒子的思念，只是希望在法庭之外讓當事人多得到溫馨親情的支持，其實這些話題的提出與討論，並不是律師的責任。可是每次碰到與孩子有關的法律事件，我就禁不住要對孩子的一方注入較多的關懷。

調解委員連忙又勸告對方，勿讓夫妻的爭訟影響下一代，還是要讓兒子回來探望父親。對方律師嘆道：「爸爸自己做了什麼事，自己心裡明白，怎麼能怪兒子不跟父親聯絡！去年父親節，他兒子有傳簡訊給爸爸，可是爸爸都沒回覆，兒子覺得很傷心，這哪裡跟母親有關呢？沈律師不要隨意誣衊當事人！」

我頗覺驚訝，立刻解釋：「這其中一定有誤會，我不會無的放矢。」

調解委員下了結論：「雙方回去考慮今天對方提出的調解條件，下次與當事人溝通後回來討論。如果父子能聯絡，兒子的居中潤滑，相信有助於父母親調解條件的切磋拉近距離。」

感謝調解委員給了人性化的建議，顧全親情與法理。我帶著這個結論轉告當事人，沒想到總裁立即發飆，回覆毋庸再調解了，對方利用兒子來傷害父親……。

唉！對方挑撥父子的感情所為何來呢？為什麼父母吵架，孩子常常淪為攻擊或傷害對方的工具呢？看來這場調解終究會破局，因為對方暗中又啟訟端，挑撥離間，如何平心靜氣解決爭議呢？

心軟的我，只要遇上訴訟案件中要處理子女的事情，總是希望多給孩子溫柔的支持……，遺憾的是常常事與願違，父母親不僅無法關懷孩子的心情，甚至還拿孩子當作攻擊對方的武器。

第一次調解庭中提到當事人要開刀之事，內心雖然期待對方可以讓一起帶離家的兒子回家探望爸爸，可是當庭看到對方律師的回應，也沒敢抱太高的期望，開庭結束後，也沒跟任何人提到這段插曲，當事人公司上下為了歐債危機下的歐洲客戶出貨拖欠貨款已經焦頭爛額，我也不忍心再轉告這件沒有把握的事。

沒想到手術之說居然觸動了兒子的心，數日後，另一案件開庭，公司總經理很疑惑地說，老闆的兒子在長達兩年未曾謀面後，星期二突然來電，詢問父親身體狀況，老闆剛好不在，後來請總經理回電話後，身為老闆的父親好像已傳簡訊給兒子，父子之間似乎有了聯繫。

莫非是調解庭上那幾句話產生了效果？告知總經理大略的緣由，他猜想那通電話是調解庭上我的親情呼籲而來的。

過了一個多禮拜，星期天悠閑地在家看報紙放空，突然一封電郵出現，原來是總裁在網路上查到大陸有個老醫師，專治他罹患的眼疾，他雀躍不已，趕忙要過去一探究竟，甚至接受治療與手術。

我與公司總經理都覺得太冒險，請他再考慮。一段久病心聲，他說得令人心痛，難以反對：「我得這種宿疾十多年了，身心受到壓迫，每天拖著殘缺的視力，以及眼疾引發的頭疼，面對事業上的種種挑戰、考驗，生活的品質降低、身體的不適，你們不是我，不會了解我的痛苦，十幾年來遍尋名醫，束手無策，好不容易有一線希望，大陸有人醫治這種疑難雜症，不管你們怎麼反對，我一定要去嘗試。」

總裁的個性，決定的事沒人擋得了，我提醒他三個月前幫他準備的遺囑草稿還沒簽署，是否臨行前一併處理？這是律師的職業病吧——杞人憂天、未雨綢繆，可是這回開刀風險高，大陸又多的是黑心醫院，還是善盡職責提醒他，還好他同意了，臨上飛機前，簽好遺囑，交給總經理鎖在保險箱裡。

到了大陸見過醫生，確定接受開刀，在微信通話中，建議他讓兒子知道手術的訊息，他拒絕，說是要等到手術結束一、二天，情形穩定後再說。我又持不同看法，勸道：「家人就是要在危急時互相陪伴，急難過了有何需要？就像兒子如果參加大學聯考，你希望考試時親自陪他，還是他等到考完後，才跟你報平安？」

他聽了仍然說：「不要！」這個固執的父親，真是不可理喻！

我愈想愈不能認同，一天夜裡在家逕自傳了一封簡訊給他兒子：

「○○，你好！我是你父親的委任律師，很冒昧寫這封信給你，時到如今，也許只有你才能解開家裡的結。上次法院開調解庭，雙方僵持不下時，我告訴調解委員，我希望和解能談成，也盡力積極促成，是因為不忍看到你父親為事業、官司操勞煩憂，期待和解讓所有訴訟落幕；其次是希望你們父子相聚，你父親的身體狀況最近不太好，歐債風暴壓力倍增，眼疾需要開刀，最思念的兒子卻連過年、掃墓都沒回來，你父親很難過……。這時你母親委託的律師才說去年父親節，你有傳簡訊給爸爸，可是爸爸都沒回覆，讓你覺得很傷心。我想那一定是誤會，大家都知道父親很疼你，該讓父親澄清誤會，你們父子才不會有心結。後來聽你父親解釋才知道簡訊他沒回傳，因為手機掉了，找不到你的手機號碼……之後又跟你母親的律師要了你的手機號碼，轉給你父親。如果真有誤會，父子聊聊，沒有解不開的心結。特別是下週一他預定要在大陸開刀，這是個重大的手術，如果你能陪侍在側，相信他會更安心，復原也較快！這也是為什麼我私下寫這封信給你，希望你們父子誤會冰釋，早日團圓。」

忐忑不安地按下了「傳送」，靜靜地等候回音……。等了一夜，沒有回覆，也不知道有無收到，本來希望他有回音後，曉以大義，再勸他盡速啟程前往大陸醫院探視父親，沒想到全無回應！

後來驚覺如果兒子直接與父親聯繫，當事人會莫名其妙，於是過兩天先告知總經理，他驚呼後連忙撇清，說他根本不知此事，因為共事十餘年，他深深了解老闆脾氣，先斬後奏，一定沒有好下場的！於是我只好把簡訊直接傳給總裁，還好後來他只是損了幾句，說我高估自己簡訊的影響力，從高中起，他兒子從父母親的官司中就認定律師都是騙子，他怎麼可能相信來自騙子的簡訊?!

真的嗎？律師的註冊商標就是「騙子」嗎？

原來我們在法庭唇槍舌劍、發掘真相、伸張正義，到最後只落得「騙子」的評價！可是也不盡然全天下律師都是昧著良心撒謊行騙，獲取暫時的正義表象吧。難道律師講的話已經喪失信用了？

還是十幾年來總裁罹病後，為了事業堅強承擔一切痛苦，外表如一，導致妻子懷疑他只是裝病，自始至終不願意承認丈夫罹病，也從未陪同看診治療。這回是否兒子轉知簡訊事件，母親怕失去兒子，又不願夫妻對簿公堂期間，竟然發現可惡的丈夫得到兒子的同情與照顧，於是繼續否定丈夫的病情，兒子在勸阻與壓力中，不敢表達對父親關懷之情……。

只是這些猜測不知何日才能獲得證實？

不過可以確定的是，直到三天後父親在大陸真的進開刀房手術了，兒子依然沒出現、沒聯絡。縱使在我的簡訊刺激下，過兩天總裁也發簡訊給兒子，提起手術之事，也音訊全無，失望之餘，他在病床前寄了一封電郵給我，最後是心碎了進開刀房。

那封病榻上的電郵訴說著為人父在手術前盼望著兒子前來，望穿秋水，卻盼不到親人的失落與痛楚：

我此刻心情傷痛難忍；這次動手術，兒子不予理會。你們只是一頭熱，說這年代，大學生早就懂事……，結果如此，我心中很難受！就請不要再聯絡他了。就只要告訴他，他爸要開刀，即可。大家都高估親情！身為父親，我也沒什麼影響力吧！

讀了好生心酸，不曉得他一個人怎麼熬過開刀的歷程，又如何孤零零面對後續的醫院密集治療，之前傳了那封簡訊給他兒子，到底是對？是錯？至今仍不明白……。

三週後法院調解庭，對方律師表示無法接受我方條件，調解宣告破裂，這場硬仗正式開打……。終究身為對造的母親，在法庭內拒絕和解、全力反攻；在法庭外阻止父子相見，讓總裁孤軍奮戰、備受煎熬。雙方爭鬥至此，夫妻之情蕩然無存，甚至賠上父子親情，我望著辦公桌上厚重的民、刑事卷宗，不知這場公司生死存亡之爭將延續到何年何月，心裡愈發沉重了。

台灣中小企業主的努力與實績，大家都看到了；可是他們在突破困境過程中彈性應變的方式，卻成為法律懲罰的夢魘……。

警局約談前夕／偽造文書案

台灣的中小企業在辛苦的創業歷程中，經常先生在商場上馳騁奮鬥，太太在公司掌管財務，公司辦理設立登記時，拉進太太或娘家的親人當人頭股東，以符合公司法的股東人數規定。到了九〇年代，兩岸貿易開始活絡，官方仍禁止通商、通航、通郵，台灣企業主立即想辦法，變通貿易形式，透過兩岸以外第三地（香港、新加坡）投資大陸、設置工廠，支援台灣公司的貿易訂單。在這種三角貿易中，台灣公司如登記先生的名字擔任負責人，境外或大陸公司就由妻子作為公司負責人，避開兩岸直接貿易的禁令。

有好幾位當事人都是循此種模式開疆闢土，獲得訂單與外匯收入，幾十年來相安無事，業務興隆。可是如果夫妻反目，妻子假戲真做，將人頭登記的股權當作自己的資產，主張她是真正的老闆，那麼在所有縝密明確的書面文件中，先生要推翻這種主張，扭轉局勢，真是難於上青天！

有位倒楣的企業主就不可思議地遇上了這個難題，當他發現變心的妻子在所有公司登記文件完整地載明她是負責人，而且主張往昔員工代簽的文件皆屬無效，甚至控告先生與承辦的員工偽造文書時，先生怒不可遏，在徵詢律師意見後，得知偽造文書的刑責極可能成立，更是憤慨大罵法律不公！我只好搬出乍聽之下言之成理，可是安慰不了人心的說辭：「法律只保護懂得法律的人！」當然當事人聽不下去，可是在萬般無奈與氣憤中，依然要面對法律訴訟程序。

在這個案件中，企業主慨然承擔責任，但是員工何辜，當初，為了義氣、為了忠誠，在老闆的指示下，敬謹行事、擔負風險，如今卻無端挨告，教他們如何面對司法審判呢？

人頭股東的偽造文書案，警察局頻頻發出傳票通知約談，第一位應訊的是公司財務主管，也兼老闆的秘書，去年已離職他就，收到警局約談通知，憂心、無奈又煩慮。約談前二個小時我們碰面了，公司總經理陪同前任財務主管，我們三人在餐廳討論案情過程。接受本案委託辯護迄今，我始終不知道告訴人指控偽造文書罪的文件是何人代簽對方的姓名，上面的筆跡不是我熟悉的，可以確定的是絕對不會是老闆代簽，因為不像他的字跡，那麼是眼前這位女秘書還是他人？

執業多年，已養成習慣，初次討論案情時，關鍵的問題，尤其涉及犯罪是否成立，案情混沌時，當事人不說，我也不問。因為此時當事人對於剛委任的律師還無法全然信任，對被指控的案件存有許多恐懼、懷疑、害怕的情緒，律師過於直接的質問或善意的詢問，都會被心情沉重的被告當作是法庭的預審，基於保護自我的本能，及在律師面前維持好印象的心理，通常不一定說出事實。

因此初次見面，我不急著問。根據長期的辦案經驗與對人性的洞察，在深入的案情討論過程中，如果律師夠聰明、法律敏感度夠高，答案會自動跑出來！

我站在辯護律師的立場，將可能被警員或檢察官訊問的各種狀況告訴當事人，包括當庭筆跡勘驗、測謊程序的可能採取措施也一併說明。然後請她在餐巾紙上先簽寫幾次對方名字，我仔細比對後，發現不太吻合對方指控的文件署名。

觀察到前任財務主管心情稍微緩和後，再為她分析承認或否認有代簽對方姓名的後續法律責任，特別提到當她否認代簽的動作後，又被檢察官抓到實際上是她代簽的事證時，檢察官會怎麼處理，一一解析法律程序。

說明完畢，她不發一語，只是看著窗外，適巧陪同的總經理離席到洗手間，女秘書抬頭注視著我，平靜而嚴肅地說：「律師，那個名字就是我簽的。」

所有心中的猜測都落實了。

有時候反而希望當事人不要告訴我實情，當事人一旦說出來，相當程度就轉變成我的問題，接下來就是一連串的問號冒出來：

＊要建議當事人自首？或自白認罪嗎？
＊認罪後，被告的刑事責任會多重？
＊如果被告不承認，承受得了法庭的審訊嗎？
＊如果通得過法律審判的關卡，能度過良心煎熬，甚至因果業報嗎？
＊身為律師，我能建議當事人認罪或不認罪嗎？
＊建議之後，是否介入當事人之間的因果？
＊認罪判刑後，被告的人生會有怎樣的轉變？丈夫是否離開她？坐牢出來還找得到工作嗎？

不過這個案件的背景不是單純的偽造文書，涉及三方概括授權及依業務行事的法律層面，應該有辯護的空間。於是我聽了她坦承實情，再對她作案情的法律專業分析，強調偽造文書必須基於犯罪故意，如果過往對方（告訴人）都同意如此代簽的作法，老闆也指示循例處理，欠缺犯意是不會成立犯罪的。

看到她表情稍稍舒緩，還是請她自己作成人生的抉擇：「一切妳自己決定，因為往後的責任是妳要自己承擔，老闆、總經理或是我都無法幫妳承受，或是分擔，妳的人生必須由妳自己去度過⋯⋯」。

講完總經理回來了，女秘書低下了頭，我沒問她如何決定，也沒向總經理透露這一段對話。

上了計程車，我坐前座，全程不發一語，我不知道等一會兒，她到警察局會怎麼說。兩種說法我都準備因應方案，雖然是公司委託我幫她辯護，不過我還是告訴她，公司沒指示或要求我，轉達一定要她在警局如何供述，我只負責分析，而不幫她作決定。

這始終是我的執業風格，因為這是當事人的人生，決定之後的榮辱悲喜，全部回歸他自己承擔，律師怎能幫他決定呢？

警局裡鬧哄哄，有人吵架、有人被上手銬帶進來，有人來問案。我們在警察旁邊坐板凳應訊，一項一項問到關鍵處：「這些文件是妳替她簽的嗎？告訴人說是妳偽造的，有何答辯？」

她面無表情地回答：「我沒有代簽。」

走出警局，溫暖的陽光灑遍夏日的地面，我心底卻是一片涼意，望著當事人逐漸走遠，隱沒在捷運站的人潮中，我沒再說什麼，總經理陪著我上車送我回事務所，只是告訴他約談筆錄的結論：「她說不是她簽的！」總經理似乎神態輕鬆了些許。

前任財務主管約談後，身為共同被告的老闆是下一波約談的對象。對方提告的犯罪事實都是幾年前發生的事，而且遠在大陸，這位企業家日理萬機，怎麼可能記得當初指示部屬的個別手續，於是提醒總經理安排時間，聯絡當時承辦的廠長帶著相關資料返台與老闆一起回憶這些過往的業務。總經理連續幾年與數家律師事務所合作，經常討論法律案件，甚至親自出庭應訊，自然明曉利害關係，立即安排妥當，約定下週三上午到公司討論。

沒想到開會前夕，企業家突然來電，情緒反彈，拒絕參加次日的會議。最初不懂得他反彈的原因，正試圖解釋刑案偵查程序與事前討論案情的必要性，他卻將話題岔開，提到讓他煩心的部屬與顧問，聽完他吐苦水，才漸漸覺察他是心情煩躁，才不願開會。

咦！可是以前也有類似白目的員工惹他生氣，也不至於如此反彈呀！再耐著性子聽他往下講，才知道最近胃疾造成腹痛難忍，醫囑開刀，讓他平添煩憂，也對未來身體狀況產生不安全感，也許伴隨事業接班人不明的憂慮吧！

有時律師除了作好法律層面的分析與建議，還得適度承受或化解當事人的情緒。但必須懂得及時抽離，否則「公親變事主」，治絲益棼，徒勞無功！

心平氣和地安撫，再從事業成就來鼓勵他之後，終於他語氣平順多了，可是仍然堅持不參加明天的會議，因為他覺得這個案子前一陣子已經討論多次，毋庸再浪費他的時間開會，而且對方不斷騷擾提告，他也很不耐煩，企業家下結論說：「明天下午我到警察局，只講三件事：一、整件事是我決定，指示屬下執行的；二、事情的過程細節已忘記，行使緘默權；三、對方是騷擾性的誣告，我要控告他！」

他的決定誰能動搖？只好先允諾，明天下午警局約談時再伺機臨場提醒他了。

次日會議前一刻總經理與廠長才知道老闆不參與會議，而我已趕到公司了，只好照常開會，整理了重點，總經理再以書面向老闆報告。

下午依員警要求的時間來到警局，企業家由總經理陪同，心底還在盤算如果警察訊問，他依然是「三句箴言」，如何因應？沒料到警員開始製作筆錄，一問一答，他非常配合地說明，到最後問他有何補充，居然長篇大論，完全不需要律師的協助。

走出警局，總經理說：「其實律師我早就告訴妳不用擔心，我們老闆什麼場面他都會應付，馳騁商場三十年，什麼危機沒處理過！安啦！」唉！害我白白擔心了一夜！

生命中關鍵事物或習氣，如果一直遲未處理，它就會不斷地循環出現——從陰暗面提醒你，從痛苦面刺激你，直到你解決了它；或它收拾了你！

命運輪迴／詞曲侵權案

十幾年前因緣聚會，結識了國內一家知名唱片公司老闆，承辦他的公司幾宗法律訴訟後，開始信任我的專業與做事風格，於是展開長期的合作，持續多年擔任他唱片集團的法律顧問，除了負責處理公司法律問題外，旗下藝人各式各樣疑難雜症，也要幫忙解決。印象最深刻的是一位當紅台語歌手相信歡場女子前世今生的說法，惹出一連串感情糾紛，不僅上了娛樂週刊封面報導，還鬧到法院，全程參與妥善解決後，唱片公司老闆更為倚重，通令全公司，只要是法律文件，沈律師沒確認審閱內容之前，不許提出。

一日，公司總經理來電，十萬火急要求立刻見面，說是輾轉收到警察分局約談通知，旗下一名重量級的歌手兼製作人須在次日報到製作筆錄，這位歌手大陸巡迴演唱會開演在即，說什麼也不能有任何閃失，否則第一場北京的演唱會售票率九成就賠不完了。總經理抱了一大堆資料來事務所，包括合約書、存證信函、版稅報表、唱片專輯，解釋背景事實及案件爆發的緣由。

原來這位製作人在二十年前出道後，一炮而紅，在台灣成立唱片製作公司，意氣風發，簽下一位剛出道的詞曲作者，聘請他作詞，且為他處理詞曲經紀的業務，合作初期雙方配合順利，歌曲一完成，唱片發行後也按期收到版稅，沒想到作詞者寫了十首歌詞就江郎才盡，無法繼續履約，雙方漸行漸遠。滄海桑田，世事轉折，二十年後旅居海外的製作人持續聲名大噪，在台的作詞者卻窮途末路，望塵莫及，竟然聽信身邊損友讒言，引用那紙束諸高閣的合約書，控告製作人侵權，同時大肆召開記者會，高調控訴。

製作人隔海看到新聞報導怒不可遏，本來要立刻反擊，指稱作詞者誣告，在唱片公司安撫下，決定先防禦權利，委託律師辯護，等全案無罪後，再作打算。於是在接受警局約談前，唱片公司安排製作人與我見面討論案情，協商訴訟策略。

陪同討論的總經理已在我事務所的會議室枯坐兩個小時了，我頻頻探頭進來問：「人呢？明天警局要約談了，被告還沒來討論，明天怎麼作筆錄?!」看到總經理無奈的表情，我開始發愁。總經理與我搭配十幾年法律案件分工處理訴訟案件，深知我的作風，出庭前或約談前必須作好完整的討論與準備工作。他搔搔頭無奈地說：「藝人在上海浦東機場剛上飛機，傍晚應該會到。」他知道我不習慣加班，晚上要回家陪孩子做功課，可是怎麼辦呢？為了明日約談順利，只好留在辦公室等主角出現了。

晚上七點鐘，當事人拖著行李箱直接從桃園機場趕過來，舞台上的巨星遇到法律訴訟，除了有情緒之外，一樣茫然無助。先請他說明二十年前簽約狀況及事後履約重點，當事人免不了邊罵邊講，我們律師只能在情緒交替的空檔中，試圖找到可以參考的事實或重要資訊。

我先問關鍵事實：「簽約到現在，你們雙方有說不再續約嗎？有任何書面嗎？」

他回想一下，說道：「我們曾經大吵，也曾各自放話說不合作了，可是從來沒有正式寫成書面。」

一旁總經理補充：「對方說八年前曾寄一份存證信函說不再續約了，可是製作人沒收到。」一面拿出那封存證信函，總經理看出我的疑惑，立刻解釋：「這是上禮拜我們公司透過其他管道拿到的傳真資料。」

仔細讀完，我下了結論：「這個侵權案不會成立，因為對方寄發的存證信函沒送達到你手裡，依照合約不生書面通知終止的效力。」藝人與總經理懸了好久的心總算放了下來，接著我們針對對方控告的主軸，擬定訴訟策略，從合約有效存續出發，主張合約迄今仍有效力，製作人的歌曲授權不構成侵害對方著作權。

當事人聽了，開始收拾原先憤怒的情緒，靜下心來討論明天約談重點。在舞台上閃閃發光的他，此刻像準備考試的乖學生，一問一答，充分配合，整整三個小時後，覺得明天警員可能的提問都徹底討論了，請當事人千萬勿熬夜，才能應付明晨的約談，他點點頭，拉著行李箱離開了。

翌日，果然大安分局承辦警員的詢問都不出我們事先討論的範圍，猜題率百分百，當事人愈發有信心。可是沒想到一個月後檢察官開偵查庭，告訴人與被告雙方見面，新仇舊恨，累積多年的情緒一觸即發，提告的對方竟然連續說謊，我的當事人愣住了，我趕緊為他辯解，並請求檢察官給我們時間尋找證據。

退庭後，我看事態嚴重，立即邀集唱片公司總經理商議解決方式，當事人即時撥打好幾個電話，都找不到當時參與的員工可以出庭幫他作證。苦思良久，一根一根菸持續點燃，當事人突然在菸霧迷漫中冒出一句話：「既然對方都說謊了，我也不管那麼多，我就跟檢察官說當時我沒聽到他說的這些話！」

我皺眉頭反問他：「那不是換成你說謊了？這樣對案情沒幫助的，對你的形象也有負面影響……」。

當事人在訴訟中走投無路，時而作錯抉擇，文過飾非，欲蓋彌彰，我常常必須把他們拉回來，提醒他們，訴訟是一時的，人生是長久的，官司總有打完的一天，走出法庭，還要繼續做人呢！

沒想到當事人跳了起來，咆哮嗆聲：「為什麼我的律師這麼正直？早上對方開庭時都敢在檢察官面前撒謊了，為什麼我沒有說謊的權利？」

這個時代，律師正直也成原罪？真是不可理喻！我不管別的律師怎麼做，該守住的原則一定堅持到底，要打贏官司必須要在我認同的道德標準下進行，縱使當事人冒火，我依然主張所有的答辯不能偏離事實。因為說謊不見得能獲得勝訴判決，弄巧成拙，反而付出更大代價，有時是在法庭當場被揭穿，更加衝擊法官心證或弄擰了案情；有時是走出法院夜深人靜良心的煎熬，更別提律師要承擔的風險與賠上形象的後果！

看著當事人怒火沖天，依然耐起性子請他聽我深入分析，再努力找到其他答辯理由與攻防策略，當事人才稍稍釋懷。終於在多次溝通，以及好不容易尋訪二十年前的目擊證人出庭作證，又陸續提出幾份答辯狀，數月後檢察官作成不起訴處分。

沒想到事隔半年，對方不甘刑事提告受挫，又到民事庭訴求損害賠償，收到開庭通知，真是感慨萬千。因為在刑案圓滿結束後，我一直覺得雙方的問題還沒解決，縱使刑事責任免除了，當年的一紙合約迄今依然發生法律效力，如何善後徹底處理呢？如果放任擱置，對方的怒氣與怨情仍會伺機發作，因果業報無法善了。

於是寫了一封長信給當事人，信裡頭建議他出面誠懇地與對方商談終止合約的事宜，順道付清所有積欠的款項，才不至於日後再有其他紛擾。明知他的火爆脾氣，忠言逆耳，這封信可能會遭致反效果，可是律師不是以打贏官司為唯一目標，而是要徹底解決當事人的關鍵問題，沉思半晌後，還是寄出了。

不出所料，當事人不予理會，音訊杳然。寫這封信似乎只是讓自己安心，當事人刑案官司都打贏了，沒有反告對方，消弭當初挨告的怒氣已經不錯了，怎麼可能回過頭來「以德報怨」，當事人說不定以為我頭殼壞了！

唉，法庭中的勝訴結果，有時反而造成當事人孽緣的延續，是非對錯真的是一紙判決書寫得清楚的嗎？輸贏得失又豈是司法天秤所能精確衡量？有時贏得了真理，卻輸掉人情；有時獲取了正義，卻失去道義！

律師有把握的是解除當事人的訴訟危機，可是律師不是神，也不是命運的主導者，無法預料或消解對造的仇怨或報復。如果當事人始終無法體悟世間恩怨流轉與因果業報，更無法超脫，只好一而再、再而三面對命運循環帶來的試煉。

當事人獲悉對方提告民事賠償案件，已不若上回接到刑案約談通知那般激動，只是交代經紀公司辦妥委任律師手續，全權委託我處理，而且來電告知，如果民事庭法官勸諭和解，金額要大幅降低，毋庸比照上回刑事侵權案中提出的和解金。

這也只好怪對方咎由自取，上次刑案進行中，當事人特地自國外返台設宴款待，還央請業界資深前輩大老居中協調，席間委婉致歉，提出高額和解邀約，沒想到對方貪婪要求加碼，和解因而破局，此次算是敬酒不吃吃罰酒了！

果然民事庭法官諭知先安排調解庭，讓雙方協商和解途徑，雙方都委託律師出庭，各自提出條件，言明回報當事人後，擇期再談。不料第二次調解庭前夕接到法院通知，取消庭期，因為對方臨時罹患急症，送入加護病房，生死未卜。

接聽電話知悉噩耗後，背脊發涼，是老天爺發威了嗎？懲罰對方不循正道處理雙方爭議，反而用提告、打媒體戰的方式威嚇我方當事人，以抬高身價，坐收媒體曝光的高度效益，而且一告再告，不知收斂自制，因而惡有惡報？思緒迅速轉了一圈，趕緊惕勵自己應該心存厚道，不宜有此想法，旋即轉告當事人此一變故，隔著話筒他嘆了一口氣：「我有預感他遲早會有不測的，沒想到這麼快就發生，希望一切平安！」

過了半年才又收到法院開庭通知，確定原告出院了，案件繼續進行。雙方律師上庭展開激辯，由於上次刑事案件已充分收集相關證據，此回我駕輕就熟、從容應戰。法官二度傳訊音樂版權公司承辦人員說明唱片專輯版稅計算事宜及調閱十幾年來的銷售報表後，再請雙方當事人親自出庭，勸諭和解未果後，宣告言詞辯論終結，兩週後宣判。

一個月之後收到民事判決書，不出所料又勝訴，欣慰地告知當事人，他卻是一派淡然。怎麼啦？是打官司經驗豐富，不足為奇了嗎？再多聊一會兒，他才提及最後一次開庭對方在法官前慷慨陳詞，派他的不是，我卻一臉漠然，全無回應，讓他覺得很失落。

「不然你希望我當庭如何反應？」我帶點情緒反問。

「至少妳要幫我教訓對方呀！他一派胡言，惡意詆毀，妳應該義正詞嚴地澄清，而且要嚴厲譴責，讓法官了解真相，知道我不是那種人！」他立即道出心中的期待。

聽了真想飆髒話，費了很大的勁兒把它忍住，最近持續禪修，不能為了一個狂妄的當事人造口業，破功毀德！

要罵對方，他怎麼不自己開口教訓？自己想要在法官面前維持溫良恭儉讓的形象，卻要律師潑婦罵街、情緒失控？他不知道律師必須有溫暖的心、冷靜的腦、犀利的口，在法庭理性地陳述法律意見，而非發洩情緒？

罷了，這樣的當事人，多說無益，律師的工作是要提供優質的法律服務，而非一味地討好遷就當事人，如果當事人無法接受這樣的風格與理念，那就謝謝再聯絡了！

歷經七年多的煎熬，收到改判無罪判決書的一刻，當事人說腦海中浮現了金剛經的偈語：「一切有為法，如夢幻泡影，如露亦如電，應作如是觀。」

無罪的代價／金融背信弊案

他，是一家北部知名證券公司的總經理，年輕有為，前途似錦，經營管理總公司及各地分公司的業務員多達三百多人，每年交易額逾數十億元以上，本來總公司預定翌年西進大陸，轉戰布局，指派他前往上海觀摩股市與深入調查對岸金融市場，沒想到出差次日，公司爆發營業員代客操作虧損上億的刑案。

總經理接獲通知兼程返台，與證券公司所有一級主管在調查局北機組迅雷不及掩耳兵分十路搜索公司及住處後，被帶上偵防車到調查站連夜約談。翌日清晨移送台北地檢署複訊後，檢察官以犯罪嫌疑重大，有串供之虞聲請收押。法官於清晨六點通知召開聲押訊問庭，他與副總經理在法院候審的地下室煎熬等候一夜，被上手銬帶往法庭時，聞訊而來的媒體蜂擁擠上，鎂光燈此起彼落中，這位一夜無眠的總經理依然挺直腰桿，精神奕奕地回答：「我是清白的。」沒戴口罩，手腕沒蓋外套，銀灰色的手銬在鎂光燈閃爍中分外刺眼，他知道將躍上頭版頭條社會新聞——財經重大案件的被告遭聲押。為了讓高堂老母與摯愛的妻女不至於蒙羞，他昂然不懼地走入法庭。

總公司全力營救，前一晚即指示財務部領出上千萬元的現金，交由特助及秘書隨車護送，在台北地方法院側巷靜候一夜，終於等到翌日清晨法官諭示交保，繳納二千萬元現金，六名被告免於羈押，總經理與五位一級主管疲憊不堪地返家休息。

接下來才是重頭戲登場，檢察官開庭調查日前指揮北機組大量查扣證券公司數十箱的對帳單、交易資料、投資人開戶資料，一次次庭訊核對檔案資料，十餘名被告隔離訊問，上百名投資客戶逐一清查，銀行帳戶逐筆勾稽。

總經理立即遭主管機關停職處分，職場上一路順利升遷，突遭停職，人生第一次遭受重大打擊，他毫不退卻喪志，反而集中心力，每日與律師團討論案情，研究攻防之道，聲請檢察官調查有利證據。可是檢察官一反常態，毫不理會，反而連續傳訊肇事的營業員與被害人，一個月後接到起訴書，才恍然大悟，明曉檢察官早有心證，採信營業員的自白，將總經理、副總列入違反證券交易法、偽造私文書、背信、幫助逃漏稅捐罪之共犯，求刑六年。

這時總公司高層才發現事態嚴重，早先委託三家大型律師事務所，似乎仍不敷案情，以及被告們之辯護需求。於是身為律師團召集人的大學同學在法院第一次開庭前兩天，找上我詢問接案意願，這位同學經常介紹案件給我，值此緊急狀況更不能推辭，何況此案社會矚目，自己也有興趣挑戰重大刑案，立刻允諾。他來電倉促致謝：「不好意思，臨危授命！我正在他們總裁辦公室開會，不便多說，晚上我下班後帶卷宗繞到妳家，妳先看看案情內容，明天我請法務室主任偕同當事人去找妳討論，順便辦理委任手續。」

晚上九點多，他把三大本厚重的卷宗資料交給我，換我挑燈夜戰了。同學臨走前好意地補上一句：「我們事務所負責總經理辯護，別緊張！我推薦妳擔任公司稽核的律師，她的部分較單純，妳先研究看看，聽說刑庭的承辦法官很不好搞，我們先應付後天這一庭，再來好好研商日後的訴訟策略，謝啦！」

接著就是無止盡的訴訟程序，地方法院一審辯論終結宣判，眾多被告中有判無罪，有判有罪。上訴二審時，被判有罪的總經理指名要我為他辯護，幾番周旋轉折，終於查明事實真相，高等法院改判他無罪，檢察官不服又上訴，最高法院審判一年後發回高院更審。

高等法院第一次開庭前，我約請總經理來所討論案情。先關心他近況，一年不見，神色如昔，清瘦少許，受到此案衝擊，迄今他仍無法順利謀職，七年多的等候與煎熬，他只淡定地回應：「清心寡欲，公道自在人心。」知道他夠堅強，毋需再安慰他，但心裡依舊悽惻，一位證券業的明日之星，就被旗下一名貪婪的營業員構陷連累，改寫了下半生的命運！

依循往例，向他解釋此案發回高等法院的程序：「下週三是高院第一次開庭，受命法官負責調查犯罪事實與證據，法官依規定，會先詢問被告是否認罪？如果有意願，就與檢察官進行認罪協商。開庭時法官問你，如何回應呢？」心中篤定知道他的答案，仍須明確提問。

因為有些被告承受不了訴訟的折磨，也有可能中途棄守，這是他們的人生選擇，我還是要給出空間，讓當事人在步入法庭前，有機會再觀照本心，找到真實的答案。

「律師，我很感謝這幾年來，妳一路陪著我們打官司打到現在，我始終很欣慰當年及時換律師，才能獲得無罪判決。這些年來，我可以沒工作，不能夠放棄我的清白，七年多來好不容易走到現在，縱使認罪協商給我易科罰金或緩刑，我都不接受，無罪就是無罪，我的清白是不能打折扣或是談條件的，律師，我會堅持到最後的！」他平靜地回答。

有時要讓當事人親口說出，對自己生命的承諾！

高院法院審理半年後，宣判無罪。檢察官不服，再度上訴，最高法院維持原判，駁回上訴，全案確定。收到無罪判決書的當天，總經理來電，聲音平和，纏訟七年，心如止水，已無波瀾，他說：「律師，謝謝妳！妳所做的種種銘感於心，如今我只覺得一切如夢幻泡影，官司雖然打贏了，我卻失去了一切，無法再回到七年前的光景，這一紙無罪的判決書能換回我的工作、前途、夢想嗎？」持著話筒的這一端，我竟無言……。

五十年的同鄉之情，從大陸撤退一路患難扶持到台灣，最後卻因一紙支票對簿公堂，恩怨情仇化為一份份判決書，十年的訴訟，落得最後死不瞑目，這筆帳怕是要留到下輩子再算了……。

同鄉反目成仇／返還借款案

大學同學的律師事務所開業十五年後，決定投效大事務所，擔任合夥律師，在清理善後自己的案件時，轉介了一樁陳年老案給我，說是兩個五十年同鄉情誼的老先生為了一張一百萬元支票提告民、刑事訴訟，糾纏十年仍未結案的官司。

我看著同學交代助理搬運過來的三大箱卷宗，十幾份判決書、不起訴處分書，思忖著是如何的仇恨，讓這兩位原來情同手足的同鄉飄泊異鄉後，反目成仇，一路訴訟到十年後的今天？

其實雙方的法庭故事的緣起很簡單，當事人十五年前為了資助兒子創業，向同鄉商借一百萬元周轉，同鄉匯借現金後，當事人開了一張支票作擔保，往後按年付利息。五年後當事人的兒子創業有成，借款全數清償，當事人向同鄉索取那張一百萬元的保證票，同鄉回話說支票找不到了，請當事人放心，雙方債務已清，支票當然作廢，日後絕無節外生枝之事。兩人既是同鄉又為知交，當事人感激對方當年慨然出借兒子創業基金，自不好苦苦逼討支票正本，同鄉拍胸脯的話語就當作君子然諾，兩家繼續交好往來。

沒想到三年後，對方事業失敗，家道中落，竟然找出那張一百萬元之支票，逕至法院訴請當事人償還借款，而且在民事官司陷入膠著之際，對方祭出狠招，直接到地檢署控告詐欺刑案。

每次開庭對方老淚縱橫，指訴五十年的同鄉好友居心叵測，耍詐騙錢。當事人站在被告席，屢屢感念雙方昔日患難情誼，心平氣和地解釋舉證，請證人出庭證明一百萬元的借款早已還清。

詐欺案碰到公正清明的檢察官就速速調查結案，如若檢察官敷衍矇混，頂多開了三、四次庭，也能查明真相，給予不起訴處分。不過對方總有辦法找出理由聲請再議，高等法院檢察署也不讓對方失望，每次都裁定發回續行偵查，如此案件一來一回，轉手到我出庭辯護，已經發回地檢署第九次了。

當事人無奈，又不願再花冤枉錢賠償一百萬元與對方和解，於是民、刑事案件一次次開庭，兩人每次出庭，白髮更見稀落、步履更加蹣跚，話語更是模糊，打官司到最後，律師費早已超過訴求返還的借款，對方告訴法官，他只為了爭這一口氣，不甘心受騙！我的當事人在法庭上聽了對方的連篇謊言，只是搖頭嘆息，而為了自己的清白仍須堅持無罪的答辯。

最後一次在偵查庭，我們苦候多時，等不到對方來報到出庭，直到檢察官要退庭時，對方的妻子才氣急敗壞地趕到，指著我的當事人破口大罵：「我的先生昨晚夜裡嚥氣了，他是被你逼死的，死都不瞑目，你這個殺千刀的騙子……」作勢要拿拐杖捶打被告，法警連忙將她架開，免得偵查庭發生血案。

我的當事人一邊閃躲，差點摔跤，我急忙丟下卷宗，雙手將他扶住，誰知道那位激動的老嫗趁隙又出手要追打我的當事人，卻是一個踉蹌，自己重心不穩，撞到被告席前的欄杆，登時血流如注，法警立即急救試圖止血，我衝出去請庭外另一位法警叫救護車，送到台大醫院急診室，通知家屬來到現場，我才離開。

回到事務所，立刻聯絡當事人，詢問他的身心狀況，方才在法院他要求一起陪同老友的妻子送醫急救，我攔阻他上車。因為聽見老友噩耗，當事人精神上已禁受不住，有點驚嚇過度，加上那位老嫗激動吵鬧，他更是手足無措、心力交瘁，臨上救護車之際，叮囑他趕緊回家休息。此刻他媳婦接到電話，轉告公公正臥床靜歇，明日再到事務所拜訪。

第二天，當事人神情憔悴地來找我，先告訴他老友的妻子急救已無大礙，他聽了寬心許多，再解釋此案刑事詐欺的訴訟，將因告訴人死亡而結束調查，證據不足應該會不起訴，全案即告確定；民事損害賠償事件則會在對方家屬辦妥繼承手續，承受訴訟後再開庭。他的眼神空洞、無言以對，我沒再多說，此刻追悼老友的辭世，應該比訴訟程序更占據他的心思吧！

二個月後民事法院通知對方繼承人承受訴訟，定期開庭，只是還沒等到法官結案宣判，我的當事人也病逝了，收到訃聞當天，判決書也正巧寄來，民事法官以借款業已清償為由，駁回對方的請求，全案定讞。

死亡讓所有進行中的程序倏然而止，可是當事人這一世恩怨未了，是否也隨之消逝呢？

最親密的人往往是害你最深的人，因為他（她）知道你的弱點、痛處及致命傷，當利欲薰心時，一連串的打擊就開始了：挨打時，常常不知如何閃躲，因為還在難以置信中，棒已落下；受傷後，更不知如何療癒，因為對方繼續落井下石、斬斷後路。

修車廠的夢魘／偽造文書案

看著好友的兒子長大，從沒想到他進入社會後居然成就非凡，二十五歲已經賺進人生第一桶金，創業開設修車廠加盟店，三年間展店十餘家。然而在事業正待衝上巔峰之際，修車廠總公司發生內訌，他最信任的合夥人居然偷偷將公司資金拿到大陸投資，遭到誆騙，資金付諸東流，當公司付不出今年八十個員工年終獎金時，才東窗事發，合夥人之間大吵一架，在即將爆發肢體衝突前，好友聞訊趕到，死命拉開扭成一團的兒子與合夥人，才阻止一場修車廠的械鬥。

好友的兒子防止損害持續擴大，立刻設定停損點，斷尾求生，將幾家營收不理想的修車廠結束營業，向市政府商業處報請解散清算，只選定其中一家地點好、生意佳的修車廠作為東山再起的基石，但為避免受到合夥人債務的衝擊，就終止修車廠租約，更換招牌，原有機器設備折舊清算後，通知合夥人營業虧損申報公司廢止登記。合夥人忙於躲債、置之不理，好友的兒子就在原址用新公司簽新租約開始營業，顧客見到設備人員依舊，持續上門，生意興隆。

歲末年終合夥人要來分紅，被擋在門外，到市政府一查才知道公司名稱已變更，股東也不是他了，驚愕憤怒，一狀告進地檢署，指控昔日的戰友背信、侵占、偽造文書等罪狀。於是好友的兒子成了我的當事人，好友央求我一定要讓兒子全身而退，不然錦繡前程將有污點。

其實在當事人啟動退場機制過程中，我們事務所就不定期提供法律意見，包括修車廠合法終止租約（停繳兩期租金）、公司修車器材設備折舊清算、寄發存證信函終止合夥關係、新公司設立登記及簽訂新租約，都在符合法律規定的前提下處理善後。因此面對今日合夥人的反彈，我們早已有充分準備、嚴陣以待。

士林地檢署開庭時，提告的合夥人在怒意未消中，要求檢察官傳喚修車廠房東說明終止修車廠租約的真相，及會計師解釋新舊公司設立及廢止登記的經過。這些證人出庭只需據實以告，就能釐清案情疑點，在檢察官下令傳訊證人的過程中，我們完全不擔心。

可是告訴人要求傳喚修車廠的副店長倒是令人擔憂，因為副店長態度反覆，明知是老闆的合夥人掏空資產導致公司結束營業，卻對同事說市場景氣不好影響修車生意。連我沒經營過修車廠的人都知道經濟不景氣衝擊最大的是新車買賣，至於修車行業影響極小。「市場不景氣，車子壞了還是要修嘛，這個副店長這樣放話到底是何居心？」開庭前夕，我聽到當事人轉述副店長的說辭，不禁抱怨著。

「這次檢察官傳他作證，他趁機向我勒索，說想分公司的股份，還威脅說對方也有找他談，如果不給他乾股，他出庭就幫對方講話。」當事人一臉無奈！

有些證人的心態，會認為「清白」是要花代價換來的，碰上他手上有「事實」可以賣，就待價而沽了。

「那你怎麼辦？明天就要開庭了。」我話裡透著一絲著急，萬一副店長出庭作了偽證，對案情的釐清勢必不利。

當事人雖然年輕，但進入社會白手起家創業後，一向勤懇正直，不願向惡勢力低頭，自然就拒絕副店長的無理需索。接到這樣的訊息，我已有心裡準備，明天會有一場激戰上場了。

更糟的是開庭前三個小時，當事人才接到房東的通知，說今天不能出庭了，唯一的理由是他父親早上拜拜時擲筊，一直不順遂，認為神明不同意他出庭作證，所以他只好告假！天啊！執業二十年，第一次聽到這樣的證人請假原因，怎麼辦呢？今天法院傳三個證人，一個臨時請假、一個準備作偽證，只剩下會計師可以出庭說明，這下要禱告祈請上天不要再出狀況了！

開庭前我特地提早到法院，卻瞥見副店長與對方在法院側門交頭接耳，行跡鬼祟，我警告當事人小心副店長變節。當事人認為事實只有一個，他不相信證人可以把黑的說成白的，依然昂首進偵查庭。沒想到對方還帶了公司開設的其他加盟店離職的兩位店長來作證，加上副店長共三個證人一面倒，全部指向當事人蓄意結束營業，對於提告的合夥人掏空資產隻字未提，當事人難以置信這些員工如此作證，心急如焚，卻無力反駁。

幸好會計師遲到一小時後，在檢察官正預備要退庭前適巧趕到，詳細說明當事人遵守規定辦理公司解散清算手續，而且神來一筆，主動提到一年前為當事人結算申報所得稅時，發現年底股東盈餘未分配，資產卻無故減少五百萬元。會計師製作資產負債表之前，曾詢問負責管理財務的合夥人現金存款短少的原因，合夥人承認先行領出投資大陸事業，並囑咐會計師勿向當事人透露。

對方沒料到會計師和盤托出，當庭臉色慘白，三位員工證人見苗頭不對，要求離庭，檢察官請他們與會計師簽完筆錄後先行離開。偵查庭中剩下被告（我的當事人）、告訴人（合夥人）及我，檢察官問告訴人對於會計師的證詞有何意見？告訴人低頭不語，檢察官開始怒斥告訴人：「你自己掏空公司的錢，拿去亂投資，不出面處理債務，等被告善後完畢，卻來告人家解散公司結束營業，你這樣涉嫌誣告，知不知道?!」

這時候身為被告辯護人講什麼都不適合，我暫時沉默，心想檢察官自有定見，沒想到我的當事人（被告）居然跳出來幫對方說項，我趕緊向檢察官說明會以書狀補充理由，打斷當事人一時心軟的好意，免得案情慘遭逆轉，檢察官宣布退庭，一週內結案。

回程途中，當事人送我回事務所，為了方才在法庭中的脫稿演出，先表示歉意，邊開車邊回想整個事件，他說：「我就是錯在自己沒信心，認為學歷低，只是個黑手仔，怎會開公司？剛好碰上對方油嘴滑舌，拍胸脯保證幫我管員工、管錢，我就給他一半的乾股，結果這幾年的加盟店一家一家開，他沒出半毛錢，卻分紅好幾百萬元，居然又A掉公司這麼多錢，真後悔跟他合作！最近又有人找我合夥，我很猶豫，很怕歷史重演……」。

走出法院，當事人有時會透過訴訟來檢視過往的對錯，碰上願意省思的當事人，我也會給予及時的提醒：「其實你都不需要靠別人，你就是自己最忠誠可靠的合夥人，從修車師傅轉型為企業主經營事業，雖然辛苦，不過只要多吸收企業管理知識，聘用合適的專業經理人，你自己就可以撐起一片天。千萬不要懷疑自己的能耐，你需要克服的是內心的恐懼，而不是外在的環境！」我下車關上門時，看到他還握著方向盤陷入沉思……。

打官司有時只是人生舞台上一個面向的呈現，照出每一個人心中的貪嗔痴慢疑，如果不能觀照內心的問題根源，那麼打贏官司只會是自我的矇蔽；而打輸就是災難了！

歲月催人老，年輕時代的叱吒風雲，可否換來老年的雲淡風輕、自在無罣礙，端視一個人歷盡滄桑、享受榮華之後，能否願意捨得、放下！在一個又一個悲歡離合、貪嗔痴疑的案例中，我看到不同的人生……。

廿年前的一筆帳／合建糾紛

當事人是位知名建設公司的老闆，全盛時期台北內湖地區都是他公司的建案。蓋房子賣預售屋難免碰上買賣糾紛，或地主合建的紛爭，十幾年前就開始找我辦案，不論民、刑事都幫他打贏官司，他發揮建設公司老闆事必躬親的精神，每一案件無役不與，密切合作，十幾年來情誼深厚，雖然中間有幾個案子，曾聽信股東建言，委託大牌律師處理，最後還是由我收拾善後。

這幾年，這位老闆老邁重聽，身體狀況大不如前，依然準時上、下班，縱使兒子、女兒成長接班，他仍然領軍指揮公司業務，不願在家樂享天倫、含飴弄孫。有時事業的營運或財富的累積長時間變成生命的重心時，似乎容不下其他生活方式的更替，縱使有錢、有閒，也不曉得如何讓自己更輕鬆，日子更有趣？

一日，他在女兒陪同下，氣急敗壞來訪，手上拿著一份起訴狀與開庭通知，問我怎麼回事，為什麼二十年前的一名地主居然告他賠償五千多萬元？當事人受刺激或衝擊時，常期待律師變成全能的神——無所不知、無所不能！二十年前我根本還不認識他，怎麼知道那時他做了什麼事，結了什麼怨？面對生氣又老邁的當事人，也不好說什麼，唯一可以做的事，就是快速讀完起訴狀，告訴他究竟發生了什麼事。

這大概是史上最離譜的一份起訴狀，沒有任何證據，只憑原告口述及兩張薄薄的試算表，就要跟建設公司老闆索求五千多萬元，對方律師還是我們打過交道的資深同道呢！打官司可以這麼混的嗎？就因為當事人不懂法律專業，或者拗不過當事人的委託，明知不可行而無奈一試？

這些心裡的OS也不便明講，否則當事人一定升起更多情緒。設法讓當事人平靜下來後，請他逐一核對試算表的各式數據。回憶起二十年前的往事，無神的眼眸閃爍怒火，開始罵道：「這個無賴！當年慫恿我與他合建土地，說他拿到建造執照了，要求合建房屋的股份五十與五十對分，我信以為真，投入大筆資金，才知道這個人是個空殼子，建造執照也過期，我找了建築師幫忙，又與真正的地主逐筆土地談判，才開始動工蓋房子。興建期間，他債台高築，又向我借了好幾千萬元，到現在沒還，他開的擔保支票，當年求我不要拿去銀行軋，都還鎖在我保險箱中。這麼多年來我沒告他、催討債務，他居然反過來告我，天理何在？」

是啊！真沒道理，進了法院才知道人心險惡、世態炎涼！究竟是誰在種惡因？誰在得果報？沒人說得準！可是當事人老把我們律師當作法律的代言人、正義的實踐者，碰上不公不義的事，天地人鬼神，除了問蒼天、求鬼神，就只能請教律師了，然而所有案件的發生，律師都不會在場，如何給出答案？

當事人罵歸罵，還是得面對法律程序，這位老總裁回去翻箱倒櫃，找出一堆發黃陳舊的文件，有契約書、支票、估價單、承包商收據、對帳表，哇！還真齊全，收下後我交給事務所的受僱律師，趕在開庭前準備好答辯狀。認真負責的同事研究法律關係後，立刻揮筆撰擬書狀，兩天後答辯狀出爐了，洋洋灑灑、擲地有聲，愈讀愈覺得勝券在握，可是看到證物欄將二十年前的合作契約書也列了上去，不勝驚異，趕緊詢問同事原委，他解釋是為了讓法官理解我們誠信履約，對方不應該來求償。

有時律師過於正直老實，反而會失去訴訟上的有利契機。我向同事解析現階段不宜提出這些契約書的考量點：

＊民事訴訟法的證據法則：舉證責任之所在，敗訴之所在。身為原告必須負擔舉證的責任，訴訟中原告提不出證據，必然敗訴無疑。

＊這個案子對方是原告，居然起訴狀只附了兩份當年雙方對帳的試算表，連合作契約書都提不出來，卻訴請我方賠償違約金及當年合建的利潤。對方當事人糊塗，律師也敷

衍，連這種案子也敢對簿公堂，顯然亂槍打鳥，把法院當作賭場與討債公司了！

＊我方既然是被告，碰到這種情形，只需好整以暇地依法要求對方先舉證，等原告有辦法提出關鍵證據，我們再作實體答辯，包括主張對方請求權已經超過十五年的時效，不可再請求，或用對方的借款支票聲明抵銷契約債務。

同事聽了立即開竅，連忙把證物欄的契約書記載刪除，免得反而幫對方舉證。答辯狀完成後，請這位老總裁過目，同時跟他解釋我們在第一審的訴訟策略，以不變應萬變為最高原則，具體而言就是三不政策——不主動舉證、不承認對方的請求、不接受和解。總裁卻疑惑著，為什麼我們不主動提供契約書？於是進一步向總裁說明，訴訟策略的擬定是基於二十年前他已與對方會算結清為前提，對方當時還委託會計師在場稽核確認呢！因此一切宜採被動，勿隨對方起舞，否則我方將契約書主動交出，對方要求查帳，雖然我們問心無愧，仍將陷入二十年前八千萬元建案所有收支的各項會計科目查核的泥淖中，調查一籮筐書證、傳訊一大堆證人。年代久遠，人證物證是否還找得到，是個困擾；縱使都查到了，是否帳目勾稽清楚，也是問題，這場官司會打得辛苦又不一定有勝訴把握！老總裁縱橫商場四十年，天資聰穎、閱歷豐富，一聽我這番解說，立即抓到要領，完全接受這項建議。

一週後，法院開庭，長達一個小時的庭訊中，法官從頭到尾都只針對原告提問，包括審理焦點放在原告起訴請求五千萬元的根據何在？為什麼要告建設公司老闆，合約書還提不出來？只有拿出兩造未署名的兩張計算表當作證據，這要怎麼認定被告的履約責任？

原告律師在法官層層質疑下，急得滿頭大汗，看樣子是真的拿不出當年的契約書了。我在一旁靜觀其變，以逸待勞，果真只要法官依據民事訴訟法，指揮訊問，根本無庸被告律師激辯主張，法官只在退庭前淡淡地問我有何意見？我看庭訊方向完全對我們有利，就不再窮追猛打，只強調原告必須盡到舉證責任，其他請法官參考庭呈的答辯狀。

走出法庭，老總裁樂不可支，直讚道：「律師，太佩服妳了！訴訟策略非常成功，法官完全進入狀況，總算人間還有天理！」是啊！對的時點，運用正確的訴訟策略，加上遇到對的法官，根據法律斷案，法庭之內，正義當然站在有理的一方，而法庭之外當事人的恩義與是非，就靠天理與人心來彰顯了。

如果妳把青春、創意、才華交給經紀人，以為他可以幫妳創造舞台，帶來掌聲與喝采，實現音樂人的夢想。沒想到青春被凌遲、創意被糟蹋，到頭來一切轉眼成空！此刻，如何逃離……？

小女孩明星之路／賠償違約金案

一位唱片公司老闆兼文創事業的負責人，我們相識十幾年了，公司的事、私人的事，只要與法律有關，全部找我處理。他說與律師討論案情很折騰，可是出事時，第一個還是想到我，他知道我可以幫他解決，而且他不容許我變成對造的律師，他說這樣他會死得很慘！

這幾年他在兩岸奔波，流行音樂文創產業做得紅紅火火，許久沒聯絡了。有一天他突然來電，說是他的音樂網站平台閃亮的一顆明日之星，遭遇到經紀糾紛，要我幫忙提供法律意見。

過幾天我們約在溫州街的餐廳碰面，這位女歌手玩樂團的、長得瘦瘦小小、臉白白的、說話聲音細小。言談之間神色憂鬱，原來她為了這件事，已經長期失眠鬱悶，精神科醫師開藥吃了一段時間了。

慢慢聊開之後，她說起了自己的故事。從鄉下來的小女孩，遇到了能言善道的經紀人，對於他的熱心積極完全無法招架，傻傻地簽了經紀合約，於是從大學時代創作的詞曲、灌錄的音樂母帶，全被經紀人用合約綁住，不但拒絕她發專輯、接通告，還指控她私接通告，訴請法院判決賠償違約金數百萬元。

第一份合約小女孩因著對音樂的熱情，以為經紀人可以提供創作發表獨立音樂的空間，勇敢地簽下長達五年的經紀唱片合約，沒想到是涉世未深下的泡沫幻影。兩年後經紀人驚覺簽約迄今尚未製作專輯，經紀公司即將構成違約，趕緊將違約的條款刪除，誘使小女孩重新簽署期限更長的合約，並以即將發行單曲為要脅，如果不重簽，公司就不發行製作完成的單曲，苦等圓夢機會的小女孩考慮到好不容易努力兩年才有一首單曲發行問世，當然不甘心作品一直壓在箱底，加上缺乏社會閱歷及法律常識，無法識破經紀人的詭計，就倉促地簽了。

玩音樂的人習慣用歌詞旋律表達想法或靈感，平時就不擅長條理分明地析述事情，尤其在遭逢打擊、充滿負面情緒時，聽她述說往事，還得及時排列組合，才能找到關鍵字，串連人事時地物。拼湊出重要事實後，精簡淺顯地分析她在合約上的法律地位，告訴她第二份合約其實是遭誘騙的狀況下簽署的不合理條款，她睜大眼睛難以置信，這一路敬重信賴的經紀人居然騙了她……。

解釋她的權利義務及合約上弱勢地位後，幫她思索幾種解決方案及訴訟策略，包括和解或應戰，請她回去考慮，決定了方向再作後續處理。過一陣子她寫封電郵，訴說痛苦的決定——沒錢付和解金，只好上法院。提到了這段時間的煎熬與迷惘，字裡行間滿是不甘心！最後一行寫上「我最近開始掉頭髮了」——令人心疼的小女孩！

法院通知要開庭了，與她討論案情後，幫她寫好被告的答辯狀，問她要不要親自出庭，特別提醒她民事案件有委託律師，當事人可以不用本人到庭，沒想到她出乎意料地回答：「要！我要自己勇敢地面對這個訴訟。」

法庭上她坐在我旁邊，面對嚴謹冷漠的法官，無情犀利的對造律師，她緊張憂懼地難以言語，在法庭激烈攻防中，無法相信對方居然保留多年前她不經意寄給經紀人的對話電郵，作為呈堂供證來攻擊她！

退庭後，她憂心忡忡地問這場戰還要打多久？她有一點點勝算嗎？下一次她可不可以不要來這種地方了？重重壓力下，她託請好友向經紀人致上歉意，尋求和解之路。提醒她勿再受騙第二次，而她只希望盡快結束這一場噩夢，不斷積極地探求對方的和解條件。結果歷史重演，對方利用她的單純與恐懼，一次次羞辱威脅她，要她接受極端不公平的和解條件，而且限時答覆。

在對方設定的時限前一個小時，她來電求助，我說：「終止你們彼此的經紀關係是和解的大前提，如果他不接受這個條件，妳答應賠償他多少錢，都無法徹底解決你們之間真正的問題。」

她還天真地轉述：「可是經紀人說解約後，他就失去籌碼與賺錢的機會了！」

小女孩，難道妳不明白嗎？如果沒解約，他永遠是妳掙脫不了的夢魘呀！妳要學習勇敢地拒絕！幸好冷靜一些時日，她想清楚了，沒答應經紀人的無理要求。

第二次開庭，她說不想去法院了，建議她再出庭一次，也許法官在了解這段期間雙方談判和解的實況，可以勸諭兩造有合理的和解條件，她怯怯地答應了，在法庭外等候時，看到她依舊慘白的臉，問她心情可安定？她露出堅定的笑容，說：「現在好多了，因為來開庭之前，我專注地念誦心經，小的時候媽媽就要我背心經，今天念誦後，心情就平靜多了。」

進了法庭，小女孩謙和地敘述雙方討論和解的條件，法官試著幫她勸諭對方律師退讓條件，畢竟小女孩年紀還輕，無力支付龐大賠償金額；又轉頭告訴小女孩：「妳的歌聲很好聽，盡快和解好好創作唱歌吧！」第一次在法庭上聽到法官說出這麼人性化的溫馨話語，望向小女孩，她也正浮現一抹欣慰純真的微笑，拍拍她日益瘦削的肩膀，一起走出法庭。

小女孩從這一次庭期之後，似乎長大了，冷靜地處理和解事宜。不過老天爺顯然認為她的磨難還不夠，對方的和解條件依舊苛刻，甚至逼迫她在部落格刊登道歉啟事，而且錄音母帶、詞曲音樂著作權利，經紀人全部想要據為己有。她真的又生氣又無奈，不過這一次她不願意屈從了，勇敢地要求刪除和解書中道歉啟事的條件，詞曲權利也堅持要收回，拒絕轉讓給經紀人。

彼此僵持不下，一直到法院再度開庭，雙方當事人都到庭。法官讓經紀人先發言，他仍以老師身分自居，高分貝斥責這個弱小羞怯的女孩，訴說為她耗費多少時間金錢錄製母帶，結果她私接通告不付錢，又要解約拿走他這幾年所有的心血，大逆不道、忘恩負義！

女孩聽完，站在被告席上平靜地說：「這些日子裡我也付出青春歲月，辛苦創作出這麼多曲子，老師在錄音室上班，叫我去配唱錄音，很多 Demo 帶是我自己做的，現在卻要我賠二百多萬元……。」

法官眼見雙方吐露心聲、各執一詞，和解破局，無心勸諭，宣布本案正式進入審理程序，兩造開始舉證傳喚證人出庭。討論的結果，下一個庭期只能傳對方的證人，因為女孩的證人適巧出國，要到明年春天才回到台灣，而對方傳訊錄音室老闆及他的助理，證詞必然偏袒，案情可能一面倒，可是別無他法。女孩在合約執行期間，完全沒想到為自己留下證據，一旦對簿公堂，全無憑據。法官又適時公布心證，認為女孩這一方雖然答辯有理，但缺乏證據支持，女孩在聽完走出法院時，心情是沉重的。我也只能挽一挽她瘦弱的肩頭，不曉得如何安慰她。

翌日女孩又興起和解的念頭，來電詢問律師意見，我建議她親自與對方聯繫，因為這麼倨傲苛酷的經紀人，我不認為律師出面洽談和解會有正面回應，而自己時時顯露的法律人正義感，會讓這種壓榨小歌手的樂壇蟑螂惱羞成怒，反而容易破局。電話裡沒跟這個進退維谷的小女孩解釋這麼多，只是再次叮嚀她，商談和解條件時，記得保留自己的音樂著作權益，否則這幾年的努力都付諸流水了。她在電話中允諾小心應付，不會再受騙了。

不知為什麼，她的回應讓我覺得很不踏實，接下來幾天沒刻意等她消息，可是心頭一直掛記著這件事。有時我們律師只能等待，考驗自己的耐心，也看看老天爺的安排！

出乎意料地，這次和解居然談成了。小女孩發簡訊給我，看了嚇一跳，立刻回撥電話問個究竟！到底提出什麼條件，對方居然會答應？小女孩平靜地說：「沒什麼特別的條件，我只是多賠一些錢，而且用現金付給他，他就放我走了。」

「那麼那些妳創作的幾十首歌曲呢？有沒有要回來？」我著急地想知道，因為在音樂圈為這些創作歌手打官司十幾年，深深了解音樂詞曲創作出來，就如同他們的親生孩子一般，捨不得送給別人啊！

她停頓了一下，聲音中有一絲猶豫，掙扎後依然說出實情：「沒有全部要回來，只有這次要發行的五、六首詞曲他同意給我，其他的歌曲都被他拿走了。我知道律師姊姊，妳可能會想罵我，可是我不能為了個人的恩怨官司，耽誤到整個樂團發行專輯的時間，樂團已經為了我這個案子半年不敢公開演唱，而且上次對方故意跑去新聞局吵，新聞局知道這個官司，也凍結樂團的補助款，我們真的已經山窮水盡，沒辦法跟他耗下去了⋯⋯。」

聽了除了心疼，還能說什麼呢？在沉默中，居然她反過來安慰我：「律師姊姊，沒關係！我還年輕，還可以創作歌曲，這一點是他搶不走的，這個案子結束後，我就可以安心地作曲演唱，最重要的是，我自由了！」

可不是嗎？此時此刻「自由」是最重要的願望，脫離了合約、脫離了經紀人，她才有真正的自由與能量，創作更多迷人的歌曲！

我不再多言，快速幫她準備好和解書，雙方簽署後，立刻向法院陳報和解事宜，對方律師也同步撤回起訴。官司落幕了，沒多久又在StreetVoice的網站上看到她的新作，新專輯的封面綻放著她燦爛清純的笑容。這個案件過去了，小女孩的樂團正如旭日東升，受到各界矚目。

日後有些年輕的女孩拿著經紀合約來諮詢法律意見時，在進入合約逐條討論之前，腦海中總是會先浮現這個小女孩蒼白的臉。於是我先問這些懷著追星夢的年輕歌手：「妳確定要走上這條路嗎？妳確定要跟這位經紀人合作嗎？妳確定一次要簽五年嗎？……」

因為我不希望再有第二個小女孩在追逐夢想的過程中，被無情地奪走所有辛苦創作的音樂，還要瑟縮地站在法庭中被凌遲……。

當你無私地投入，長時間照顧支持一個人，他（她）卻在成名後背叛離去，如何面對失去的情傷與善後……？

經紀人的心酸路／藝人違約賠償案

法庭中一個個證人魚貫地走進來，有記者、有行銷公關、有會計、有經紀宣傳，向法官敘說當年這個案件中的藝人如何面對經紀合約的執行——接通告、上台表演、收版稅，後來與經紀人漸行漸遠的故事。每一個證人似乎都有個共同的結論：他（本案被告）是圈內不可多得的傑出經紀人。

可是為什麼在本案中藝人依然求去？

飽讀法學、熟稔條文的法官似乎對於經紀行業與娛樂圈生態非常陌生，從她不斷提問事實層面的各項問題就看得出來，可是幸好她不會從膚淺表面的藝人演出狀況或娛樂版的報導遽下判斷。在證人說明待證事實後，她仔細地詢問為何經紀合約的年限訂得如此長久？合約中經紀人決定藝人所有的表演機會是否權限過大？稱職的經紀人須具備什麼條件？娛樂界是否常有經紀合約糾紛？

法官辦案辨是非、斷生死，必須深入了解世間人事變化、事物發展，才能掌握經驗法則人情事故，不至於活在象牙塔中不知人間疾苦。可是為了維持中立客觀的地位，又必須與個案人、事、物保持一定的距離，免得受到人情壓力、世俗干擾。如何保持適當的距離，端視法官的學識涵養與斷案態度而定。由於平素必須保持距離，對於商業慣例與社會現象難免生疏，在審理個案時就必須謙虛地學習吸收周邊知識，作成的判決才能深入人心，為兩造甘服，因此這位每事問的法官其實是令人敬佩的！

法官會有這些疑問也是不意外的，因為在這樁紛爭中，最初藝人與經紀人的合作是被看好的，藝人從模特兒資歷中尋求轉型，經紀人擁有國內資深唱片公司豐富的資源，透過他擅長的策略性操作，不僅將藝人拍片演戲的潛在才華激發出來，又能結合知名電視偶像劇製作公司，爭取多齣連續劇的演出機會。這位爭氣的藝人在眾多新人當中，短短一年就脫穎而出，連續接拍三檔偶像劇，躍居第一女主角的地位，經紀人四處布線，連結整合公關的人脈資源，使得知名品牌保養品注意到這位藝人，顯露高度的合作興趣。

經紀人嗅到了商機，知道旗下藝人即將浮上檯面，進入廣告代言的領域了。保養品公司行銷經理親自飛到台北洽商年度代言條件，一口氣開出兩百萬元的優渥報酬，工作項目包括拍攝兩支影片、平面廣告、出席三次記者會等等，經紀人仔細審閱條件，逐一商議，草約談定時，保養品公司行銷經理提出要求，公司大中華地區的品牌負責人要與藝人見面，檢查她的膚質，這一關通過，就簽約付款，經紀人立即允諾安排見面時間。

沒想到一向配合度高的藝人居然三拖四延，遲遲不願出面，經紀人著急得如同熱鍋上的螞蟻，不斷向保養品公司致歉提議延期，保養品公司在延期兩次後，直接通知取消草約的簽署。經紀人百般無奈，也莫可奈何，就當作藝人得了爆紅症候群，一時適應不良，於是停掉所有通告，讓藝人好好休息調整心態。

一日經紀人從捷運站出來，正要趕到電視台參與旗下另一藝人的記者會，居然抬頭就望見電視牆正播出他的藝人為那一家保養品公司代言的廣告。一時之間所有血液衝到腦門，真是不敢相信，莫非藝人瞞著他偷偷與保養品公司簽約了？這個疑惑還沒解開，翌日又看到《壹週刊》大篇幅報導這位藝人為某家珠寶公司走秀的消息，顯然藝人已經私接通告，違約背叛了。

難怪藝人這段期間拒接電話、拒回電郵，原來翅膀長硬了，執意單飛！可是合約期限未滿呀，竟然膽敢違約，經紀人寄發存證信函催告藝人出面履行合約，未得到回音，案子移到公司法務部門處理，顯然非告不可。身為法律顧問，我立刻趕到公司蒐集相關訴訟資料——經紀合約、通告文件、保養品草約、藝人代言廣告、《壹週刊》報導等。分析案情後，詢問這位又生氣又失落的經紀人，起訴訴求的重點除了請求損害賠償之外，是要藝人回來履行經紀合約，或者主張終止合約？

這是令人心痛而又必須提出的問題，面對當事人的痛楚，我們律師有時必須一再殘忍地揭開傷口，才能找到止血療傷之道。有些當事人夠成熟，可以接受這種理性又殘酷的討論；有些會惱羞成怒，甚至遷怒律師，不只不願及時作決定，還耍脾氣、搞自閉，弄得律師必須兼保母或心理諮商師，才能獲得答案，讓訴訟往下走。

還好這位經紀人雖然心裡不好受，卻非常冷靜地開放討論，他說：「藝人既然無心跟我合作，在法律上雖然我可以要求她回來執行經紀合約，到明年期滿。可是她心已不在這兒，事情一定做不好，律師，就請妳跟法官說，我要終止合約了。」

壯士斷腕！設定停損點，才能終止所有工作上、情緒上的拉扯。於是遵照當事人的意思，向法院民事庭提告，要求賠償五百萬元，包括合約期滿前的預期獲利及保養品公司承諾的二百萬元報酬。

法院首度開庭，平面媒體聞聲蜂湧而至。法官退庭後，記者紛紛對兩造進行採訪報導，藝人高調地抱怨合作期間經紀人的不專業與刁難，經紀人聽了記者轉述非常氣憤，在報社平衡報導中重砲反擊，雙方的恩怨爭端白熱化。法官第二次開庭見狀，為避免案件糾結，兩造攻訐沒完沒了，勸諭雙方和解，我也建議經紀人嘗試以和止戰，當事人同意案件轉由調解委員處理。

調解委員非常資深，經驗豐富，看著經紀人與藝人分別走進調解庭的表情，就知道雙方關係降至冰點，冰凍三尺，非一日之寒，決定先讓雙方各抒己見，再進行協商。果真雙方關係長期惡化，許多苦水需要傾吐，經紀人先訴苦：「如果在網路上搜尋我的名字，以前從無負面消息，現在跳出來都是這件經紀糾紛，往日同學甚至看了這些報導來電關心，真是意外的收穫。」經紀人苦笑著，接著感嘆：「很遺憾雙方的問題交由第三者（法院）判斷，很詭異！只希望藝人經歷這麼多事情後，能肯定我的努力，認知到過往的一切絕對不是浪費時間，我強調我要的不是錢，而是道理對錯！」

調解委員語重心長地解釋：「法律是社會科學、人際糾紛是由很多因素構成，並非像自然科學有規律，故須由第三者來判斷，利害之間取其輕重，否則人與人的糾紛無法解決。藝人需要包裝，經紀合約雙方都有此期待，但不可能將此期待利益置入，經紀人的心血無法全部放在合約中，只能透過我們調解人的勸諭，讓藝人了解經紀人的辛苦。」

藝人立即回應：「我不否認雙方的努力，也因為公司的付出，讓我有一點點的成就。今天會走到這一步，當初雙方都有誤會，我不希望在這裡翻舊帳。一年多來，我沒有工作和收入……」藝人泫然欲涕。

經紀人提醒：「這也是當初妳做這個決定的結果，如果依我們當初的規畫，幫妳爭取主角的身分，妳會落得沒工作嗎？」

藝人感傷地說出心聲：「這一點我們一直沒共識，我希望在雙方合作中，藝人是高高興興地擔任工作，如果都是公司規畫，我不一定開心。」

經紀人很感嘆地回答：「我不會去強迫藝人接不喜歡的工作，當初大陸的戲三個月可賺四百多萬元。」

調解委員眼見雙方有歧見，不宜再往下挖，免得破局，趕緊勸阻：「法律是最低的道德，其中有情理多一點、少一點的問題。今天我們在這裡，不是要翻舊帳，而是依據情緒心理學，談和解時，在眾人面前雙方當事人較謙抑，比較沒有情緒，才能談下去，其實凡事有捨才有得，『善了』之後，路還很寬廣。」

我接著補充：「有時翻舊帳是為了減少損失補償的期待，讓經紀人知道錯在哪裡？經紀人需要知道，藝人為何求去？是否做得不周到？日後才有可能修正。藝人縱使官司最後打贏了，但有經紀糾紛，案子在法院第三審確定前，檯面上沒有人敢簽約，這是兩敗俱傷的悲劇。」

調解委員點點頭，進一步分析：「找律師的目的在於大家一起尋求『法之所在』，經紀合約具委任性質，合約可以隨時終止，但須考慮到兩個問題：1.經紀人可以要求終止的一方賠償損害（付出的努力）；2.藝人工作權的保障。是否請雙方開始討論和解的條件與金額？」

經紀人具體提出和解金額：「我這個案子最初請求賠償五百萬，目前已降到三百萬元，妳之前卻提出不到五十萬元的條件，叫我如何退讓？」

調解委員善意地勸雙方：「藝人也感謝你培植她站在這個舞台上，是否經紀人要求的賠償金額可以少一點？畢竟她還是個小女孩，剛出道而已，可是藝人也應該提出和解金額。」

藝人不願提高，倔強的神情說明了心思，協調陷入僵局，顯然雙方很難各退一步，調解委員只好宣布調解結果：「調解不成立。」

案子轉回民事庭法官審理，法庭氣氛更加劍拔弩張，因為雙方已知和解無望，兩造律師卯足了勁，激辯攻防，法官傳喚訊問所有證人後，定期辯論，兩週後宣判。判決結果經紀合約終止，藝人違約須賠償一百萬元。

雙方各遂心願，藝人獲取自由，經紀人得到賠償，表面上似乎有輸有贏，可是內心深處我知道他們都受傷，都輸了。有時法律只能解決暫時的紛爭，得到表象的公平與正義，至於當事人心中真正的正義，只能祈求上天賜予了！

人與人之間的信任到什麼程度，才可以完全託付，又不傷到自己？

兄弟鬩牆／房屋查封案

傍晚交代助理準備書狀送法院，以及明日開庭的卷宗資料，一一叮嚀完畢，幾個知交好友已經在事務所樓下等候驅車上陽明山賞夕陽、看夜景，不料當事人一通電話打消了這個策畫數週的美麗邀約。

原來當事人收到貸款銀行的本息欠繳催款單，隔著話筒聽出他的著急與無奈！去繳錢就好了，怎麼還緊急通知法律顧問，有這麼嚴重嗎？雖然當事人是國際知名企業的總裁，可是法律顧問也不是全天候等待諮詢，而且這是財務問題，又不是法律糾紛，為什麼要我立刻趕到公司開會，好好一個秋日的斜陽夕照拍不到了，真是殘念⋯⋯。

「律師，一言難盡啦！等一下見面再說。」認識這位聰明睿智的總裁三年多了，幫他的企業集團打了十幾件官司，從沒看過他如此煩惱，他會親自打電話來，肯定是事態嚴重。隨意抓了幾份他們公司的房產資料就飆車過去，平日二十分鐘的車程，今天八分鐘就抵達當事人公司會議室，裡面已坐著總經理及董事長特助了。

總裁親自主持會議長話短說，故事源於十年前買這棟公司二百五十坪的辦公室時，總裁適逢國稅局上億的稅務官司纏身，會計師基於節稅及訴訟風險的考量，建議購置房產時登記個人的名義，切勿登記在公司名下，但不宜用總裁個人名義辦理登記，以免遭受稅務官司的影響。

於是當時總裁就借用擔任公司財務長的親弟弟名義登記為辦公室房產所有權人，這麼多年來稅金及貸款本息都是總裁匯錢到弟弟帳戶繳納。沒想到去年發現弟弟虧空公款，又傳出辦公室婚外情，總裁大義滅親，立即解職，引發弟弟反彈，不僅私下以這間辦公室作為擔保品偷偷貸款三千萬元，而且時隔半年就拒繳貸款本息，銀行通知補繳積欠三期的本息，否則聲請法院來查封拍賣辦公室。

聽完故事，心中冒出的第一個疑惑是：為什麼當時公司的法律顧問得悉會計師之建議，沒有作成配套的保護措施——請弟弟簽署切結書，載明房產是哥哥的權利？聽說前任法律顧問是知名大律師、現任立委呢！正覺不解時，總裁已提問：「律師，怎麼辦？如果銀行來拍賣我的辦公室，這六、七十個員工要到哪裡上班？我的企業集團要怎麼運作？大陸三個工廠上萬個員工怎麼指揮管理？海外好幾家公司如何調度營運？」總裁眉頭深鎖，顯然兄弟鬩牆帶給他不僅僅是親情的傷害，事業碰上立即且迫切的風險更令人煩憂！

不論如何台灣總部的辦公處所一定要保住，於是我提議第一步先與貸款銀行協商，由總裁公司承接貸款債務，補繳積欠的本息，以後按月繳納，避免房產被拍賣。

「剛剛總經理已與銀行債管部交涉，他們說沒得到債務人同意，我不能代替我弟弟還貸款。律師，妳也知道去年我們告我弟弟業務侵占，他已經很不爽，上次出庭就放話要我死得很難看，這下他一定故意讓銀行來查封我辦公室，讓我公司開不下去……」總裁愈講愈心焦。

這種親情與公務牽扯在一起的案子，常讓當事人六神無主，連平素每年營業額數十億元，對於全球業務及上萬名員工指揮若定的總裁都頓時理不出頭緒。我開始分析最壞的狀況，如果辦公室被查封拍賣，公司有何備案，業務、員工、客戶如何因應？對公司營運及財務有何衝擊？可不可能在法院拍賣時買回來？

我的辦案經驗，一旦將訴訟最糟的結果坦然鋪陳，當事人敢於面對，通常就能思索解決方案。當然也有當事人承受不了打擊，無法面對現實，反而壓力沉重，不戰而降！但是這位總裁堅毅不拔，禁得起磨難與挑戰，所以討論過程中，乾脆油門踩到底，案情推到極致，他反而冷靜下來。除了指示財務經理估算出六個月後公司可能的現金流量，確定無法投標買回拍賣的房產外，再具體分析倘使棄守總部辦公室產生的不利效應，整體評估後，發現損害可以降到最低，總裁開始安心下來，討論因應之道。

經過三個小時的密集協商，整理出幾個作法：

＊明天由律師陪同總經理親往銀行協商貸款代償方案

＊公司會計部門準備現金二百萬元明天先繳納積欠的貸款

＊下週一向法院提出房產過戶的訴訟，要求弟弟返還房屋

＊萬一銀行聲請查封，再另提異議之訴聲請停止執行

結果第一步就碰釘子。我們在銀行放款部會議室談了一個多小時，債管科的承辦人員都請了法務部門的人來一起溝通，銀行還是堅持我們當事人不是當初貸款手續的借款人，雖然貸款時簽發了擔保的本票，但沒有任何證據資料顯示總裁是房地產所有權人，因此在法律上連「利害關係人」都搆不上，縱使總裁要幫弟弟代繳貸款，銀行都不能接受！

聽到這句話，陪同前來協商的總經理冒火了，開始怒罵：「你們銀行怎麼搞的，客戶捧著錢要幫貸款人還債，你們還要往外推，天底下有哪家銀行像你們這樣不講道理?!」

法務人員依然八風不動地回應：「法律就是這樣規定的，我們銀行不能亂收錢，不然會違法。」

總經理聞言更生氣，還想破口大罵，我連忙緩頰，請教銀行法務：「在這種情況下如何解套，我們才能避免辦公室被查封拍賣的危機？」同是法律人，有共通的專業語言，也較能了解彼此的難處與考量，銀行法務不疾不徐地說：「只有一個方法，要得到債務人的同意，

你們老闆才能代他還貸款。」

兄弟已然反目成仇，總裁不可能再低頭徵求弟弟的首肯，只好央請銀行與債務人聯絡，轉達代繳貸款之意。這是唯一的解決方案了，不過我很悲觀，思忖弟弟不會輕易點頭，倘使同意代繳，他事先把繳款單轉到哥哥公司處理即可，為何逕由銀行發動催款手續？種種疑點指向不利的結論，可是一時之間也不想透露這種預測，免得增加當事人的心理負擔！

執業二十年，也許是實務經驗轉化為職業直覺，常常心中的預言一語成讖！果不其然過兩天總經理傳來銀行轉告的訊息：弟弟拒絕哥哥代繳貸款。

總裁知悉後，對弟弟傷透了心，無奈父母早已過逝，家族之中無人制得住這個挾怨報復、冥頑不靈的弟弟，總裁只好循司法途徑救濟。除了指示會計依原定計畫，先匯付二百萬元積欠的貸款入弟弟的銀行貸款專戶外，委託我速速提起房地產移轉登記的訴訟，以便日後萬一銀行查封，可以據理力爭。

幸好用弟弟專戶繳納貸款的策略奏效，銀行沒再寄催繳通知，而房地產過戶訴訟承審法官也持續開庭，積極調查購置房屋的資金來源，一切似乎在順利發展中，沒想到平地一聲雷，又起波瀾。

新年連假結束，一進辦公室就接到總經理來電，轉述銀行催收科私下通知，兩週後法院將來辦公室現場貼封條。我不解地問：「怎麼回事？銀行不是按期收了公司繳的貸款本息？

為什麼還來查封？」

「銀行說那些錢是算入第一筆貸款中，至於債務人後來再貸的三千萬元，債務人不同意總裁代繳，因此最近我們按月繳清第一筆貸款，多繳的錢不能當作代繳第二筆的三千萬元之貸款，現階段銀行是針對三千萬元貸款欠繳來查封。」總經理歷經銀行的刁難、波折，已可精準明確地解釋銀行的作法。

銀行真是耍賤招，一邊收錢，一邊聲請擔保品抵押的強制執行。顧不得耶誕年假過後的忙碌，趕緊衝到當事人公司商討危機處理，向總裁說明針對強制執行程序只能用第三人異議之訴聲請停止執行，可是相對地要先繳交鉅額擔保金放在法院提存所，才有可能阻止執行處的進一步動作。

「律師，年關將屆，公司需要大量現金支應，恐怕沒有錢再抽過來繳擔保金了，怎麼辦？如果法院真的來查封，對公司營運辦公是否有影響？」總經理在一旁發愁地提問。我也只能安慰他們查封時，可以要求執行處將封條貼在不顯眼的地方，公司依舊可以辦公，員工上班不會有任何影響，從查封到拍賣，要經過鑑價，公告的階段，等過完年再籌錢繳納擔保金還來得及。

兩週後，執行處書記官按時來貼封條，總裁在現場冷靜處理，現在只能等候民事法庭下裁定看何時可以停止執行了。

「和大怨，必有餘怨。」老子認為仇怨縱使和解了，結怨的雙方都還可能有餘怨，可見人類的怨恨多麼不容易排解。法庭裡的當事人如果連和解都不願意談，執意打官司，怕是三輩子都解不開這些怨了。

推動和解的代價／律師被解任

這位傳統產業的企業主來找我辦案時，他與妻子的案子已經從家事法庭的離婚官司，打到民事庭的財產訴訟，聽說法官在審理他們離婚案的夫妻剩餘財產分配請求權時，發現兩邊當事人對於財產所有權的歸屬僵持不下，法官無法根據半年來四處調閱取得的原告與被告不動產登記謄本、股票、基金、銀行存款、公司股權登記簿，認定哪些是丈夫的財產、哪些是妻子的財產，索性裁定停止離婚訴訟，諭令雙方先到民事庭好好打完財產官司，再回到家事法庭算總帳。

丈夫得悉離婚訴訟被法院裁定停止，立刻決定換律師。因為離婚官司打了三年，沒打出個結果，還被法官喊暫停，他對原來的律師事務所非常不滿，透過另一位律師推薦找上了我接辦財產訴訟。雖然離婚訴訟暫停並非前任律師的錯，可是當事人常把訴訟程序陷於膠著，或對法官的氣憤轉嫁到律師身上，常見的作法就是換律師，於是案子就會大風吹，至於風吹得對或錯，新的律師是否比舊的律師好，就看當事人的造化了。

這位事業有成的企業主年近五十，精明幹練、聰明睿智，在會議桌上常常反應比律師迅速，跟他開會討論案情，沒有好生準備，準會被他問倒！不過幾次會議下來，他的經理透露：「老闆私下告訴我，這麼多任律師交手過後，他覺得只有妳的反應跟得上他！」這算是稱讚吧！經理卻不知為了短短兩個小時的會議，我必須動員事務所多名人力全天候整理資料分析案情，才能上陣。

老闆交了三件舊案給我，又決定再提告三件新案，法院受理後，通知雙方當事人先行調解。殊不知調解庭上對方委任三名律師代理出庭，都是原來參與雙方離婚訴訟的律師，只有我是新面孔，還沒協商到財產案件的和解條件就破局了。因為對方律師團帶著家事法庭的怨氣進到調解庭，新仇舊恨交織發酵，縱使任憑我動之以情、訴之以理，加上調解委員積極斡旋，都無法說動妻子降低和解門檻，她的要求比在家事法庭訴求的還更多，完全沒考慮到退讓的可能性。尤其律師團中首席律師執意不讓步，還慫恿他的當事人——妻子提高價碼，我聽了只能搖搖頭，不再多言，意識到和解破裂，當場簽署「調解不成立」的筆錄就落寞離去。

於是很快地案子回到民事庭法官手裡，定期開庭審理、調查證據、言詞辯論……訴訟程序行禮如儀，面對妻子的反彈指責與強烈的情緒反應，六個案子交替進行，沒有一位法官願意再花心思勸諭和解。直到有一天，其中一個案子換了法官，新任法官年輕熱誠，開庭前把兩造當事人所有案子的卷宗資料全部調來了解後，庭期一開始就建議雙方再啟和解之門。

沒料到法官居然存此善念，我先保持靜默，看看對方律師有何回應，猜想對方會強硬以對。果真原告律師團一一抨擊我方當事人如何不忠不義，出爾反爾，結論是「和解無望」！

看到一腔熱血的法官被澆冷水，又聽到對方律師不實的指控，按捺不住，我在原告律師席上登時站了起來，開始強力反駁對方律師的誣衊，音調愈來愈高，對方律師也被激怒，意欲插嘴，又被我提高音量刻意阻止，最後還誠摯地向他們呼籲：「律師除了善盡職責打官司之外，更應該積陰德幫助當事人和解！」對方律師團一字排開，鄙夷與不以為然的神色明顯寫在臉上，我氣憤難平地坐下來，法官也只能無奈地宣布退庭。

結果出乎意料地，走出法庭後，當事人的經理不但不領情，反而憂心忡忡地問道：「上次調解失敗，我們老闆已經氣到警告全公司不准再提和解的事，律師妳剛剛一直強調和解，會不會讓對方以為我們對案子沒信心，急於談和？我們老闆會不會以為我方在豎白旗？」

我告訴經理多慮了，沒想到他的憂慮都沒錯，更意外的是對方律師使出反間計，開庭後直接電告我的當事人，描述法庭中我積極求和的態度與立場，過兩天經理專程來事務所拜訪，滿懷歉意地轉達老闆解除委任之旨。

情勢如此，夫復何言！我沒作任何解釋或探問，只是撰寫書狀向法院陳報訴訟代理解任，律師退出所有案件。

有時，我們律師想要幫當事人弭平仇怨，和解善終，造善業期能得善果；當事人卻反其道而行，持續運作惡因孽緣，我們律師也只好罷手，個人造業個人擔，因果業報，自食其果。

為著一個理念與一生的清譽，逃亡海外，背負罪名與對法律違抗的絕望心情，夜半飲恨，家國之思啃噬著破碎的心……。

逃亡驚魂／刑案被告的自白

看到新聞媒體報導，才知道司法單位已經撤銷通緝，他回復自由身了！

時隔七年，報紙標題依然觸目驚心，回想當年整個審判過程，媒體竟日大力放送，一個超級強颱造成南部水患洪災，水庫防洪設施在暴雨中故障失靈，洪水成災，斷送鄉鎮數條人命，牽扯出官商勾結的貪污弊案。颱風遠離後，民意代表在市議會強力質詢，輿論群起攻之，市長引咎辭職，依然無法止息眾怒，危機升高到中央政府不得不出面處理，將當年水庫防洪設施工程發包單位與廠商移送司法機關調查偵辦，種種不利證據指向當年時任水利署長，而今轉任南部直轄市長的高官，法務部調查局北機組兵分十路，揮軍南下，以迅雷不及掩耳的速度搜索這名高官的辦公室、官邸及別墅，查出銀行帳戶的異常資金流入，以及保險櫃中的金條與玉石名畫古董，更意外查獲某女子與高官過從甚密，原來扮演他的白手套，已達十年之久，日後檢察官傳訊，始知該女子是高官的情婦。行政院長震怒，諭令撤查嚴辦，宣示證據到哪裡，就辦到哪裡，於是高官的部屬、情婦、包商紛紛遭聲押，只有高官倖免，於是傳言四起，說他是執政黨栽培的明日之星，勢力強、後台硬，不至於身陷囹圄。羈押期限屆滿前一天，檢方起訴，移審庭訊擠爆台北地方法院，SNG車占滿法院大門前的空地，檢方在刑事庭中力陳那名高官的罪狀，聲請羈押，刑庭法官不動聲色先予飭回，其餘被告還押，也包括包商公司的總經理。

全案引發社會矚目，原本我也只是旁觀民眾之一，沒想到報紙頭條新聞，成為我事務所日後重大案件。

透過朋友介紹，當事人的妻子來訪時，已是被告遭羈押四個月了，她脂粉未施、憔悴不堪，看不出來長期擔任上市公司的財務長。開口訴說案情，才感覺得到她的頭腦清楚、內涵豐厚、教養極佳，她盡力克制哀傷的情緒，將跌宕懸疑的案情娓娓道來：

「我先生在美國留學表現優異，獲頒博士學位後，立即被上市公司延攬為總經理，我們在美國生活安居，拿到綠卡十幾年後，公婆身體違和，先生一本孝心，毅然返國服侍雙親，當時透過國營事業高層介紹，禮聘為台灣大型工程公司的總經理，努力推展業務，創造三年十億元的出色業績，沒想到董事長行為不端，經由另一包商牽線，與前任水利署長三人共謀綁標水庫防洪設施的工程，董事長取得不法利益的情節，這次也被調查局查出來。董事長早在事發前就布局縝密，預先設定退場機制，刻意把相關文件、會議紀錄、工程契約都指示我先生出席簽署，我先生個性溫厚忠誠，不疑有他，這次事情爆發，被牽連入獄，真是冤枉！現在關在看守所，我們透過很多黨政關係都無法營救，唯一的方法只能委任沈律師出庭辯護，早點救出我先生。」

翻閱著厚厚的一疊起訴書，被告多達十二位，水利署四位，中間介紹人兩位，其餘都是包商負責人及主管，檢察官一一求刑兩年至十五年不等。下週是刑事庭一審法官第一次開庭，全案卷宗多達五十幾箱，這種案子光是到法院閱卷、整理影印的卷證資料，就要耗掉至少五個工作天。更別提被告收押禁見，關在土城的看守所，只有律師能聲請會面，根據過往的經驗，家屬一定懇求天天去接見被告，那麼其他案子都不用辦了。何況這個案件被告那麼多，每次開庭下來，必然曠日耗時，雖然明知這位總經理是無辜的，心性單純，遭人栽贓構陷，值得同情，可是我們事務所才兩個律師，另一位年輕同事執業經驗尚嫌不足，幫不上忙，如果都靠我一個人辦案，開庭期間其他的案子必然要放棄一些，而家裡孩子要接送才藝班，中午要送便當到學校，晚上要督促陪伴做功課，可能都會大受影響，需要如此辛苦嗎？

望著被告妻子無限企盼的臉，很想狠下心來拒絕接案，她似乎猜出我的心思，連聲央求，我請她給我一天的時間考慮，離去時她提到公公已委託另一律師，不過她希望主力放在我身上，還意有所指地說，聽說那位律師有走後門，家族對台灣的司法沒信心，也許可以「備用」。我看了一下法官合議庭名單，告訴這位憂心忡忡的妻子，這三位一審法官皆是司法清流，不可能收紅包，請她勿憂慮，她不置可否地告辭了。

這案子是好友介紹的，沒多久好友來電，他了解我的個性，律師費高低不是我接案的考慮點，他建議我接下此案，出於人權的保障及司法的威信，他最後一句話說動了我：「如果一個無辜的人在法庭上還慘遭司法踐踏，判處有罪，那麼你們法律人還談什麼捍衛法律呢？」

下午被告的妻子接到我答應接案的電話，欣慰異常，立刻跑來事務所辦理委託手續，果不其然她含淚央求我當天下午就到看守所接見被告，她說：「律師，我還有個不情之請，拜託妳在案情討論完之後，告訴我先生，我永遠愛他……」看著她真摯的眼神，真是不忍心拒絕，可是與陌生的男性被告第一次見面，就要代為轉達夫妻間的親密情話，真是需要一點勇氣！

中午用餐後，同事們都還在休息，沒等到上班時間，我已驅車前往土城看守所。雖然路途遙遠，有些律師會自己開車或搭乘大眾交通工具，不過我相信在開庭前在與當事人會面討論前，維持穩定的心神與清明的思緒狀態，不受交通狀況或第三者干擾，會有助於開庭或會議的專注。因此我們事務所律師出庭都是搭乘計程車，到了法院經常是神清氣爽、專心一致，這也算是高品質的法律服務的一環。於是利用四十分鐘的車程中，把案情重點初步整理，列出擬向被告提問的疑點，再思考訴訟策略大致方向，以及被告妻子企盼轉達的話語。

抵達看守所正趕上第一批接見時間，辦好申請手續，驗證委任文件及律師身分，一道道厚重鐵門開啟又關閤，門禁森嚴，管制嚴格，身上及公事包三C用品交出後，穿越中庭，有些身著囚衣的刑案被告出來放風或工作，一排排依序排列，面無表情，氣氛凝重，高牆裡外隔開不同的世界。等候半小時，管理人員帶了被告出來，臉色蒼白，步履遲緩，坐定後有禮地寒暄致意，遞出名片，被告神色較為和緩，引導他說明案情，再分析全案利弊得失，多項證據及董事長的供述都指向對他不利，聽完他沉默不語，只開口問了一句：「我會被判有罪嗎？」

面對羈押中的重案被告，孤單恐懼，家人禁止面會，長時間缺乏家人當面的支持，很多重罪被告會瀕臨精神崩潰，我們律師經常不忍雪上加霜，轉知噩耗。可是下週就要開庭了，如不告知實情，恐怕開庭時他面臨檢察官的指控，其他被告的卸責，無法因應保護自我。

我小心地保守回答：「依照目前既有的證據顯示，你有可能會被認定有罪，不過在審判程序中，我們會聲請法院調查對你有利的證據，目前整理出來，至少公司財務經理及水利署對口單位的承辦人可以證明你並未參與董事長及前任署長的謀議。」

聆聽過程，他的眼神時而黯淡、時而短暫亮出光采，看得出來情緒起伏不定，開庭在即，穩定被告的情緒是當務之急，接見的時間只剩幾分鐘，正猶豫著是否轉達他妻子交代的話語，望著他凝重的神色，眼睛透露擔憂、恐懼與茫然……。

顧不得第一次會面的生疏，臨走前，轉達他妻子的深情：「你太太要我轉告你，她永遠愛著你，希望你能堅強地走下去……」被告一聽完眼角泛著淚光，緩緩地回答：「謝謝妳，律師，請妳告訴我太太，我也愛她，請她放心，我撐得住。」夫妻平日的恩義，在這關鍵時刻，發揮極大的力量，是撫慰、是支持，更是努力爭取清白的動力。

接著是長達三年的審判過程，經歷一審、二審、三審法院的審理，無盡的煎熬。雖然在我的積極論述聲請下，被告在第二次開庭就停止羈押准予交保，反而前任水利署長開庭途中，被合議庭法官以迅雷不及掩耳之方式裁定收押禁見。然而縱使我們上窮碧落下黃泉，竭盡所能蒐集有力證據，奮力答辯，但在其他共同被告無情栽贓與刻意製作的書面文件下，地方法院刑事庭依然以總經理共同舞弊為由判罪科刑。全部有罪的被告中，雖然我的當事人刑度相較於董事長的六年有期徒刑較低，但仍感冤屈，悲憤莫名，收到刑事判決書翌日立即上訴。高等法院審理後，情況並未改觀，我們苦無突破性的證據，加上承審法官暗示收取紅包，當事人不從，最終維持一審原判有期徒刑一年十個月，再上訴最高法院，很快案子就遭駁回，全案定讞！

收到判決書第三天，就聽說被告出國了，倉促之際，也來不及來事務所道別，匆匆七年已過，媒體報導通緝撤銷之後一週，接到被告的電話，熟悉的聲音響起：「沈律師，我回來了，下午有空嗎？想去看看妳。」

七年前的訴訟歷程，一一浮現，不知他是否改變許多？

訴訟的路漫長而艱辛，走到最後，對人性失望，對司法制度絕望之際，仍要對自己抱持希望，生命才會找到出口，尋求解脫後，全然放下……。

亮不亮沒關係？／買賣瑕疵求償案

幾年前，接受委託幫他媽媽打了幾個官司，民事、刑案齊來，纏訟多年。最後順利索討回被手足侵奪的遺產，媽媽卻中風失智了，莫非那幾年是靠意志力撐持，往來奔波法庭之間，最終遺產要回來了，就「安心」地生病了?!

正逢他要創業，不僅須照顧重病的母親，又得籌措創業資金、設立公司、招聘人員、建置生產線，還得定期飛到美國探望移民的妻子兒女，蠟燭三頭燒，終於公司出事了。

那些年，LED燈正夯，政府大力推動，民間積極投資，他頂著美國機電博士的高學歷，欣然接受台灣老友的邀請，回國共同出資成立生產LED燈具的公司，他擔任研發長，老友負責業務，沒想到老友商場經驗不足，只憑著網路廣告的宣傳簡介，就向國內一家上市公司購買大量的燈泡，經過公司加工組裝燈具，賣給北部大賣場。

當時母親罹病頻頻掛急診，他待在醫院的時間比在工廠多，也沒多少心思關注那筆原料交易，結果三個月後，客戶紛紛退貨，說是不良率太高，有些產品不亮、有些閃爍不定，而且燈泡壽命短，一般ＬＥＤ燈使用期為一萬小時，這一批燈泡只能維持一千小時⋯他看到退貨愈來愈多，也開始著急了，股東兩人決定花錢把退貨的ＬＥＤ燈送到新竹科學園區最貴的實驗室檢測，發現確實是燈泡本身品質有瑕疵造成，而不是他們公司燈具生產設計的因素，於是公司執行長帶著一袋客戶退貨的燈泡，去找對方理論，對方推得一乾二淨，完全否認產品有任何瑕疵，立即送客，毫無認錯解決的意願！

股東們立刻召開緊急會議，決定提起法律訴訟求償，貨款加上違約賠償，總共八百萬元，他向公司推薦聘任我幫他們提告求償。約了時間，他專程陪同執行長連袂來訪，說明來意，我看著會議桌上一顆顆燈泡，點了後有些亮，有些不亮，有些閃爍不穩定，明暗之間，我的心也愈來愈沉。造成燈泡瑕疵的原因，實在沒把握，本想婉拒接案，他看出我的猶豫，立即解釋：

「沈律師，前幾年我媽媽的案子，雖然我是後期從美國回來才開始接觸，可是最後幾次開庭，以及判決後聲請強制執行，都看得出妳的專業及細心之處。我們公司這個案子雖然涉及一些光學理論及生產技術，不過我想在我們提供的說明書與研發部門幾位同事的分析解說下，妳一定很快就可以理解。」

看來是很難推卻了，可是案件涉及專業知識技術，還是令人卻步。上次碰到一宗醫療糾紛就吃盡苦頭，那位勤於著述講學的台大醫生一委託案件，就交給我三本他的鉅著及上百份論文，要求摘錄重點作為被告醫師無醫療疏失的答辯理由，完全把我當作台大醫學院的學生來操練，後來歷經磨難，地方法院判決無罪後，檢察官上訴二審，就不敢繼續接案，轉介給大事務所的同學接辦。這回又遇上需要以專業技術佐證的案件，會不會又是噩夢一場？

「有跟對方談和解嗎？」退一步，看看雙方能不能以和解收場，就不用掀起法庭攻防戰了。

「找過對方了，他們是上市公司，死不認錯，怕影響公司形象，造成股價下跌，很快就把我們轟出來！」執行長氣憤不平地轉述。

顯然勢必要宣戰了，先檢視法律上立場與勝算機率吧！「這個案子對你們最不利的兩個地方，是瑕疵主張時點過晚，民法規定要在交貨後合理時間內提出，你們延遲了近乎一年，恐怕無法主張民法買賣關係『物之瑕疵擔保』請求權；還有燈泡故障是否對方生產時所造成，也有疑慮，恐怕因果關係的建立很難舉證。」嘗試提出訴訟上的不利，看看可否降低他們提告的意願。

執行長開始激動：「律師，對方交貨給我們，再經過我們公司組裝燈具及出售給客戶的交易過程，到客戶拿到ＬＥＤ燈，發現燈泡不亮，總是需要一段時間，又不是家用燈泡，買一顆回來裝上就知道亮不亮，這些都是工業用的ＬＥＤ燈，一批批銷售數量多，交易流程手續複雜，運送安裝又花上一段時間，難道這些期間不能扣除，法院判案不脫離情理法，應該也會考慮這些商場實際的狀況吧！」

「這點我們可以『合理期間』來解釋，可是瑕疵因素還是很難克服！」仍然希望當事人打退堂鼓，強調提告舉證的障礙。

「那就送鑑定啊！請工研院鑑定，法官就知道問題出在對方了！」執行長鬥志高昂，我再拒絕接案，似乎不近人情，在當事人懇詞委託下，承諾接下這個棘手的案子。

第二天他們快遞厚厚一疊燈具製程說明書，附上ＰＰＴ簡報光碟，一週後研讀完畢，電話討論幾回，起訴狀撰擬完成，當事人來事務所當面開會確認後，提送法院起訴，戰事拉開序幕。

沒想到地方法院民事庭受理後，分案給年輕的女法官審理，完全欠缺光學專業知識，也不願意花時間傳訊我方工程師到庭作專業說明，只是不斷訊問退貨時點。執行長每次按時出庭，認真做筆記，第三次開庭後，他也知道法官的調查方向，明顯被對方（被告）引導至退貨要求瑕疵賠償超過通常程序檢查貨品期間。

執行長憂心忡忡地問：「律師，怎麼辦？這個女法官完全不懂燈具的製作方法，也不查燈泡瑕疵的起因，我們會不會輸了？」

邊安慰他，邊思索下一步的訴訟策略。當事人就是這樣，當初勸他們不要興訟，努力分析所有利弊得失後，他們依然決意提告。等上了法庭遇到挫折，就慌了手腳，甚至速速繳械投降。而我通常冷靜分析後，一旦當事人堅持走上訴訟這條路，就尊重他們的決定，全力以赴，愈挫愈勇！

透過二十幾年來的訴訟經驗，在法庭裡外看遍當事人之間的恩怨情仇，似乎冥冥中就有一條線，把他們牽引到法院，必得對簿公堂，決一生死，才會甘願！下決定提告時，也不論官司勝負，或能否真正解決問題，終究是決意走上這一遭，舉凡兄弟鬩牆、夫妻反目、父子決裂、合夥糾紛、交易爭端……所有人與人之間的關係轉為負面糾結纏縛時，透過宗教、道德、情分已然無法解決，只能進入法庭尋求公平的裁斷。一切的歷程有因有果，雖然台北書院老子課的老師諄諄提點：「盡量不要被牽扯入別人的因果」，但律師能避免不被牽扯進去嗎？縱使律師這個行業無所謂「宿命」與否，接案之初仍有選擇餘地，但一經決定接案，可以保持距離，不被捲進因果的歷程中嗎？

沉思中，當事人提出新的策略。

「律師，我們可不可以請法官把這些客戶退貨的ＬＥＤ燈泡送去鑑定？」執行長寄予最後的希望。

「為今之計，也只能作最後的努力，用鑑定結果來說服法官了。」我立刻回事務所撰寫聲請狀，指定送工研院鑑定。

法官接受了，詢問對造無異議後，通知我方繳納三十萬元的鑑定費後，確定下週到工廠取樣。不料取樣鑑定當天，對方找了律師及工程師到我方當事人工廠阻擾取樣程序，強調必須挑選情況良好會亮的燈泡才能取樣鑑定，我當場抗議，對方律師強悍堅持，雙方吵成一團，鑑定單位的取樣人員不敢採樣就離開了。

執行長氣得跳腳，我把當天對方不合理的要求及阻擾狀況載明在書狀上，向法院說明，法官開庭時拿不出任何解決方法，只是再詢問雙方是否願意和解。我還來不及表示意見，執行長已起身表達強烈不滿，大罵司法不公，法官不予理會，面無表情地說：「被告對於鑑定程序有意見，我們法院也沒辦法，如果兩造不能和解，又沒有其他證據要聲請調查，我們今天就言詞辯論終結，兩週後宣判。」

一個月後收到判決書，不出所料，我方敗訴，唯一理由只是說明我方公司收到燈泡貨品後，怠於通知被告，視為承認該貨品皆無瑕疵；對於瑕疵原因均未置喙，看完判決書，真有無語問蒼天的無力感！判決書立刻寄給當事人，請他們考慮是否在二十日內提起上訴。

當事人音訊杳然，到了上訴期限最後一天，公司研發長來電，聲音雖然平靜，但有一種幾近絕望的無奈與滄桑感，他說：

「律師，這一段時間辛苦妳了，妳真的盡心盡力地幫我們，可惜法官資淺不夠專業，對方又挾其豐厚資源人脈強勢主導此案，才會落得今日的結果！昨天我們公司開會，我自己也想了很久，決定放棄上訴了，雖然站在研發的立場，明明知道產品瑕疵出在燈泡品質，而非我們工廠的燈具，可是當初購買大量ＬＥＤ燈具的決策過於倉促，對於燈具品質誤判情勢，這是我們公司必須檢討的地方，上了法院之後，法官不查真正的問題，只以退貨解約過遲，硬要我們吞下敗訴的苦果，令人不甘心！」

話筒中一陣靜默，我也無言，他嘆口氣後接著說：「不過我真的累了，我母親的病愈來愈嚴重，而公司營運一直沒有起色，前一陣子朋友帶去算命，算命師說我明年運勢不佳，我想多一些時間陪伴母親，讓她在人生最後的階段不至於太孤單。這個案子結束後，我就要退休，讓兒子接棒，看看公司營運能不能有些突破。現在的心境，名聞利養於我如浮雲，退休後我想要做自己真正想做的事，可能重拾畫筆，回到年輕時熱愛的繪畫世界，或是等母親百年後，到深山寺廟修行，不再徵逐紅塵俗世的功名利祿了。這一個案子感謝妳的幫忙，我們就確定不上訴了。」

雖然乍聞當事人放棄上訴，心中湧出不平、無力與歉疚的心情，但在目前的證據狀態及對方強勢抗辯下，二審可否遇見「明君」——明鏡高懸的審判長，並無把握，也不敢強力建議當事人上訴，只能無奈地接受當事人最後的決定。

也許透過這個案子的起伏跌宕，當事人可以從中體悟到人生的意義，找到生命真正的出路……。

「背叛」與否，要從哪個角度來看？是從正義、良心或恩情？當它們發生衝突時，要依哪一方？

作證驚魂記／偽造文書案

「妳決定好了嗎？這份資料真的要交給我們？」再一次跟這位老太太確認。她，白髮皤皤，慈眉善目，聽了這句話堅定地點點頭，我卻又跌入一陣沉思……

三個月前當事人來找我，說是他父親創辦的公司所有股份都被財務長侵吞了，連同父親生前登記給他百分之十的股份也不見了，急著想知道可以告對方什麼罪名，逼他們還回股權。

「一定要告刑事嗎？要不要先告民事——請求回復股權？」這幾年潛修佛法，總希望當事人的紛爭和平解決，不要動用刑事程序，刀光劍影、肅殺沉重；而透過民事求償的法律途徑，也許可以少一些殺戮之氣，多一點圓融平和……。

「律師，妳不知道這幫子人多齷齪卑劣，告民事沒用啦！他們不見棺材不掉淚，告刑事才會出庭，在檢察官的威嚇下，才有可能逼他們和解啦，這叫做『以刑逼民』、『以戰逼和』，昨天我上網學到的。」當事人趕緊解釋。

「檢察官的威嚇」？檢察官開庭一定是殺氣騰騰、威逼恐嚇的嗎？難道他沒看過和顏悅色的檢察官，在偵查庭客客氣氣地問案，被告一點兒都不怕，哪來的「威嚇」？更多的檢察官會識破告訴人的技倆，直接反嗆：「我們地檢署又不是討債公司，為什麼要幫你們查帳勸和解？」上一個案子就是這種下場，開了兩次庭，檢察官一次發飆痛罵告訴人，第二次嘮叨抱怨完畢就結案了，一週後接到不起訴處分書。可見得「以刑逼民」的策略不一定奏效，網路上奇招林立，當事人信以為真，要求律師如法炮製，事後招數失靈，打輸了又怪律師。

還是幫當事人老老實實地分析民、刑事程序的利弊得失。分析過程中，發現十年前他的父親在公司確實擁有百分之七十的股份、他的股份則占百分之十，股東名冊上記載清楚。關鍵的年份是三年前合計百分之八十的股份突然變更登記到財務長名下，究竟發生了什麼事？竟然無人知曉，當事人的股份登記資料在這段關鍵時期完全空白，接著官方文件的紀錄就銜接到最近上網查到公司負責人已經變更為財務長的狀態，而他這三年來再也沒收到股東會開會通知，察覺事有蹊蹺，打電話問公司財務部門，沒人敢回答，噤若寒蟬，顯然對方下了封口令。

「比對前後十年的股份記載資料，確實你與父親的股份有問題，如果有官方資料證實是財務長未經你們父子同意，作了不法移轉登記，財務長會構成偽造文書、侵占股權的罪名。那你父親怎麼說？公司是他一手創立的，現在大權旁落，董事長的位置也被搶走，他不是氣壞了？」先下個初步結論，安撫當事人焦躁不安的心情，再往下了解現況，試圖探知真正受害人——當事人父親的心態與立場。

「我爸去年走了，被他們氣死的！我也不知道那一段時間到底發生什麼事，去年暑假我向任職的美國公司申請一個月休假，帶小孩到歐洲自助旅行，有一天我媽來電說爸爸跟財務長吵了一架，回家突然心肌梗塞，送到台大醫院急救，一夜之間，兩度發出病危通知，我兼程趕回台灣，剛下飛機，他就走了，沒見到最後一面，也沒交代遺言。辦完後事，我到公司要辦股份繼承，會計跟我說我們父子股份早幾年前就掛零，我才知道被乾坤大挪移了。」當事人簡要地交代故事。

「啊！抱歉，我不知道令尊已經往生了。」這下案子恐怕更複雜難解了，重要關係人死無對證，如何去掌握對方犯罪的事證呢？

「你拿得到這三年來的公司變更登記文件嗎？」嘗試探詢重要證物。

「想到今天要來與律師開會，昨天我專程跑到台北市政府要調公司登記資料，承辦小姐板著臉告訴我，不是現任股東不能申請閱覽影印公司文件。」他滿臉怒意。

這下糟了，沒有證據，只憑推測提告，風險太大，再追問：「公司還有其他股東嗎？」

「其他股東？不知道耶！好像有聽我媽媽提到有一位阿姨當年也有占百分之十的股份，不曉得現在還有沒有？搞不好她的股份也被他們吞了！」他完全不敢再抱希望。

「試著問問看，如果問得到，再請那位阿姨去市政府調資料。」給他明確的建議，接下來能不能拿到關鍵證物，就看老天爺有沒有保佑了。

過了一個禮拜當事人來電說：「律師，好消息！真的是有拜有保佑，那位股東阿姨出面了，我花了三個小時終於說動她去市政府影印公司登記資料，明天她會送去妳事務所。」只好等等看囉！法律文件還沒出現之前，情勢都可能會有變化。

翌日這位股東阿姨果然出現在我的會議室，眉間一抹愁容，但眼神堅定地抱著一大疊公司登記資料，攤在會議桌上。我翻閱後確定財務長動手腳，把當事人父子的股份全部非法移轉到他名下，這下偽造文書罪跟侵占股權的證據有了，幸好老天站在正義的這一方。

滿頭白髮的股東阿姨又從皮包中拿出一些稅單說：「律師，這裡還有財務長他們漏稅的證據，是前任會計去年離職時交給我的，她說全公司只信得過我，老董過世了，她只敢交給我，讓我決定怎麼處理。」一張一張看，稅單上面記載金額都不小，二十張加起來粗估逃漏稅金額超過千萬元，如此重要的證據，她怎麼會拿出來？

股東阿姨讀出我臉上的疑惑，緩慢地道出心聲：「財務長的作風，本來我就看不慣！老董當年感謝我在他白手起家時幾度資金周轉，度過危機，給我百分之十的股份，我心存感激。擔任股東期間，我從不過問公司的事，沒想到三年前他們趁老董突然小中風，騙老董簽一份股權轉讓同意書，上面原來受讓人寫老董的兒子，老董在病床上簽名之後，財務長把受讓人改成自己名字，老董不知情，他兒子遠在美國，也被矇在鼓裡，只有負責辦理送件的前任會計看到，也不敢張揚，私下告訴我，我一直保守秘密迄今，都不敢告訴任何人。現在老董兒子出面要處理了，我當然義不容辭要幫忙，否則對不起老董在天之靈。」激動的臉龐泛紅，股東阿姨的臉頰襯在滿頭華髮下，紅白相映，分外明顯，強自鎮定的神情，掩不住內心強烈的情緒起伏轉折。

「好的，不過光是物證可能還不夠，裡面一些數據的變化及會議紀錄的真實性，譬如第三十二頁的股東會、三十五頁董事會議事錄，需要人證出面說明。請問如果這案子提告到法院，妳願意出庭向檢察官解釋嗎？」我邊翻閱這一疊官方公司登記文件及稅單，試探股東阿姨的作證可能性。

「噢！我沒想到還要到法院出庭作證，我先生可能會很擔心，而且下個月我就要陪先生到新加坡參加一個佛教的法會了，也不太可能待在台灣等這個案子開庭。」她略顯驚訝，也有猶豫，更多的是憂心！

「哎呀，真不巧！那麼什麼時候回國？」也不能要求證人為了這個案子改變行程，只好退而求其次，等候回國再傳訊證人。

「可能短期內不會回來了，我們想到新加坡女兒家養老，陪陪孫子。」提到孫子，她心情較為緩和了。

「好吧！這份資料先交給我，下午我請董事長的兒子來看資料，由他作決定，看是否要及時提告。如果這兩天送告訴狀到法院，下週分案，檢察官受理此案，也許還來得及緊急聲請傳喚證人，在你們出國前出庭作證，到時候再看看怎麼安排比較恰當。」面對證人鼓起勇氣提供資料，指認犯罪，在強烈的心理煎熬下，也不忍心再給她更大的壓力，只能先暫時訂下可能的工作時程，且戰且走了。送走了掙扎不定的證人，趕緊聯絡當事人，下午來所看到這疊資料，他喜出望外，仔細商量後，決定明天就提告，掌握時機。

一週後，我到地檢署查到提告刑案的案號，立刻電詢承辦股的書記官，請求緊急傳訊即將出國離境的關鍵證人。書記官顯然很老練，理解情況緊急，刻不容緩，答應立即向檢察官報告，叫我五分鐘後再電詢結果。可是第二通電話卻是接到壞消息：「檢察官說這個案子已經發交大安分局調查，我們地檢署縱使今天寄發傳票，也是來不及傳訊證人，請律師直接與大安分局刑事組偵查隊李小隊長聯絡，提出聲請。」

唉！雖然碰了軟釘子，但平心而論，書記官已經很幫忙了，不會打官腔要我們等候通知，而是指出另一條可行之道。我趕忙打電話找分局李小隊長，他剛好值班，訝異之餘，仍允諾安排翌日製作筆錄，請律師先到分局接受約談，說明告訴要旨，同步聲請傳訊證人，我進一步要求，直接帶證人去作筆錄。

「大律師，請不要為難我們警方，按理說這個案子前兩天才送到分局，有三個月的發查時間，我已經給妳方便，提早製作筆錄了。程序上必須告訴人及被告約談後，案情如有必要，才會通知證人到分局接受調查，通常是移送地檢署之後，才會傳證人出庭。我已經縮短程序，是因為律師妳提到重要證人要出國，我們才會作這樣的變通處理，可是傳訊證人還是要符合法定程序，妳不能指示辦案，要求不合程序的事。」小隊長耐心解釋，表明立場。

「我沒有要指示辦案，請小隊長不要誤會，謝謝提前約談作業，那麼我明天早上九點半到分局。」常與警方周旋，深知弄巧成拙的下場，趕緊退一步表達配合的誠意。

翌日約談筆錄完成，第三天股東阿姨就傳簡訊告知，收到大安分局證人的通知了。這位小隊長果真信守承諾，深自感佩，同時內心禱告證人作證順利。沒想到轉告當事人此事後，當事人透露訊息，令人憂慮：「對方不知道怎麼得到消息，居然知道我上週提告偽造文書的案子，聽說財務長的大哥政商人脈關係很好，可能是警局有人私下傳訊息給他們，或是我的秘書走漏風聲，我正在查。不過，律師，這麼一來證人可能會遭受壓力，不曉得會不會不敢去警局作證，我又不方便跟證人聯絡，唉！真是著急死了。」

果不其然，晚上收到股東阿姨的簡訊說：「公司財務長託人來傳話，請我明天先到公司與他見面。可是我不能去呀！否則他一定會對我威脅利誘，強迫我不要去作證，可是，如果我明天不去公司，他說不定直接找人來我家，律師，我該怎麼辦？」先問她何時出國？

她迅速回覆：「我班機訂在後天中午，所以警員通知我明天下午去作筆錄。」

建議她明早速速整理行李，離開住處，免得被財務長堵到，明天下午作證完畢，也不要再回家，後天出國就遠離這塊是非地了。

凌晨三點，她又傳簡訊：「律師，跟先生商量後，決定採納妳的建議，剛剛花了三個鐘頭把行李打包好了，明天一早我們就搬到朋友家，下午去作證後，再跟妳聯繫。」

翌日傍晚她來電，我正在接另一個電話，連忙掛斷，接了手機，詢問她情況，手機傳來稍許顫抖的聲音：「律師，我剛走出警局，頭有點暈，不過剛剛作筆錄，我把實際發生的事情都交代了，包括那份股東、董事會議紀錄是假的、我根本沒去開會、財務長偷蓋我的印章等等，還有稅單的收入記載也都是假的……，其他還有什麼嗎？記不起來了。」

聽得出很多的焦慮、恐懼與苦惱，安慰她：「好了，沒事了，請妳先生陪妳回去朋友家，明天祝你們一路順風，接下來我會處理這個案子後續狀況，你們出國就不要再想這件事。」

一個正直的人為了說出實話，不曉得要付出多少代價？明天證人如果順利出國了，誰知道被告會不會天涯海角追蹤報復？又將引發多少恩怨輪迴，法庭內的事實真相，常常是證人冒著生命風險，良心煎熬換取來的呀！

官商勾結的戲碼／偽造文書案

有人敢行賄，就有人敢收賄！於是公司股權登記可以亂了章法，刑事案件可以被擱置在地檢署沉睡，倒楣的是無權無勢的小市民，權益被行政機關糟蹋，人權被司法單位蹂躪，呼天不應，喚地不靈……。

秋日的午後，正與一位瀟灑飄逸的女裝置藝術家在二二八和平公園的樹林咖啡館聊天，討論她多年的插畫、雕塑、公共藝術品要製作雲端博物館的著作權問題，幫她理出頭緒，歸納各項著作授權的注意事項。正在看 iPad 上她的作品展覽影片之際，接到當事人的電話，十萬火急地要見面討論，說是聽到傳聞，上次提告的刑案昨天檢察官偷偷開庭，只訊問偽造文書的被告與證人，卻沒傳訊身為告訴人的他，擔心檢方有檯面下不可告人的動作，要求立即趕到事務所來會商因應方案。

只好告別藝術家與公園裡灑落一地的秋日陽光，驅車趕回辦公室，那位氣急敗壞的當事人已在會議室等候。

他劈頭就提問，發出不平之鳴：「律師，妳不是說現在法院已經不會走後門，收紅包了？為什麼檢察官這麼偏袒他們？一定是有收紅包，才會這麼誇張嘛！居然開庭沒傳我，卻只傳對方，還有證人，那個證人是被告公司的會計，擺明要去作偽證的，所以就不敢傳我去，怕我一出庭就戳破他們串供的謊言，真是過分！沈律師，妳看這種官司我怎麼繼續打下去？當初說要請妳幫我出庭，妳剛好要去法國普羅旺斯住一個半月，叫我自己去出庭說明，結果檢察官一面倒，這下怎麼辦？」當事人連珠砲似地邊交代過程，邊發洩怒氣，弄得三個月前我去南法休假也好似對不起他！

我得先弄清楚目前的局勢狀況，免得答非所問，又激怒這位火冒三丈的當事人，我問：「你怎麼知道昨天檢察官有開庭？」

「妳知道多巧嗎！我太太早上去菜市場，聽到姊妹淘的朋友說她先生昨天去法院幫被告作證，很緊張，回來一直拉肚子，我太太就問她是哪個案子？為什麼很緊張？那個證人的太太說：『我先生是公司財務長，出庭幫老闆作證，出庭前老闆的律師找他談三個小時，教他演練教戰手冊，我先生乖乖聽進去了，開庭也都照他們老闆跟律師的意思說出證詞。可是不知道為什麼昨天從法院回來一直很不舒服跑廁所，後來我問他，才曉得律師有教他講一段話是他沒做的事，他本來不願意講，可是老闆說講了沒關係，年底會再加薪，所以他在檢察官面前就照律師的建議用自己的話講出來。因為我先生不習慣說謊，回來就拉肚子，今天還請假，在家裡休息呢！』我太太想到朋友的先生上班的公司好像就是我告的那一家，買菜回來立刻問我，我就打電話問檢察事務官，本來他支支吾吾不想透露，我跟他說×××都去作證了，他才提說昨天下午有開庭，我就跟他抗議為什麼我是被害人，卻沒傳我？太不公平了，檢事官只回一句『偵查不公開』就掛斷電話了。律師，什麼叫做『偵查不公開』？為什麼『偵查不公開』就不傳我？我又不會去公開這個案子！」他快速解釋消息來源後，又提出一堆問題。

「『偵查不公開原則』是為了保護偵查期間被告的名譽，因為偵查中不確定被告犯罪是否成立，如果公開偵辦，甚至媒體大肆報導，倘使是誣告或罪證不足，對涉嫌的被告很不公平，因此刑事訴訟法明文規定『偵查不公開』，檢察官的偵辦動作都保密，開庭也是隱密進行。所以你看到偵查庭的門都是關上的，除了羈押審查程序外，連我們律師都不能去閱卷或調出檢察官手上握有的證據資料，以及對方提出的書狀證物，當然也不能詢問檢方偵辦方向，至於檢察官每次開庭要傳訊何人，也是他的權限，他可以只傳被告，或證人或告訴人。」

先回答當事人的疑問，再繼續分析：「不過你這件告的是對方偷偷變更登記你父親百分之八十五股的公司股份，這次傳訊財務長應該是要訊問令尊生前是否有同意八十五股的股權轉讓的事，這個證人是你聲請的呀！我記得上次幫你寫告訴狀，有提到要聲請傳訊當年辦理股權變更手續的會計師與公司會計，這個財務長就是七年前負責跟會計師聯繫的窗口，那時候他只是公司會計，是去年才升起來當財務長的嘛！會計師有一起出庭作證嗎？檢察官既然傳你聲請的證人，連被告都出庭了，怎麼沒傳你呢？」真是事有蹊蹺，莫非內有隱情，不可告人？

「聽說只有財務長出庭，那個會計師不願意去作證，好像對方律師有找過她，會計師推說時間太久沒印象了，就婉拒了。我也覺得檢察官很奇怪，為什麼不讓我出庭，我想一定是對方去走後門，講好不要傳我，因為被告找這個律師就是專門會走後門的，現在果然證實他們耍手段。律師，如果檢察官聽了昨天財務長的偽證，說我父親七年前有答應股權讓渡給現在的總經理，怎麼辦？會不會就判我輸了？可是去年我父親過世前親口跟我說他沒有把股份過戶給任何人，不曉得我在他臨終前三天調出的公司登記資料怎麼會這樣寫？」當事人愈來愈氣憤，對於以「偵查不公開」為幌子秘密開庭的檢察官已經不抱任何希望。

「噢，對了！你有調出全套的公司登記資料喔，今天有沒有帶來？我再看一下當初辦股權變更的申請書。」我試圖再檢查一次證據資料，看看有無其他線索可以扭轉證人的偽證，或啟動其他救濟程序。

當事人連忙拿出一大疊去年他去台北市政府影印的公司登記所有歷史資料。我仔細檢查七年前被告提出的申請書，發現被告當天申請股權變更登記，當天市政府就核准通過，一週後對方又申請變更董事長及總經理之登記，也是效率奇高，第二天就核發公文，准予變更登記，而且沒附任何股權轉讓同意書或其他文件，只有一份簡單的董事會議紀錄，我指給當事人看，他立刻跳腳，怒道：「中華民國哪一個行政單位效率這麼高，居然當天申請當天通過，而且沒附任何證明文件，那是不是阿貓阿狗只要蓋上公司大小章，就可以把公司的股東股份變更過來，真是匪夷所思！這是中華民國公務人員的創意嗎？」當事人惱怒地譏諷台北市政府的作法，接著問我：「律師，我可不可以告市政府國家賠償？」

「告國賠要先證明行政機關有侵權行為，現在我們還不確定當時的承辦人是否有動手腳，貿然提告，勝算把握不大，倒不如先向台北市政府提出陳情，請他們查明當初行政程序有沒有瑕疵、承辦人是否有違法失職的行為，看看市政府如何回應，再決定下一步如何處理。」我建議先用陳情方式蒐證，貿然行動，只是洩憤，無法成事。

當事人立即同意，甚且打算加碼：「律師，妳看要不要順便透過媒體施壓？過兩個月要選市長了，如果市政府捅出大紕漏，媒體披露，炒成新聞，是不是市府就不敢吃案，我的陳情案才不會不了了之？七年前他們都敢明目張膽到這種地步了，肯定有官商勾結，如果我們只送個陳情函進去，萬一內神通外鬼，陳情案被做掉了，不是沒法翻案？」當事人是傳播公關公司的總經理，平素媒體關係良好，自然想要運用媒體資源。

「打媒體戰，我沒意見，只要你到時候不要找我去參加記者會就好，你也知道我的作風，我最不喜歡出現在那種場合。還有這個時間點你可能也要考慮政治因素，七年前市府是藍營執政，這次年底市長選舉藍綠惡鬥嚴重，你如果透過媒體運作，會不會被綠營拿來運用作競選文宣？這跟你家深藍的背景不合，倘使要打媒體戰請小心運作，不要被有心之士利用了。」我提醒當事人法律紛爭不要演變為政治事件。

「不會啦！這個我很有經驗，只要律師寫好陳情書一送市政府，我就發新聞稿，把事情鬧大，免得像偽造文書案進了地檢署就變成黑箱作業，我們這種不會走後門的小老百姓就成了犧牲品，爽了被告，肥了檢察官，還拿我父親應該領到的幾百萬股利去孝敬律師、檢察官，真是官商勾結，寡廉鮮恥！」

唉！「偵查不公開」的立法美意，成了檢察官黑箱作業的保護傘，小老百姓司法程序受挫，只好向行政機關陳情。為了避免吃案，我幫當事人撰擬的陳情書，陳情單位擴及政風室、經濟部，希望行政機關勿再讓市井小民失望，否則這個國家受委屈的民眾不曉得除了凱達格蘭大道的抗爭與立法院廣場的占領行動之外，還能到何處尋求救濟了！

暴力衝動壓制下來，可以成為文明教養；
反之，引爆它就化為文明沉淪的災難！

饒舌樂團的無妄之災／傷害案

他們只是剛竄紅的饒舌樂團，團員結識的過程很有趣，五個放牛班的孩子不打不相識，一次在街頭幫派火併中，一群人打得遍體鱗傷，只有這五個屹立不倒、相互激賞、把酒言歡，日漸成為生死莫逆之交。在學校天天到輔導室報到，酷酷的主任常放饒舌歌給他們聽，那種有節奏的「念歌」，把年輕人燃燒不定的青春熱情、悲憤怨嘆發洩得淋漓盡致，於是他們開始將生活體驗寫入歌中，唱出大人難以理解的感情與心中的吶喊。

畢業那一天，樂團成軍，開始在「左岸留言」、「地下社會」、「THE WALL」的 Pub 演唱，直到有一天資深製作人發掘了他們，帶到紐約錄製專輯，報名今年金曲獎，宣布入圍「最佳樂團獎」的當天夜裡出事了。

經紀人趕在媒體刊登消息前打電話問我，樂團出事在法律上責任多重？會不會被判刑留下前科？清晨六點多的電話真是驚擾，經紀人焦急地詢問。我立刻起身握住話筒，請他先略述事情經過，他急促地敘述：

「昨天金曲獎入圍名單一公布，我就交代公司宣傳帶他們去吃慶功宴，連同慰勞他們前一段時間連續熬夜灌錄專輯的辛苦，餐後我趕過去買單後，他們鼓譟著去唱KTV，我又帶他們到公司附近的好樂迪『夜唱』，十二點多我先走了，他們唱到快天亮，四點多宣傳買了單，五點走出來在門口抽根菸、聊聊天，沒想到在那幾分鐘就出事了！請問律師早上有空嗎？我現在讓他們休息一下，稍晚就趕到妳那裡，討論法律責任問題，公司主管會先商議有沒有必要下午立即召開記者會對外說明。」

事出突然，必須立即進行危機處理，否則小事也會擴大得一發不可收拾，這十幾年來協助處理演藝圈的突發狀況，非常清楚第一時間滅火是首要亟務。

「David，沒問題！我九點先到台北地院開庭，大約半個小時會結束，那是個簡單的民事案件，只是要陳報一些資料，所以不會拖庭。我們約定十點鐘在我辦公室碰面，好嗎？」經紀人立刻答應，同時提醒他如果藝人昨晚有喝酒，神智不太清楚，最好能找到同行清醒的人來討論案情，才能提供正確的法律判斷。

十點半，經紀人才陪同兩名團員走進會議室，公司的宣傳停車後也隨後進來。一個團員體格壯碩，本來以為是他與對方起衝突、引發毆打，沒想到是另一位瘦瘦的主唱，怎麼回事？上次一位娛樂圈重量級的大姊大說「藝人」就是「異」於常人，且莫以一般標準看待，否則常會有驚奇兼驚嚇發生！還是先聽聽當事人敘說案情吧！

「律師，妳已經把網路即時新聞找出來囉?!」經紀人瞅見會議桌上四、五份列印的網路新聞，略感驚訝。多年的經驗提醒我，蒐集媒體資訊是全面釐清案情的重要管道，在早上八點半出門開庭前就指示助理上網搜尋相關訊息，在網路上瀏覽所有報紙娛樂版新聞，確定今天日報還沒報導，網路新聞倒是已傳開來了。

「我猜想午間新聞電子媒體會跟進，尤其是昨天剛宣布金曲獎入圍名單，今天凌晨就出事，媒體會很有興趣，加上這幾天香蕉滯銷的新聞已經淡了，你們得準備如何向媒體說明。」一邊遞名片給藝人，招呼他們喝茶醒醒酒，一邊提醒經紀人媒體可能的作法。

「是呀！剛剛在車上，宣傳已經接到民視記者來電說要採訪，被我們先擋掉了。」經紀人在演藝圈算是資深的前輩，了解處理方式，他篤定地說：「在沒跟律師討論之前，我們不會接受記者採訪的。」

「好的，我們先談昨晚進入好樂迪到今天清晨離開現場，發生了什麼事，再來討論法律上的責任問題與因應方案。」我看團員坐定喝了茶，臉色較舒緩了，請他們敘述事發經過。

「昨晚我們聽到入圍名單都很開心，經紀人就請宣傳來錄音室載我們去居酒屋吃串燒，吃完十一點多，『大聲仔』與『小黑』因為前一天拍MV太累先回家，『大砲』跟我們兩個就去好樂迪，中間有一些朋友也來包廂找我們聊天唱歌，玩得很嗨。到了早上四點多，公司宣傳買單之後，我們五、六個人就走出來，本來我在抽菸，沒注意到附近也有一堆人站在那邊，後來聽到一些喧譁聲，我轉過去看，才發現宣傳與另一個朋友衝到另一邊跟對方扭在一起，我們也快步走過去，可是我有喝酒，走路不穩，等我到那邊，他們已經打完了。有一個人躺在地上，朋友告訴我：『那傢伙罵你沒用的智障，所以才打起來。』我聽了很生氣，就把那個人拉起來，本來想打他，可是朋友把我架住，我其實只是想問他為什麼這樣罵我？什麼意思！」瘦瘦的藝人「阿慶」努力回想，還原當時狀況。

「對啊，我把他架住，不讓他出手，還好昨晚我沒喝酒，很清醒知道如果阿慶一出手，今天一定上蘋果日報娛樂版頭條，搞不好我們金曲獎入圍資格就被取消了……」胖胖的藝人「巴巴」補充說明。

「噢！是你擋的喲，我還以為是阿德拉住我的手。」阿慶這下才弄清楚。

「律師，阿慶拉住對方，可是沒出手，這樣會有事嗎？」宣傳著急地想知道結論。

「當時拉住對方多久？他有抗拒嗎？他有沒有受傷？」我想先確認現場狀況，一邊站起來在牆面白板，模擬畫出雙方人馬在KTV門口的相對位置及交鋒動線，一邊繼續問。

「只有拉住怎麼會受傷，沒有啦！他身上的傷是我朋友打的，我從頭到尾都沒打他，因為我手被拉住了。」阿慶現在倒是酒醒了，清楚明白地解釋。每個人都轉向白板，回憶事發那幾分鐘自己站的位置……。

「律師是問你，拉對方多久？」宣傳邊提醒阿慶，邊起身調整白板上幾顆紅磁鐵代表他們站的位置。

「喔！不會很久，大約四、五分鐘……」阿慶一派輕鬆地回答。

四、五分鐘還不算久？這些嘻哈團員在想什麼，通常打架一、兩分鐘就能讓對方頭破血流，成立重傷害的罪名了，四、五分鐘怎麼會沒事？

「如果你拉住他不是很用力，沒把他拉出傷勢來，可能傷害罪不會構成，可是對方可以主張你意圖傷害，只是被架住出不了手，『傷害未遂』罪名還是可能被指控。或者說你『教唆傷害』唆使朋友去打他，而且你拉住對方的時間那麼長，如果他想走，卻因為被你拉住走不了，他也可以告你『妨害自由』——以強暴脅迫之方式妨礙別人行使權利。」我開始分析可能的罪名。

「嚇！律師，沒動手也會挨告噢？這下麻煩了。」經紀人皺起眉頭，意識到事態嚴重了。

阿慶沒注意到經紀人反應，轉過來望著我說：「律師，其實我在那當下，真的很想打他，只是沒辦法出手。」經紀人聽了，眉頭皺得更深。

「對方是誰，你們認識嗎？為什麼會罵你？你們在好樂迪包廂唱歌途中，有跟他們起衝突嗎？或是走出KTV店門口時，有沒有招惹到他們？」我試圖探索雙方出手原因。

「沒有哇！在包廂時根本沒遇見他們，走出去之後，阿慶的朋友聽到對方大聲叫囂，罵了那句『沒用的智障』，才衝過去的，聽說對方平時對我們樂團的歌就很有意見，不滿我們的歌詞與曲風，大概是這個原因，恰巧今天碰上了，才會臨時在門口嗆聲罵人。」宣傳拼湊起他蒐集的資訊，下了結論。

「動手的朋友呢？怎麼沒來？對方傷勢如何？中時電子報說對方輕微腦震盪、臉部瘀傷、眼角挫傷，真的嗎？」我繼續追問。

「那邊暗暗的，看不清楚。朋友阿德說他自己有動手，不方便出面，他為我打抱不平，我也不好意思勉強他來。」阿慶回答。

當事人對於上法庭、警局約談、到律師事務所都有莫名的畏懼感與壓力，能避則避，可免則免。可是這樣一來，案情的內容就只是片段，到底第一個出手的人面對的狀況如何？出手的動機、對方的挑釁都可能是免除或減低我方刑責的因素，現在真正動手的關鍵人士不出面說明，如何作整體分析判斷？

「現場有沒有錄影？你們有看到現場打架的影片嗎？」我不死心，繼續追查所有可能與案情證據相關的資訊。

「律師，怎麼可能？這是突發事件，誰會去錄影？」藝人阿慶有點懷疑眼前的女律師是不是沒打過架，搞不清楚狀況，又不是演唱會、歌迷簽名會，怎會拍照錄影！

「KTV常常會出事，不只內部有裝設監視器錄影設備，店門口應該也有，黑道巷戰火併，常常都發生在客人走出KTV的大門口，如果店家沒錄影，台北市政府在重要街道也會定點裝置監視器。你們可以問問好樂迪的少爺或當地里長，看看有沒有事發現場的錄影帶，看到影片，就更能掌握雙方事發狀況了。」我耐心地解釋。

「要不然依目前網路新聞提到對方的指控，他告團員傷害、恐嚇，提供警方驗傷單、人證、相片，你們如果沒有強有力的證據，很可能被對方現場的朋友出庭作證給抹黑了。」拿了助理剛遞進來的網路新聞，看完後，再進一步分析對方提告罪名，說明雙方證據的優劣消長。

「好，等一下我就請人到好樂迪問問看，如果有就請他們拷貝一份給律師。」經紀人聽懂重點了，附帶提出請求：「律師，如果下午公司決定召開記者會，可否請妳陪同參加？」

辦案之餘，最怕這種要求，一般律師會求之不得，增加曝光機會、提高知名度。對我而言，十幾年來與娛樂圈合作，非不得已，絕對婉拒媒體採訪或出席記者會，律師的舞台在法庭，不是在記者會中，低調沉潛才不會惹是非、添麻煩。

可是又不忍心見到當事人失望或無助，於是建議他們：「目前案情不明朗，最好不要那麼早召開記者會，否則萬一話講滿了、或講錯了，當場有媒體質疑，甚至他們先拿到錄影帶，播出我們忽略的畫面，對這個案子及公司信譽、藝人形象都有負面影響。等確認錄影帶，也請那位出手的朋友來一起討論，案情更清楚，再作決定吧！」

經紀人覺得有道理，匆忙告辭，想要帶著藝人分頭處理了，走到門口，團員阿慶突然轉身問我：「律師，如果警察約談，我要怎麼說？是承認我想打他沒打成，還是就說我從頭到尾都沒動手？妳剛剛說如果承認想打他，可能會成立『傷害未遂』，真的會這麼嚴重嗎？其實走這些法院程序我是不怕啦……。」

經紀人插話說：「不怕？那樂團呢？是不是不要再唱了？金曲獎呢？也甭想參賽領獎了，天天跑法院，媒體大量放送，祖宗八代都給你挖出來，還混啊?!」

我拍拍他的肩膀，沒幫他下結論，這種關鍵案情的說明得由當事人自己決定，畢竟這是他的案子、他的人生，罪名成立的話，是他要承擔刑事責任的。

我只是說：「我們律師也不鼓勵當事人說謊，免得良心不安；可是也希望能保護當事人，免得橫生枝節、無端受累。你先回去想想，也同時去了解現場有無錄影帶，下次我們再討論吧！」他帶著迷離的眼神進了電梯，電梯門關了，我知道他的心依舊茫然。

良心的界線／傷害案

訴訟上的辯解，是要界定為「說謊」，還是善意的謊言，用來保護自己，降低對無辜第三者的傷害？提出辯解後，法律的藩籬突破了，良心的界線呢？能夠守得住嗎？

早上踩著輕盈的步伐，先走到屋後的社區公園繞著老樹散步，捕捉樹叢裡昨夜凝結的露珠與枝枒葉縫深秋的陽光，想著今天一日的行程，不用開庭，只有下午要與刑事傷害案的被告討論警局約談的案情，真是輕鬆愉悅的上班日，再深呼吸幾口新鮮的空氣之後，走進丹堤咖啡廳，選個安靜的角落，看報吃早餐，正要喝拿鐵咖啡時，手機響了，流洩一地的〈卡農〉來電鈴聲絲毫無法聯結到這通焦急憂心的法律諮詢電話，對方開口：

「沈律師，真抱歉一早打擾妳，因為剛剛市政府工務科的科長告訴我一件事，我覺得很不安，想先請教妳，再作決定，妳現在方便說話嗎？」是一位精明幹練的女企業家來電，公司老董病故辭世後，把一家年收入逾億的瀝青工廠交給這位女特助，公司其他老臣及少主皆大表不滿，極力唱衰，消極抵制。沒想到女特助一接起總經理的職位，承擔大任，獨力阻止黑道標案搓圓仔湯，屢屢標到重要幹道路平專案的瀝青鋪路工程，翌年公司營收翻倍，業務興隆，還將老董的少主扶正為副總，全公司上上下下無不折服！坐穩大位之後，掌理公司重大決策，平時公司的法律問題，女總經理都直接來電諮詢，詢問梗概後，再發交給部屬執行。她的聲音甜美清亮，一開口我就認出來了，啜一口熱咖啡說：「總經理早，請說。」

總經理開始加快速度問道：「我現在在車上，十分鐘後要進市政府找人談，所以我快速地說。前幾天工務科的科長來電告知，我們工廠承包路平專案鋪瀝青工程的路段，有一位很難搞的居民寫信到市長信箱抗議，說我們鋪的路段工程品質差，路面不平，科長把這位居民電話給了我們現場的工地主任去了解抗議民眾的心聲，順便安撫一下。可是我們工地主任不擅言詞，電話一打過去，對方就否認有寫陳情書，立刻掛斷。後來換我打給他，大概是聽到女生的聲音，他沒提防，就說是他寫信跟市政府抗議，我很客氣地表明是承包的廠商，解釋這個路段我們很用心在做，沒有偷工減料，請教他哪段路面有不平或瑕疵？我們可以改善，他聽了火冒三丈，大罵市政府怎麼可以把電話號碼給廠商！如果他連住址都附上，是否廠商也會衝到他家恐嚇威脅？然後又把電話掛斷。過沒幾分鐘，科長就來電說『事情大條了，這個抗議民眾居然找議員來施壓教訓我們局長，局長剛剛把我叫進辦公室，問我捅出婁子了，怎麼善了？』科長趕緊通知我，要求我千萬不能透露那個抗議民眾的電話是他給的，就說是我去工務科辦公室，經過他的辦公桌無意中看到的，不然檢調單位一查，科長會有責任。律師，妳覺得這樣講，好嗎？我怎麼聽了覺得有點怪，又不曉得怪在哪裡？」

趁著總經理敘述的當兒，我邊喝咖啡，免得通話結束咖啡涼了！邊聽總經理提出疑惑，她講完，剛好我喝完最後一口，好整以暇地回答：

「這樣說明不好！雖然可以保住了科長沒有刑事洩密的罪責，也不會產生違反個資法的行政責任，可是妳會有責任，觸犯竊取公務機密，侵害別人隱私，以及違背個資法規定。可不可以想想其他說法？我知道妳也不願意傷害科長，畢竟他是一番好意，請你們跟抗議民眾溝通，消弭爭議，可是他的作法有欠考慮，任何一個抗議民眾當然會怕個人資料落入廠商手裡嘛！尤其傳聞中瀝青業都有黑道撐腰，我知道你們公司沒有，可是民眾不知道啊！他當然會心生恐懼，對於市府承辦人員會更反彈，難怪找議員出面。」

公務人員出事只考慮自保，當然只想到對自己最有利的方法，至於廠商會不會因而受害，公務員就顧不得了。當廠商對於善意的公務員心存內疚，只好配合說辭，如果風波順利平息，三方相安無事；可是倘使事件難以善了，如同滾雪球般愈來愈擴大，倒楣的就是廠商了。我當然要在事情惡化之前幫忙想出好方法，《易經》《訟卦》不也深自警惕：「作事謀始」，所有的訴訟都因為事情運作之初有了錯誤的開始，才會難以收拾，發生訟爭。

「可是律師，我實在想不出第二種說辭欸！這件事明明就是科長把電話名字給我，不然我怎麼會知道，我們根本不認識這個抗議的民眾啊！」總經理音調降低了許多，顯然煩惱指數提高了。

我喝咖啡的好興致頓時煙消雲散，一早的美好心情也開始轉變，立即調整進入工作狀態，腦筋快速轉動：「有沒有可能說是從其他管道得知這個民眾的個資？我隨便舉例喔，譬如你們工廠上個月施工時，他就有到現場表達不滿，工地主任有請他留下電話，這幾天聽說又有到現場批評，所以妳打電話與他溝通。這樣似乎就跟工務局無關了……。」

「怎麼可能！他根本沒來現場，也沒跟我們聯絡過啊！」總經理充滿疑惑，覺得此路不通。

「之前的聯絡也沒任何紀錄，就各說各話囉！至少是合邏輯，而且是可能發生的事。至於他打電話給現場哪一位員工，也無法查證了，如果事後這個民眾否認曾經打電話給廠商，那就變成各自表述的羅生門，至少不會影響到科長，也不會造成妳的其他法律責任。總經理，請妳再思考看看有無其他更理想的說法，我是覺得你們既然施工品質良好，問心無愧，這種風波來自於民眾一時的抱怨，能大事化小，小事化無最好，免得連累那位好心的科長，甚至影響你們日後的工程驗收，妳再想想吧！有其他問題我們再聯絡喔。」舉例說明後，就留給當事人自己思考說辭了。

提出解套方法的建議，順帶要說明建議背後的根據或中心思想，否則這些公司高層的心理障礙無法消除。至於我自己有沒有心理障礙？提出一項無中生有的建議說辭，是「說謊」嗎？還是保護當事人的不得已作法？法律責任卸除警報之後，道德良知是否同步受到考驗？律師可以教當事人說謊嗎？還是要讓當事人說出實情，面對司法訴訟法律責任？律師除了以法律專業提出建議之外，需要考慮道德良心嗎？

論語上記載：「子曰：『大德不踰閑，小德出入可也』。」人們的行為準則是有彈性的，人生不可能一成不變地堅守各項原則，如果涉及到重要的事項或重大行為，當然不可超越道德規範的界限與尺度；至於輕言微行稍稍跨越道德尺度或價值標準是可以被接受的。那麼何謂「大德」、「小德」？就要透過生活經驗與智慧去判斷了。

以這種道德標準，推論到訴訟案件的話，有沒有殺人、有沒有打人是「大德」，不能掩飾虛矯；可是倘使沒有違法失職，只是對於周遭情境輕描淡寫，或是說明取得民眾個資是出於解決客訴，而非掩護偷工減料、官商勾結的不法行徑，對於個資來源提供不同的說法，可否視為「小德」，而被允許呢？望著桌上的空杯，我的思緒停駐在二千多年前孔子的話語……。

餐後進了辦公室，在處理公務的空檔，仍不時浮現這個訴訟倫理與道德的議題，尚未獲得答案之際，沒想到下午的會議又碰觸了法律與道德的平衡點的疑問。

下午三點鐘，刑事傷害案的被告在公司主管陪同下，來事務所討論案情，他是經紀公司旗下職棒明星，去年剛簽約，球場上表現亮眼，廣告代言邀約不斷，公司經紀人緊盯著他的一舉一動，生怕鬼使神差，發生差錯，影響如日中天的事業。

孰知上週還是出事了，一群哥兒們為他慶生，相邀到好樂迪唱KTV，年輕人狂歡喝酒，到翌日凌晨三點多才結束，走出KTV門口，有幾個朋友先離去，剩下五、六個人站在大門外的騎樓抽菸哈拉，也準備要招攔計程車了，剛好另一群人也從KTV步出大門，其中一個大學生模樣的男子看到這位職棒明星，居然轉過來嗆聲：「打贏有什麼了不起，還不是放水贏來的！」

我的當事人背對著他們，沒注意到有人挑釁，同行的朋友聽到了，立刻追上去問：「你什麼意思？誰放水了？嘴巴放乾淨點！」

頓時引來對方的髒話罵語，瞬間不知何方先出手，就打起來了，當事人的朋友有人衝上去一起幹架，有人趕緊拉開勸阻，這位職棒明星才意識到打群架了，連忙疾步走過去問明原因，火氣衝上腦門，也想出手，一旁友人立即架住說：「你趕快走，不然明天會上頭條新聞！」眼看對方已有兩人倒地受傷，同行朋友擔心事件擴大，硬是把我的當事人帶離現場上車閃人。

對方心有不甘，揪來一群同夥友人要尋仇，但這群職棒朋友已離開現場，對方立即前往醫院驗傷，再移師派出所報案，點名我的當事人帶頭幹架，涉嫌傷害罪。第二天果然社會新聞頭條刊登：「職棒巨星　球場揮棒得分，夜店揮拳失分」，照片出現KTV門口我的當事人抽菸談笑的特寫鏡頭，顯然是KTV業者提供，新聞報導言之鑿鑿，搭配特寫相片，震撼職棒圈。經紀公司聞訊立即出面滅火，啟動危機處理機制，接獲報案的派出所在二十四小時內把案件移送至分局，偵查隊迅速發出約談通知，經紀公司高層親自陪同這位職棒金童來到我的會議室，商量明天警局約談事宜。

「律師，我真的沒動手，是朋友看不過去，追上去質問才惹出風波的。」當事人坐定後，立刻表明他的清白，又說：「他們點名告我，可能是想把事情鬧大……」經紀公司總經理接著指出對方的企圖：「好向公司敲詐勒索！」

「可是對方受傷是事實，警方一定要查出實際行動的人，就是出手打傷對方的人，究竟是誰？」我指一指會議桌上的報紙，當事人的特寫截圖，及報導中刊登被害人臉上貼繃帶、眼睛紅腫的相片，提出警員必問的問題。

「我知道是哪幾個人打傷的，可是我不能講，講出來我就不能做人了，那幾個朋友是我去年到歐洲打巡迴賽認識的，他們雖然是中國人，可是都住在英國，昨天已經回去了，短期內不會再回台灣。」職棒金童很有義氣地表示。

「他們在台灣有戶籍嗎？有沒有當兵？如果有設戶籍，警方透過役男的口卡或身分證相片檔案核對KTV業者提供的監視錄影帶畫面，還是可以循線查到他們的聯絡方式，你幫他們隱瞞姓名，也難脫警方的查緝。」我向當事人及經紀公司解釋警局的作業。

「沒有，他們是ABC，從小出生在美國，這幾年到歐洲讀書工作，在台灣都沒資料，他們來台灣是用美國護照，這樣查得到嗎？」當事人焦急地問。

「應該查不到。如果警方問起，你只好提供英文名字了，喔！你平常怎麼稱呼這些朋友？知道中文姓名嗎？」我說。

「我們都叫英文，他們叫我 David，我叫他們 Peter、Eric、Tony，我只知道其中一個人好像有中文名字，可是姓什麼，也不清楚。如果我說當天我都沒動手，可是警方又查不到他們，那這個案子會怎麼處理？」

「警察局做完約談筆錄後，會移送台北地檢署，檢察官會再開庭調查，如果查不到真的的行凶者，檢察官對你指控的部分也只好不起訴處分，你就會沒事了。至於對方可否提供你這些朋友的資料繼續控告，就不確定了，如果查得到護照資訊，檢方傳喚不到，也可能進行通緝，不過他們人在國外，警方應該很難拘捕到案。」我簡要地說明偵辦程序。

接著再探討證據問題，我問起關鍵證物：「警方應該有調到ＫＴＶ業者的大門監視錄影帶，影片內容你們有看過嗎？」

總經理點頭，回答：「ＫＴＶ業者不讓我們看，他們說警方已經查扣，不能提供給我們。我早上透過市議員到分局看過了，畫面中雖然有David的鏡頭，不過打架那一段確實沒有拍到他，他距離最遠，是打完後，他才走到那邊。」

「噢，這樣影片的物證就不會對我們不利。那麼警方如果請你描述事發現場的狀況，你會怎麼說？」我開始模擬明天上警局接受約談的情況。

「我就說，我當時走出ＫＴＶ門口，正在抽菸，喔！對了，我還接一通手機，我妹妹打電話給我，所以沒注意到他們那邊發生什麼事，只有聽到乒乓吵架聲，很激烈，拳打腳踢，邊罵髒話……」當事人如實地描述群架現場。

「David！可不可以淡化處理？你敘述得如此激烈，檢察官會不會有不當聯想，認為是你指使朋友過去教訓他們？」我打斷他詳細地敘述現場經過。

「喔！會這樣噢？那我該怎麼講？」他臉上有著困惑的神情。

總經理微調說辭：「你就說有些吵雜的聲音，因為在接電話，也沒注意到他們在那邊的情形。」

接著又討論了好幾個問題，最後我問：「警員如果問你們和解了嗎？你要如何回應？」

「我沒打人，為什麼要和解？對方根本誤會我們，我們球隊打球從來不放水，這是誤會，我可以解釋，可是那一天，人真的不是我打的。」他急著表明心跡。

「我理解，這樣的回答沒問題。」我確認後，轉向總經理提議：「我想這個案子應該可以獲得不起訴的處分，不過，對方的受傷，雖然源自他自己的挑釁，基於義憤，畢竟也是因為David的朋友出手，縱使是打抱不平，仍然是違法的暴力行為，公司可否考慮息事寧人，私下找對方商談和解，和解談成後，對方撤告，就都沒事了；不然這案子如果移送地檢署，開庭前後又要受到媒體包圍關注，下個月球季又要開始了，有訴訟纏身，總是影響比賽的心情，倘使可以和解，道義上賠一些錢，也算是為David的朋友消災解厄，可能是最省事的方式。」總經理明白案情發展會帶來的法律之外的困擾，包括球員心情，球隊及公司形象，他答應私下尋求解決方案。

送走當事人後，坐在辦公室，看著自己針對當事人傷害案列出的警局約談提問，一題一題回想方才的對話，心裡思考著，當事人有些回答，可以消除法律上的懷疑及聯想，可是道德倫理上過得了關嗎？當一個律師成功地「教導」當事人卸免法律責任之後，道德良知上如何交代？望向辦公室窗外燦爛綻放的木棉花，又想起早上的思緒：「大德不踰閑，小德出入可也。」我是否可以在古聖先哲的規範下完成律師的任務？這是必須面對的人生問題，我得好好思考了。

人要為自己一時衝動造成的情緒發洩或暴行付出代價；否則業障無法消除，靈魂難以救贖，業力在持續輪迴重現下，人心很難平安自在！

暴行之後／傷害案

陪同刑事傷害案前往警局約談前夕，職棒明星的經紀人來電詢問：「律師，我們有打聽到對方的電話了，也聯絡上了，不過是告訴人的父親接的，他說兒子自從被打傷後，就不敢待在國內，上次到派出所報案提告作完筆錄後就出國了，短期內不會返台。那怎麼辦？我們要跟他爸爸談和解嗎？」

奇怪！上次開會的結論不是說職棒明星在夜店沒打人，是朋友出手，他只是去圍觀，經紀人透過議員到警局看過夜店監視錄影帶，也證實不是被告動手毆傷對方，所以不考慮和解，為何突然提出這樣的問題？是不是當事人有什麼地方隱瞞我，只向經紀人坦承，經紀人意識到訴訟風險升高，趕緊商議和解來避免法律責任？那麼在會議桌上為什麼不據實以告，讓律師精確評估判斷？是否擔心律師知曉實情後，不幫被告辯護，或心存芥蒂，而未能全心辯護？

當事人常常會反應過度或瞎猜律師的心思，其實自始至終，如實地說明案情是獲得律師專業協助最好的立場與態度。律師一旦接下案件，就要全力以赴，當事人的行為真有道德瑕疵或違法失序，承辦的律師必須自我調適或消化所有情緒，而不能戴著有色眼鏡看待當事人或案件，這是律師執行業務的基本態度。不過，在當事人無法理解或拒絕吐實之際，我也不會強求他們說出所有事實，畢竟面臨訴訟壓力的當事人有很多的不確定感及恐懼，不宜再增加他們的壓力了。

於是回覆被告 David 的經紀人：「如果告訴人有授權，你們可以直接跟他父親談和解，在法律上是沒問題的。不過現在案情不明朗，洽商和解的話，條件也很難提，是否等到明天我陪同 David 到分局作完筆錄，掌握案情全貌，再作決定？」我提出一個安全的建議，經紀人立刻接受了。

翌日，我們先約在大安分局附近的咖啡廳，經紀人帶著棒球明星 David 走進咖啡廳，帽沿壓得低低的，沒人認出來，稍事討論提醒後，兩點我們準時走進大安分局，經紀人留在咖啡廳等我們製作偵訊筆錄後，再商議後續處理。

警員態度嚴峻，一坐定就給我下馬威，冷冷地說：「大律師，製作筆錄過程中，我們全程錄影，請勿給予刑案涉嫌人任何指示或代為回答，否則我們會請妳到另一邊坐，不得在場陪同。」

我又不是初出道的菜鳥，恐嚇什麼呀！台北市各大分局，甚至北機組各地調查站我都去過了，偵訊筆錄不知做過多少份，會不了解規矩嗎？真是仗勢欺人，我坐在 David 旁邊，心裡OS一堆，但為了當事人案情著想，還是忍耐著微笑點頭。

警員打開電腦，啟動錄影裝置，開始訊問我的當事人年籍資料，並且宣示被告的訴訟上三個權利：「可以保持緘默，可以委託辯護人在場，可以請求法院調查有利的證據。」被告David表示了解了。

接下來正式訊問案情，先提問：「一〇三年五月一日你是否到好樂迪KTV，在現場毆打告訴人白以傑？」

當事人說：「那一天我有跟朋友去好樂迪唱歌，可是我沒打人。」

警員再問：「你有沒有在『現場』？」David 滿臉疑惑地轉過來看著我，不知道怎麼回答。

警員作勢示意我勿代答，我依然表達：「對不起，吳偵查佐，您這樣問，我的當事人聽不懂，什麼叫做『現場』？是KTV門口，或發生毆打的現場？這兩種情況是不一樣的，如果答錯，會造成檢察官的誤解。」

「大律師，我剛剛就提醒妳不要插話，案發當時妳、我都不在場，請讓涉嫌人自己說明嘛！妳這樣反問我們，我怎麼作筆錄？『現場』當然是毆打的現場啊！這還用問嗎？」警員立刻制止我發言。

David 怕鬧僵，趕緊回答：「我那天唱歌完，走出KTV門口在跟朋友聊天抽菸，準備要搭車回家了，突然聽到旁邊有吵雜聲，我跟朋友走過去看，那邊很暗，看不清楚，沒多久，對方一哄而散，我們也離開了。」還好！沒掉入警員「現場」的陷阱中，迴避了敏感的字眼。

警員低著頭翻開被害人的報案筆錄，再提出更驚人的情節發問：「告訴人白以傑陳稱案發當天，你的同夥聽到告訴人路過你們旁邊說：『打贏有什麼了不起，還不是都在放水！』就追上來反嗆，告訴人的朋友立刻道歉說告訴人喝醉了，你的朋友不接受，就揮拳打告訴人，又把他推倒在地上，他頭部受創，你走過去接著用腳踹他的頭及胸腹好幾下，是否屬實？」

可想而知，前段的嗆聲道歉勢必是對方編造，用來對照凸顯我方當事人的蠻橫暴戾，年輕人血氣方剛，怎可能嗆聲後，毫無壓力或外力介入下，立刻道歉？可是 David 真的走過去就踹人嗎？還用腳踹被害人的頭部、胸腹？這一段怎麼沒告訴我？監視錄影帶可能在夜色昏暗中拍攝不清楚，可是有人證啊！這下被害人的朋友不就跳出來講了嗎？被告會不會承認？經紀人是不是太保護他了？我是否在討論案情時也有先入為主的成見？心底閃過無數場景，我轉過去看被告，猜測著他的回答……。

David 面無表情地回答：「沒有，我不認識他，我走過去看而已，沒有踹他。」

我聽了心情有點複雜，到底事實真相是什麼？哪一方講法才是真實的？

警員顯然不相信，又翻出卷宗中證人的筆錄，問道：「告訴人同行的朋友陳立仁證述你有踹腳的動作，而且協同告訴人從警方調閱之可疑人犯身分證相片七張中指認出涉嫌人是你，有何意見？」我眼神連忙投向那七張相片，第一排第三張跟 David 剛剛拿出身分證的相片一模一樣，對方的指認應該錯不了。

David 眼神有一絲不安，但隨即回答：「他認錯人了。」

警員反問：「你有證人可以證明你沒打人嗎？你不要說謊喔，不然檢察官比對錄影帶，如果發現你說謊，起訴求刑會更重的。」

David 點點頭說：「當天有另一位球員跟我一起去，他可以作證。」

這個問題我們之前討論過，那位同行的球員也到過我辦公室敘述那一夜的狀況，他確實在場。只是他來作證會怎麼說呢？一樣說 David 沒踹人——是他真的沒看到？還是朋友道義，變成不能說的秘密？

警員說：「我們會傳他來作證。你回去可以考慮跟被害人談和解，請他撤回告訴，如果撤回這個案子，就都沒事了。」我立即回應說我們會試著聯絡對方談談和解。

當事人不語，在筆錄上簽名蓋章後，默默地跟我走出大安分局，我們再度進了咖啡廳，經紀人抬頭看到我們，連忙問情況如何？是否沒事了？

我搖搖頭，向經紀人解釋：「David 回答得都還好，可是被害人與案發現場的證人提到 David 當天有踹人，如果檢察官採信這份證詞，縱使監視錄影帶看不清楚，還是有可能提起傷害罪的公訴。」身為律師必須要把不利的證據及案情訴訟的發展如實告知，讓當事人作成正確的評估與因應策略。

經紀人皺起眉頭，David 邊抽菸邊露出焦躁的神情，我繼續分析：「今天警員態度雖然不太友善，不過到最後，似乎相信了 David 的講法，還請我們通知證人到警局作證。可是縱使我方有證人證述符合 David 的筆錄，案件移送到檢察署那裡，檢察官心證如何，依然難以掌握，你們如果有管道，盡量去談和解吧！否則球季開始，David 又要出庭，會影響參賽心情，加上媒體負面報導，對球隊形象也不好。」

經紀人明白事態嚴重了，立即問道：「依律師看來，這種傷害案和解要提多少才合理？」

「一般和解只要看對方的傷勢及支付的醫藥費即可，可是因為 David 是公眾人物，對方要求的和解金除了看被害人傷勢外，還會參考 David 的知名度與收入及社會的輿論壓力。目前媒體尚未大肆報導，根據案發時媒體曝光的相片，對方受傷程度似乎不嚴重，頂多皮肉傷，健保給付應該也不多，因此醫藥費加上精神賠償，一般民事法院大概會判個十至二十萬元，現在和解的話，賠償金額落在二十至三十萬元間都算合理，如果對方開口要求五十萬，就有點敲詐的意味，如果再喊價到一百萬元，那就太離譜，寧可繼續訴訟程序了！」我分析和解金額讓當事人心裡有個譜，掌握賠償可行性及和解讓步的程度。

過了三天，經紀人快速地談成和解了，來電請我準備和解書、撤回狀，接手處理和解細節及簽署和解書。當天我就撰擬完成，寄電郵給對方，雙方和解條件很簡單，被告這一方支付現金二十五萬元，不用公開道歉，雙方簽完和解書，同時撤回傷害案的告訴。對方看完文件，沒有意見，第二天雙方簽署和解書，撤回狀送到大安分局。警員接受了，允諾盡速檢送案件資料到地檢署，讓檢察官作成不起訴處分。

案件算是順利結束了，可是心裡頭那個疑點還是懸念著——David 到底有沒有踹人？我幫他辯護是否幫了惡人？後來力勸經紀人進行和解，是否潛意識裡也希望被告做錯事後，要有所彌補，才不會讓惡緣業力繼續輪迴？事後促成和解，順利結案，也可以讓這段惡緣消除業障，人與人之間不再有怨嗔牽連纏縛，心靈得以清明自在。

當你的身心力量不夠強大時，請勿接近人性的黑洞，它會無情地吞噬蹂躪你，再用無窮無盡的負面能量凌遲，至死方休！此際唯一能做的，就是靜靜地離開，不要妄想與它纏鬥拚輸贏……因為一旦被捲入命運的黑洞，每個人都是輸家！

生命的十字路口／單親媽媽的車禍官司

她是雙胞胎女兒的媽媽，前夫嗜賭，賭光了兩個女兒的學費及生活費後，繼續向她索討賭資，不堪十多年的折磨，終於在女兒小學畢業那一年，帶著兩個女兒離開貸款沉重的家，搬到她上班的公司附近租屋過活。

那天晚上，她開著破舊的中古車要去接補習的女兒回家，居然在紅綠燈路口出事了。經濟拮据的狀況下，她原來是無力聘請律師協助的，數月後發現事態嚴重，好友勸她交給專業處理，她才透過朋友介紹來我事務所諮詢，她蒼白虛弱地描述車禍的實況：

「律師，我那一瞬間嚇呆了，車子左轉過去，就看到一個阿伯站在我車子前面，不到三秒鐘的時間，砰一聲！人就倒下去，我也搞不清楚有沒有撞到他，趕快下車要扶他起來……」素顏白衣的她，餘悸猶存的神色令人不忍！

叮嚀她從頭開始慢慢講，她想了一下，努力整理思緒，說道：「我記得那時候是晚上九點多，我洗好衣服，開車經過我家附近公園，到大德街的十字路口，綠燈亮了我才左轉，一看到斑馬線有行人穿越，就停下車。因為車速才二十幾公里，很快就停下來了，我覺得沒撞到他呀，可是那個阿伯就倒下來，我嚇死了。在驚慌中趕快把車向後倒退，停到旁邊一點，免得壓到他，趕緊下車。看到那個阿伯跌坐半躺在地上，一直喊痛，旁邊有兩隻狗，他死抓著狗鍊不放。我衝過去扶他時，覺得很奇怪，怎麼手腳有點僵硬，跟一般受傷的人身體軟趴趴的都不一樣？很快的一旁店家有些人衝出來查看，有人打電話叫救護車，有人幫我一起扶阿伯起身，原來那些人都是這個阿伯的鄰居。一片混亂中，救護車很快就來了，救護人員把阿伯抬上車後，我也昏過去了，可是警察隨後趕到，叫醒我要作筆錄，我實在很不舒服，無法回答問題。警員叫我先到車上休息，他在現場測量繪圖，一邊鄰居路人吱吱喳喳給警員意見，我在暈眩迷糊中，無法言語……」跌宕入回憶中，她的神情依舊透著恐懼、疑惑與憂傷……。

請她喝口熱茶，舒緩心情後，繼續敘述車禍經過：

「過了好一會兒，我才清醒一些，警員問我車上有沒有行車紀錄器？我記得車廠有幫忙裝置，可是從沒注意過它。警員的頭一探進車子，很快就看到行車紀錄器，立刻拿了下來，隨即要求我先回警局作筆錄，且要播放行車紀錄器。可是我當時根本沒辦法開車，只好把車丟在路邊，搭警車過去……。」

一個寒冷的隆冬夜晚，一位徬徨無助的少婦佇立街頭，難道都沒有親朋好友伸出援手，即時趕到現場幫忙？

提出疑問，少婦紅了眼眶：「我剛到新的公司上班，孩子還小，又不想麻煩新同事，媽媽中風失智多年，手足長住國外，一時之間找不到誰來現場。我就一個人坐上警車，到了派出所，先看行車紀錄器，沒想到警用電腦老舊，搜尋不到那段紀錄影片。螢幕上一直呈現漆黑一片，我看了很緊張，明明沒撞到那個阿伯，可是他又倒在斑馬線人行道上我的車子前面，我不是跳到黃河都洗不清了嗎？」

少婦撥一下散落額前的髮絲，激動地說：「驚懼中我一直喊著：『我沒有撞到他，我真的沒有撞到他，怎麼都沒拍到？』那一刻若不是還有兩個女兒需要照顧，真想撞車死了算了。」

憂傷的少婦開始落淚，顯然當時的創傷與壓力一直還停駐在心中，今天才有機會宣洩而出。

遞了一盒面紙給她，肩頭微微抽搐著，我起身走過去拍拍她的肩，給予一點穩定的力量，她擦拭淚水平靜下來後，再繼續講這個愁苦故事的下半段情節：

「我萬念俱灰的喊叫中，一旁經過的另一個警員湊過來幫我們重新找影片，居然找到了！在昏暗的畫面中，看得出來阿伯沒碰觸到我的車就往後倒下，警員很詫異說：『咦！妳沒撞到他耶?!怎麼會這樣……』其實在出事的一瞬間，我自己在驚嚇中，也不確定有沒有撞到這個行人。可是看了影片就確定沒撞到他，警員讓我 copy 影片，我後來在家裡用比較好的電腦來回看了很多次，都是一樣的情景。後來警員就對我比較客氣，作完筆錄後，警員直接載我去醫院探望傷者，那是另一場噩夢的開始！」

少婦喘了口氣，眼神空洞地看著前方，又開口敘述：「那個阿伯躺在急診室裡，我們過去時他已睡著，他的姊姊一看到我就指著鼻子破口大罵：『妳這個女人真夭壽，把我弟弟撞成這個樣子！上個月他剛中風，動完手術，還可以走路，自己坐復康巴士去醫院復健。現在被妳撞到大腿骨折，不能走路了，我還要請看護來照顧他耶，誰要付這些錢啊？我弟弟是單親欸，還有兩個念高中的兒子要養，妳說這下怎麼辦？妳快點去問保險公司怎麼賠……』當場我驚嚇得講不出話來。」

少婦激動地接著說：「律師，我也是單親啊！誰來幫我設想？阿伯的姊姊像潑婦罵街一樣地在急診室開罵，我招架不了，只能回答說：『我沒撞到他，真的很抱歉！』可是她完全聽不下，說以後只能把她弟弟送到安養中心，每個月三萬塊，要我負擔。我聽了滿腔委屈只能站在那裡掉淚，警察看不下去了，勸傷者的家屬說：『這個小姐已經算很好心了，出了事也沒駕車逃逸，還趕快下車扶妳弟弟，現在也一起來醫院探望，妳不要這麼凶嘛！』可是阿伯的姊姊依舊怒氣難消，口口聲聲要我賠償，還威脅說要告到底。律師，我會有事嗎？」少婦淚眼矇矓地看著我。

「對方告了嗎？事發到現在已經三個多月了，你們有再談過嗎？」我先問清楚目前的狀況，才能決定是否要緊急處理。

「噢！後來他們真的告了。這幾天我收到檢察官的傳票，擔心得連夜失眠，告訴了住在美國的哥哥，才趕緊託請朋友介紹來找妳，朋友說妳辦了很多車禍肇事的案件，後來都沒事。」少婦臉上出現一絲光亮，拿出刑事傳票遞給我。

這些案件的介紹人常常言過其實，車禍案件怎可能都沒事？只有幾件被冤枉的案子，我幫被告辯護脫罪，其餘大多和解爭取撤告或緩刑結案的啊！

我翻閱傳票，瞥見下面掉落一張車禍肇事鑑定委員會的公文，問少婦怎麼一回事？她突然想到什麼事一般，答道：「哎呀！律師，看我急得都忘記說到這一段了。那個阿伯住院兩個禮拜之後就出院了，他姊姊不斷打電話、傳簡訊威脅恐嚇我，說他們都請教過律師跟保險公司了，認定責任都在我，叫我趕快賠償，不然拖愈久、賠愈多，我還是堅持向她解釋沒撞到。後來他們聲請調解，等到調解那天，我趕到區公所要參加調解會，調解委員跟我說對方取消了，也沒告訴我一聲，我還請假趕過去哩！」

少婦一臉無奈，搖了搖頭，又說：「過了一個月，車禍鑑定委員會通知我出席說明，我才知道他們去申請車禍肇事鑑定。接到承辦人員的通知，我一個人就去說明了，沒想到那個說明會陣仗好大噢！長長的會議桌坐滿了鑑定委員，兩排加起來至少有十來個。有一個人負責先說明肇事經過，同步播放行車紀錄器影片，那個先生報告完畢，委員們交談片刻後，主席只問我一句話：『妳說妳沒撞到他，那麼為什麼他會倒下來？』天知道啊！我聽了有點生氣，可是又不敢發脾氣，只有無奈地回答：『我也不知道。』他們就叫我出去了，我想：完了！他們一定認為是我撞到人，才不讓我多說話。過一個禮拜就收到這張公文，很奇怪，公文上居然寫著這件不構成車禍肇事，還退費給對方。我收到之後看不懂，打電話問承辦人員，他說這種情形是他們委員會第一次碰到，他們認為既然不成立『車禍』，就不用分析案件的肇事責任，只好把申請費退回去。」

她邊轉述往日情景，我邊看公文，閱畢我說：「陳小姐，這份公文對妳很有利，它不僅僅寫到這個案子不構成車禍肇事，第一段還明確記載妳的車沒撞到行人。這張公文妳開庭時要呈給檢察官看，加上車上行車紀錄器的影片，可以證明妳確實沒撞到他。不過法律上因果關係的成立，不僅是從車禍現場人車物理上的碰觸來認定，還要看對方受傷是否有其他現場因素造成，而這些因素若是可以將法律責任歸咎到駕駛人身上，妳還是要負擔肇事責任。這就是我們刑法實務上所謂的『相當因果關係』，並不是硬梆梆地只從碰撞車輛的角度來看。」我一面分析對當事人有利的證據，一面解釋可能的不利觀點，順便將大學時期刑法總則老師課堂上的解析淺白地說明。

少婦的臉原來浮現一絲笑容，聽到後來又轉為黯淡，急忙問道：「律師，什麼叫做『相當因果關係』？沒撞到就是沒撞到，為何還要負擔法律責任？妳是說我會被抓去關？那我女兒怎麼辦？」

我在執行律師的業務過程中，常常猶豫是否要分析全面的法律觀點給當事人了解，倘使不作全面解釋，萬一日後案情往其他方向發展，與初期的分析發生歧異，當事人難免怨怪律師分析不夠透徹精確；可是如果周全地解析，一來驚慌失措的當事人可能聽不懂，二來事後訴訟程序中沒發生這些況狀，徒增當事人的擔憂與壓力，也會於心不忍！

更何況「相當因果關係」是刑法理論與實務上艱深的思想學說，倘若要深入解釋，等於是幫當事人上好幾堂法律課。想當年在台大法學院，刑法總則老師費了好大的勁兒，才把德國的刑事法思潮與台灣實務案例介紹清楚，眼下當事人短短幾分鐘的案情討論，如何說清楚講明白？還是舉實例讓她快速理解吧！

「譬如，我如果是對方律師就會主張，縱使妳的車沒撞到當事人，可是被害人行經斑馬線，是因為妳突然轉彎又緊急煞車，嚇到被害人，害他摔倒在地上受傷，所以妳要負責。」舉例說明最容易進入狀況，果然少婦聽懂了，又嚇出一身冷汗，急促問道：「律師，這樣怎麼辦？可是當時我真的沒有突然轉彎，我有閃左轉燈，而且是夜間車速很慢，轉綠燈時車子剛啟動，我不可能快速行駛。當時我把車頭慢慢轉過來，一看到對方時，我立刻停下來，怎麼可以說我嚇到他呢？再說對方剛中風，怎麼可以自己在夜間出來遛狗呢?!」

有時候討論案情的過程中，很殘忍無情地拋出一些題目，激發出當事人的鬥志與臨場反應來保護自己，常收奇效，可是當下看著當事人激動的反應，又覺不忍！這種震撼教育事過境遷，刑事被告常感嘆地述說心路歷程：「沈律師，開庭前在討論案情或作模擬演練時，妳的提問常給我很大的壓力。可是這種沙盤推演逼得我必須徹底思考所有可能發生的狀況，之後進了法庭，檢察官或法官怎麼訊問就都不怕了！」

這種強迫式的震撼教育常令我忐忑掙扎，又是不得不的必要手段。這回也逼出少婦的自我防衛意識了，否則以她自憐委屈的心情進了偵查庭，萬一碰到草率的恐龍檢察官，或氣焰高漲的被害人家屬，極可能被問倒或嚇得啞口無言。

於是先肯定她的思維方向：「妳這段說明是很恰當的，尤其強調中風復健中的病人還牽著兩隻大狗，夜間出來散步遛狗是自陷於危險狀態，應該自負責任，不應轉嫁到駕駛人身上。」

看她神色平靜舒緩下來，再拋出新的議題：「不過，依我們過去法庭上的刑案實務經驗，百分之八十以上的檢察官或法官會同情被害人，尤其是車禍案件受傷的行人。如果下週開庭時對方拄著拐杖、包著紗布繃帶，一臉痛苦地進來接受訊問，檢察官勢必同情心大發，可能會反過來譴責妳的過失。而且這張警員繪製的現場圖，把妳的車子畫到停靠斑馬線上，行人就在車前倒下，這張圖對妳很不利，檢察官很有可能認定是妳疏忽，未注意行人通過斑馬線，而嚇到行人害他受傷，妳最好去請警員重畫現場圖，……不過我想警員應該不會願意重畫，因為這張圖已經送到檢方，要他重畫等於自打嘴巴！不然，妳先去請教警員怎麼辦？可否請他出庭說明？」

「這個警察很烏龍耶！明明那天我暈過去，沒辦法在現場回答問題，他就聽信事後才跑到現場的對方鄰居亂講，自己亂畫一通。而且那也不是事情發生時，實際的相對位置。當時我看到對方倒下來，在車上不知道他怎麼倒的，我怕車子壓到他，就先移車到旁邊。後來趕到的警員才會看到我的車壓在斑馬線上，其實事發時我的車根本還沒開到斑馬線。明天我趕快去找警員，那時候警員在處理這個案子時，好像滿同情我的，我想他會幫我設想出好辦法。」少婦燃起一絲希望，臨走前問起是否能陪她出庭，需要先辦委任手續嗎？

仔細一看刑事傳票，才發現開庭時間衝突，而且下個月要到大陸出差，只好向少婦致歉，提醒她可以申請法律扶助社的律師辯護。她聽了大失所望，但也無法勉強。我說：「妳的經濟狀況不好，今天的法律諮詢就不用收費了。」看著她心情沉重地離去，心中無限歉意。

過兩天少婦傳來簡訊，好壞消息參半：「昨天下午去找警員，他馬上拒絕重畫現場圖，表示現場圖不可能畫錯！並且播放路口監視錄影帶給我看，說我在斑馬線撞到人，完全忘了事發後看行車紀錄器的情景。警員的態度偏向我有過失，我找過他後心情更糟。」

我立刻回傳簡訊安慰她：「這樣先探知警員態度也好，日後如果檢察官傳他出庭，就要提防他的說法。昨天他態度會這樣，可能後來家屬又去影響他吧。至於路邊的監視錄影帶錄到妳有撞倒對方的場景，可能是角度的因素，這個證據是對妳不利的，以後開庭時要想辦法跟檢察官解釋。如果日後需要我幫忙，請隨時聯繫。」

到了下午少婦簡訊又傳來：「法律扶助社的王律師來電說會接此案，聽起來王律師對受到驚嚇而摔傷這部分，覺得似乎較棘手。對了！警員對路權（行人走斑馬線）所導致的過失提出比較多次，警員好像很想知道法院會如何判別。」

我回傳簡訊告訴她：「先看檢察官怎麼處理，希望爭取不起訴。先不要擔心法官的想法，這一關先通過，如果檢察官不起訴，就不會到法官那邊。『受驚嚇』的原因可以再思考，有可能是那個阿伯的狗亂跑，拉扯到主人而摔倒，並不是人或狗被嚇到，那個主人不是倒地後還緊緊地拉著狗環嗎？也有可能是他的身體宿疾所導致……。妳好好跟王律師討論案情，他經驗豐富，應該可以幫妳爭取不起訴。」

第二天傍晚又收到少婦的簡訊，似乎找到解套的方法，她詳細分析：「謝謝您上次提醒我再去找警員，雖然他認為我有肇事責任，想反駁我的分析，才把路口監視影帶給我看，我有拜託他給我拷貝，但警員表示偵查不公開，不准複製。我看過影帶，似乎解開了行車紀錄器中人往後仰倒下的謎——監視錄影帶顯示阿伯如同正常路人過馬路，手牽狗（狗在前），我的車由左前方過來（他在我車右前方），車停人也停，狗站在人與車之間，因為狗靠近車，阿伯要將狗往回拉（但狗可能本身並無往前走或停下來，或後退中），當場拉繩是鬆的（可見狗無驚嚇），他用力拉狗繩，狗不聽繼續跑，產生反作用力，阿伯自己就往後倒（約三秒）。這種情景可否解釋我當時開車，見到行人有停下來，而行人自己拉狗跌倒，是他自己造成的原因，即使沒有車過來，也有可能會發生？另外我覺得可以調阿伯醫院的病歷來釐清對方身體狀況，例如平衡感降低，以及日後併發症的因果關係，您認為呢？行車錄影帶我已傳給王律師。」

「這樣的訊息很好，分析也很合理，剛好符合我們上次討論的說法，妳先轉傳這段簡訊給王律師，你們可以討論根據此點，因果關係不成立的立場，祝順利！」立刻肯定她的分析，讓當事人安心。

過幾天開庭前夕，我又傳簡訊鼓勵她，且提醒她開庭前的注意事項：

下週二開庭，有王律師陪同，請放心！順帶提醒數事：

＊出庭時態度平和，切勿緊張；

＊向檢方要求當庭播放行車紀錄器＋路口監視器影片，證明妳未撞到，對方是被他的狗牽扯跌倒；

＊請求調閱對方過往病史，證實對方曾中風，正在復健中，現場跌坐扶起時發現手腳僵硬、家屬提到他曾中風；

＊庭呈車禍肇事鑑定委員會報告「未肇事」之結論；

＊檢方問對於警察文書有何意見，要強調現場繪圖有錯誤，因為當時妳已昏倒在車內休息，警察繪圖時未徵詢妳的意見，只聽事後到現場的鄰居猜測之語；

＊家屬如要求賠償，妳只表示並未撞到，自己也受驚嚇，病情惡化，且是單親媽媽帶病工作，無力負擔，其餘交給律師說明。

感嘆一個單親媽媽要承受如此巨大的訴訟壓力，盡量在法律方面為她釋疑，盡人事後，其他就要看天意了。

過了幾個月，突然收到她的簡訊傳來噩耗——檢察官起訴了。

唉！心裡不禁感嘆著，為什麼苦難的人總是禍不單行？是上天特別的試煉，或是老天爺有意的偏袒？當噩運降臨時，我應該如何告訴當事人應該鼓起勇氣選擇不逃避，積極地面對生命難關，祈求平安度過？思忖中，眼下只能先約她討論，了解起訴的原因，再商量後續處理方式了。

她拿著起訴書走進會議室的時候，臉是蒼白的，雙手微微發抖。坐定後，為了減少她的不安，我吩咐助理接過她的起訴書去影印時，請她先喝口熱茶。稍事寒暄閒聊後，助理拿了起訴書及影印資料進來，我們開始討論這份讓她徹夜失眠的起訴書，她不滿地訴說偵查期間的委屈……。

「律師，妳知道嗎？這個檢察事務官多麼偏袒對方，第一次開庭就叫我跟律師出去，讓對方跟他姊姊留在偵訊室說明案情。他們一定講了我很多壞話，因為過二十分鐘法警一叫我們進去，檢事官就指著我的鼻子罵說：『一定是妳撞到他啦！看影片就知道，妳車頭就撞到他的大腿，才害告訴人骨折摔到地上，不是妳，是誰撞的？』我聽了就很生氣，他憑什麼這樣認定，事發當晚連趕到現場的警員看完行車紀錄器的影片，都立刻說我車子根本沒撞到他！連傷者的姊姊在醫院這麼激動要我賠償時，警員都還提醒我不要心軟隨便就跟人家和解。這個檢事官真的很機車，不曉得是怎麼看影片的?!」難怪少婦氣憤，檢事官的態度著實令人疑惑。

愈講愈激動，想到介紹人提過她是重症病人，趕緊請她緩一緩心情，提議先看一次行車紀錄器的影片，再來討論案情。她點點頭，再喝口茶，開始看影片，兩分鐘的影片在手提電腦螢幕一下子就跑完。我們反覆看了三次，核對起訴書的理由，我還在思考其中的疑點，她又開口：「律師，妳看！起訴書是不是每一段都講得對我很不利？」

當事人對於起訴書、判決書，最感不滿的就是認為裡頭都是充滿對被告不利的觀點，有利的地方一概不提，真是不公平！

當然是這樣啊！不然檢察官怎麼會起訴？如何向法官求刑？

當世人期待審判者公正、客觀、超然之際，全然沒考慮到這些期待應該是針對調查案件及審判過程。等到結案時，檢察官跟法官還是要作最終的判斷，決定哪一方勝訴、哪一方敗訴，當檢察官決定提起公訴或法官判定有罪之後，採納的起訴或有罪理由，當然會對被告不利。可是當事人常常無法理解，而橫生怨懟，徒然影響情緒，需要律師耐心解釋。

「什麼我嚇到他，他才跌倒，我哪有嚇到他？是他突然在我車子面前倒下來，嚇到我耶！所以他被救護車載走後，警員到了現場要問我事發經過，我根本無法回答，整個人快要暈倒了，後來只好坐在車上休息一陣子，才跟著警員去派出所作筆錄。結果檢察事務官不查清楚，就說我撞到，我聽了又生氣又難過，不曉得怎麼辦，當庭就哭了。檢事官還說：『妳哭什麼，撞到人還這樣！是怎樣，我有對妳凶嗎？妳幹嘛哭！』我聽了更委屈，只能流淚，無法言語。」她回憶開庭的不愉快經驗，彷彿又身歷其境，眼眶又紅了起來，不過這個檢察事務官的回應也實在令人不敢苟同。

我趕快遞上面紙盒，問道：「那妳的律師呢？如何回應？當庭沒幫妳講話嗎？」

她邊擦眼淚邊回答：「有啊！不過可能王律師個性溫和，又不敢得罪檢事官，只有在最後才說明我真的沒撞到被害人，也有提到鑑定報告記載得很明確。檢事官好像很驚訝，轉過去看了告訴人一眼，顯然對方沒把鑑定報告拿出來，我的律師趕快遞上去，檢事官看完態度才好一點。可是他還是不相信我沒撞到對方，就說這個案子要送覆議，我的律師又補充說對方多年前就中風，事發時那段時間他還在做復健，身體不是很好，可能是腿部無力才跌倒，有請檢方去醫院調對方的病歷，可是調出來還是沒用，最後還是判我起訴。」

我請她再仔細回想事故經過：「其實起訴書第一段寫得對妳有利啊！檢察官也認同肇事委員會的兩份鑑定報告，認為妳沒撞到他。主要的問題是在第二大段的結論，說妳嚇到他才摔倒，而且他還引用上次我們討論那份警察畫錯的現場圖，真是傷腦筋！妳可不可以再回想一下事發過程，妳的車子正在轉彎嗎？有沒有減速？」

她又開始激動，不自覺地提高音量：「這就是我最氣的地方，我哪有嚇到他！我的車速才二十公里，一轉彎就看到有行人要過斑馬線，我就停下來，根本車子沒『逼近』他，起訴書居然寫說我車子『逼近』他，真是莫名其妙！而且我更不可能嚇到他，我確定車子沒壓到斑馬線，警察是後來才到現場的，他搞錯了，我當時停下來後，過了三秒對方居然倒下去，我嚇一跳，不曉得他倒在哪個方向，就把車開到旁邊一點，又怕十字路口有其他車開過來，就往旁邊移，也沒想到就壓到斑馬線的線了，並不是一開始就停在斑馬線上。後來對方告到法院之後，我有照律師您提醒的去找警察說現場圖畫錯了，請他重畫，他說畫了就畫了，不能改，所以才變成好像我的車停在斑馬線上，其實根本不是。」少婦的記憶都很清晰，如此複習有助於日後開庭的陳述。

我同步回想起上次開庭前，請她去找警員重畫現場圖的那段過程，點點頭後，繼續追問：「這樣也滿奇怪的，好端端的人怎麼突然倒下來，起訴書對妳的答辯狀上辯解提到，可能是被害人牽的那兩隻狗往不同方向拉扯，才導致他重心不穩跌倒，都沒作交代，我覺得這應該是最主要的原因。妳在現場有看到那兩隻狗嗎？」

「有啊！對方牽得緊緊的，我下車看他時，他還死命地抓著狗繩，不肯放手，當時我扶他就覺得很怪，怎麼身體那麼僵硬？後來到醫院才知道他有中風。他牽兩隻狗過馬路，一左一右，兩隻狗往不同方向走，牽動狗繩，主人重心不穩，就很容易被拉扯跌倒，為什麼檢察官都沒注意到這一點？一個中風正在復健的人，走路不穩，怎麼可以牽狗出門，這樣過馬路很危險耶！還一次牽兩隻，狗各跑不同方向，當然會扯倒主人，檢察官沒看過狗嗎？不知道牽兩隻狗過馬路多危險嗎？為什麼他的狗亂跑害他自己跌倒，卻賴到我身上？還說我嚇到他？」她氣呼呼地敘事又說理。

「這種情形在刑法上叫做自招危險的行為，自招者要自負責任，例如喝酒後行凶，不可以主張心神喪失無罪。因為是行凶者自己決定喝酒陷入心神喪失的狀態，刑法認為在喝酒的那一刻，行凶者基於自由意識決定自己的行為，這一點還是要接受刑罰的非難，就是要處罰的意思。妳這個案子嚴格說來根本不是『車禍』，而是狗引發主人摔倒，那個阿伯牽兩隻狗外出過馬路，本身就是一件很危險的事，正常人有時都控制不住狗的行動，更何況中風的人?!對方明知有這種風險，還在傍晚牽狗過馬路，他自己當然要承擔風險。」我開始分析法律觀點。

她聽了似乎安心不少，我再分析車子停放的位置舉證問題：「現場圖畫錯了，我們到時候開庭可以跟法官解釋，可是要怎麼證明妳車子停下來時，不是壓在斑馬線上？」

「這一點我們上次就跟檢察事務官解釋了，可是他好像根本不理會我們。我有請朋友到現場量距離，從車上駕駛座的視野，測量車子與對方位置的距離，用行車紀錄器影片的截圖，來看我的視線到達對方的膝蓋。所以我的朋友繪圖，測量出這樣的視角狀態，我的車頭至少距離對方一公尺以上，而對方當時站在斑馬線的邊邊，可見得我的車沒壓到斑馬線。」她拿出答辯狀附的截圖、相片和事後繪圖，清楚地顯示相對位置超過一公尺。

「這幾張圖分析得滿清楚的，我們到時候可以向法官解釋。」看來她作了很多準備工作，只是訴訟過程中，碰上偏執的檢察官，也難以扭轉先入為主的觀念。

「我不懂欸！為什麼檢察官對這幾張圖都無感？反而說這些圖是事後推算，不能當證據。可是我是根據行車紀錄器拍攝影片的截圖，又回到現場拍照作交叉比對，才用科學數據表達出來。影片沒變，事故現場斑馬線也沒變，檢察官為什麼說這些圖表計算式不能證明事發的狀況……」她又提起訴書不合理的地方。

我打斷她的怨言，問道：「起訴書說妳提出的相片是最近拍的，車上行車紀錄器放置的位置與八個月前事發時的位置不見得相同。我覺得這個懷疑也很合理，如果行車紀錄器的位置改變，拍出來的相片裡頭，車子與對方站立的相對距離一定有差異，你們在檢察官那邊沒有聲請調查這方面的證據嗎？」

她停止抱怨，反問：「這部分怎麼證明？我的行車紀錄器一直都裝在那邊啊，我也沒動過。這部車是前年年底才買的，買的時候就裝了，不到三個月就碰上這件倒楣事……」

「誰幫妳裝的？還是妳自己？」我突然想到也許可以傳訊證人。

「是車行的 Sales 啊！我怎麼會自己裝?!就是賣車給我的那個業務員，他昨天聽到我被起訴，也覺得不可思議，明明沒撞到啊！」她邊講邊翻皮包，拿出業務員的名片給我看。

「妳隨身帶著他的名片噢？」我看了一下，笑著問她。

「對啊！他很熱心，我開車遇到什麼問題就打電話問他。要不要我現在打給他，讓他跟妳講當初裝行車紀錄器的事？」她邊拿手機撥號。

「我覺得可以請他出庭作證，說明行車紀錄器的位置，說不定可以請他當庭順便跟法官解釋這幾張妳朋友拍攝分析的圖，證明妳的車子與對方的距離。」我提出構想。

「通了，通了，陳先生，是我啦！你現在有空講話嗎？」她一邊講一邊要把手機遞給我，我搖搖手說：「妳直接問他願不願意作證就好。」

「我現在在律師這邊啦，律師說行車紀錄器的事，要請你作證跟法官講是你裝的，……就是我昨天跟你講的案子啊！那個機車的檢事官居然把我起訴的那個案子，上次我證明沒撞到他，檢察官相信了，可是又說我嚇到對方，害他跌倒，律師說我的車子跟他有一段距離，不可能嚇到他，你記不記得行車紀錄器是你幫我裝的？……你還說公司送的比較爛，你另外找比較高檔的幫我裝在照後鏡的下面……噢！真的？可以喔！謝謝你幫忙，律師問說傳票要請法官寄到哪裡？……公司不好喔，……寄到你家噢！好，地址你再 LINE 給我。……哪時候出庭喔，我也不知道，律師說昨天剛起訴，可能要一、兩個月吧，到時候我會先告訴你，謝謝了。」迅速敲定一位證人，我們繼續討論下一個證人——便利商店的店員。

我再問：「檢事官有傳這個店員去問，那一次為什麼都沒通知妳跟律師去？看起訴書引用他的證詞對妳很不利，妳連當庭反駁或對質的機會都沒有，妳在事發現場有看到他嗎？為什麼他講得如此篤定？」

「這個證人好像是附近便利商店的店員，對方倒下來之後，有個年輕人衝過來幫忙扶對方，應該就是他，可是他根本沒看到事發經過啊，怎麼會說我的車子『逼近』對方，真是亂講。那一次開庭我不知道為什麼檢察官都沒通知我們，真是不公平！」她又覺得委屈。

為了不讓她再沉浸在負面情緒中，我說明接下來法院的程序：「詳細的筆錄等到下禮拜我到法院聲請閱卷調出來看，我們就知道證人怎麼講了。而且起訴書提到的附近商家監視錄影帶，以及截圖相片我們都可以仔細研究，到時候我們再來研究案情，妳先回去休息吧！今天討論這麼久，妳也累了，妳先在這份委任狀上簽名蓋章，明天我送到法院聲請閱覽卷宗，調出所有檢察官移送給法官的資料後，我會整套影印給妳，我們再來討論，會更能聚焦。」她點點頭，默默地簽名用印後回家了。

這時已經傍晚六點了，助理們都下班了，我一個人坐在會議室，再次仔細閱讀起訴書，發現檢察官對於被害人「嚇到」的事實並無具體證據，這種認定方式恐怕同情弱者的心態居多。在馬路上風馳電掣的汽車、機車最大，行人總是要自求多福；可是一旦行人受傷，司法機關常常會站在傷者的立場，要求車輛駕駛人負擔法律責任，受罰賠償，這種「正義」是否符合法律的精神？法律不應該是全然的結果論，尤其是刑事處罰，必須針對犯罪行為而實施，也就是要回歸事實面，確定有犯罪才能啟動刑罰。倘使駕駛人遵守交通規則，完全沒有違規，怎麼可以事後為了行人的不明原因受傷或死亡，而把責任完全轉嫁到駕駛人身上？這顯然不是刑罰存在的目的，如果行人自身違反交通規則，在穿越馬路時不注意來車而發生意外，應該由行人自己負責才對。

然而在台灣常會見到執法者以正義之神自居，可能未經嚴謹調查，只是濫用同情就錯置刑罰責任。這件車禍案的檢察官似乎就是落入這樣的心態，在兩份車禍肇事鑑定報告都明確指出駕駛人的車輛未撞及行人時，檢察官為同情受傷的弱者，積極找出駕駛人必須為行人的受傷負責的理由，於是「驚嚇說」赫然出籠，而違規的行人享受司法機關的濫情誤判，絲毫毋需為自己的疏忽負責，法律的公平正義是透過如此的濫用同情而獲得實現嗎？這樣的社會能夠擁有成熟的法治觀念嗎？

思緒擺盪中，我慢慢地收拾會議桌上所有的資料，靜靜地關了燈，走出辦公室，帶著問號回家，我知道這項功課要利用週末好好思索了。

哀怨的少婦在我事務所辦好律師委任手續，當天傍晚回家就收到地方法院刑事庭的傳票，通知兩週後開庭，她連忙拍照用 LINE 轉寄給我。我端詳著傳票，心想法官迅速開庭怕是不懷好意，想必認為這種車禍案件芝麻綠豆般的小事，盡早開庭速速結案，可以減少法院積案。我得趕緊向法官聲請閱卷，到法院把這個車禍傷害案在檢察官偵查期間的所有卷宗資料，包括被害人報案、車禍現場圖、監視器影片、偵查庭筆錄等影印回來研究，才能進一步與委辦案件的少婦討論案件，聲請調查證據，撰寫答辯狀，準備第一次的庭期，以免慘遭法官視為小案件，草草一庭結案，造成當事人終生的遺憾。

刑事庭書記官倒是很配合，立刻同意我的閱卷聲請，調出厚厚的兩大疊卷宗，讓我在法院閱卷室一張張影印，印到閱卷室下班關門，我才捧著一大袋影印的資料回事務所，準備開始挑燈夜戰。尤其是檢察官把車禍現場的監視錄影帶一一定格翻拍成二百張的相片，成為起訴的關鍵證據。我逐一比對，並且反覆在電腦螢幕檢閱少婦提供的行車紀錄器影片，轉慢為四分之一倍速的影片，仔細瀏覽少婦開車行經事故路段。從車輛開始轉彎到被害人出現在畫面中，一直到被害人突然倒臥斑馬線上，關鍵時刻不超過七秒鐘，車子在十字路口轉彎到完全靜止花了四秒鐘，在這麼小的道路交會口開車轉彎居然用上四秒鐘，可見車速之緩慢，這一點可做為答辯的第一項重點，趕緊把它記下來。

啜一口拿鐵咖啡後，繼續瞪大眼睛檢視電腦畫面，發現被告車子停住等候被害人穿越斑馬線的接下來兩秒鐘過程中，影片畫面中除了被害人的身影之外，他身前有兩隻大小不一的狗東張西望，狗繩分持在他左右手，突然左前方的狗奔跑逸出斑馬線，速度加快，他急忙拉住狗繩試圖把狗拉回。可是那隻狗似乎不聽指揮繼續奔跑，另一隻狗走到不同方向，他兩隻手握持的繩索交錯，手被狗繩上下扯動，接著他身體往右傾斜，右腳一個踉蹌，就摔倒在地上，前後不到三秒鐘的光景。

接下來影片中車輛往右移動，根據被告的講法，這是因為她車子原本停在斑馬線外，忽然看到對方在車前倒下，非常震驚，不曉得對方倒臥在馬路的哪裡，怕對方要起身時，頭或身體敲撞到她的車會受傷；同時為了閃避後方來車，才趕忙將車移至右前方斑馬線上，急著下車察看狀況。沒想到這個善意的舉動，居然事後遭致附近便利商店的目擊店員以為她想肇事逃逸，出庭作證時對她語多不利；而且移車後車子停放在斑馬線上，反而落人口實，被後來衝到現場的店員指證她車子開到斑馬線上才煞停，導致行人受傷。

這一段情節開庭時恐怕必須大費周章向法官解釋，有什麼證據可以作為佐證呢？絞盡腦汁似乎找不到答案，罷了！今天就加班至此，明天再跟當事人一起腦力激盪吧。

少婦第二天到我事務所，翻閱我閱卷影印的資料，看到這一頁證人的筆錄時難掩憤懣之情，反問我：「律師，妳不覺得這很冤枉嗎？我為了確保行人安全趕緊移車，卻落得『駕車肇事逃逸』的污名。那個糊塗的警員事後趕到現場，沒查清楚，就照我移車後的狀況繪製現場圖，等我到派出所作完筆錄時已經嚇得魂飛魄散，疲累不堪，根本沒仔細看警察畫的圖，就簽名了，可是那個圖畫的真的不是第一現場啊！」又是一個敷衍了事的警察，配上緊張的被告，成就一樁令人糾結的懸案。

我們律師接案，特別是刑事案件，每次聽當事人敘述案情，恨不得能還原現場，推敲找尋更多有利於被告的蛛絲馬跡。可是事過境遷，尤其是車禍事故現場，已遭更動破壞，只能透過當事人的解說，以及相關證物拼湊出大致的原貌，試圖讓法官有親臨現場的感受，才能對於被告有多一絲同情與理解。

不過，這個案子事後想還原現場的困難度更高，僅是欲證明被告駕駛的車輛煞車停住時沒壓到斑馬線，就找不到直接證據。檢察官手上持有的起訴證據——附近商家提供的監視器拍攝的錄影帶是從車輛後方拍的，畫面上呈現的影像乍看之下，車輛幾乎是開上斑馬線。被告車上行車紀錄器根本拍不到地面情形，而警員的現場圖顯示車輛前輪也壓到斑馬線，店員作證更是指認歷歷，證述被告的車一直逼近行人，而且就停在斑馬線上。種種人證物證都對被告不利，這是律師辦案最無力的地方——明知被告是冤枉的，卻苦無澄清昭雪之道。

少婦見我盯著電腦螢幕，一直反覆播映影片中被害人牽著兩隻狗過馬路的情景，卻沒回答她的問話，好奇地頭也湊過來看，到底我的關注點是什麼，怎麼一逕兒忽略她的疑問。

我把電腦螢幕轉到她那一邊，用筆指著畫面中的變化，同步解析：「妳看這隻小狗已經超出斑馬線，往妳的車頭這邊走過來，而這時妳的車已經完全停止，小狗站立的位置是妳的車頭與斑馬線邊緣之間，雖然看不到妳車子前方的下緣，但從狗頭與車子的相對位置，可以確定妳的車靜止時，並不是停在斑馬線上……」我邊分析邊放慢速度播放那關鍵的七秒，在第四秒及第五秒時停格放大，指出小狗的位置給少婦比對。

她看了興奮地點點頭說：「對耶！那隻狗真的走到斑馬線外面，而且我也沒撞到牠。我記得後來下車要查看狀況時，牠也好端端地站在那邊，可見我車子是停在斑馬線的前面，完全沒壓到線。」

真是皇天不負苦心人，終於在觀看影片第十四次時找到有利的書面，可以作為平反的證據了。不過少婦不解地問：「律師，我不懂欸！為什麼車子壓不壓斑馬線這麼重要？我平時走路過斑馬線時，很多汽車駕駛人也都停在斑馬線上，還要我們行人閃他的車，走到邊邊一點過馬路，他們也都不算違規啊！為什麼我的車子被證人講成壓線，檢察官就可以把我起訴？」

律師辛苦的地方就在這裡，不只要幫當事人努力尋找有利證據，找到後還要跟他解釋這個證據的必要性，有些律師怕麻煩，索性就不多交代了，只說開庭時就知道了。但是我一向跟當事人分析清楚，如此一來當事人會幫忙找更多有用的證據，二來如果碰上開庭時法官問起相關事實，當事人知曉要一併說明證據，以支持自己的辯解，常有加分的效果，所以討論案情時我會不厭其煩地解析。

我說：「交通規則有規定，車輛行經行人穿越道須禮讓行人。雖然法條中沒有規定如何『禮讓』，但是車輛停止在行人穿越道的前面是基本的要求，因為你若是開上斑馬線，等於是與行人爭道，就違反『禮讓』的規定了。」

她接著說：「所以律師才要幫我找到證據，支持我的車子沒壓到斑馬線的證據，向法官證明我沒違規，是吧？」少婦有點悟出了關鍵，我不禁含笑點頭，當事人一旦開竅，律師真的輕鬆多了！

「接下來我們來研究對方為什麼會突然倒下來。」我列出檢察官起訴的理由後，試圖逐一尋找相對應的證據，希冀推翻檢察官的講法。

「這關我什麼事？我又沒撞到他，鑑定報告都寫得很清楚了，對方摔倒是他家的事，為什麼我要幫他找原因？」少婦微慍。

「起訴書有寫說妳沒撞到他沒錯，可是檢察官說妳嚇到他，他才摔倒的呀！所以我們得分析，妳的車開到那邊是不是有嚇到他。」耐心地解釋，順帶安撫她的情緒。

有時律師分析檢察官的起訴理由，或對方的訴訟立場時，是希望知己知彼，深入了解敵營後，找出破解之道，當事人卻常會解讀成律師站在對方立場來攻擊他（她）！身陷訴訟之苦的當事人有時敵我不分，誤把律師解析敵情，當作與他對立，真教律師腹背受敵，好生為難啊！

「可是我真的沒嚇到他呀！反而是一個好端端的人，直挺挺地在我車子面前倒下去，嚇個我半死，是我被嚇到，好不好?!」少婦臉上的表情似乎透露著當時驚嚇的心情。

「我也覺得妳沒嚇到他，因為從影片畫面來看，他在妳的車停下來之後，有轉過來看一眼，臉上表情平和，完全沒有驚嚇的神色。而且妳的車速這麼慢，又緩緩煞車，車燈也沒特別照射或警示，他實在沒理由受到驚嚇呀！」我也想不出任何對方遭受驚嚇的現場因素，於是再度播放那段影片尋找線索。

突然少婦指著電腦畫面叫說：「律師，妳看他抓繩子的手上下抖動，前面那隻狗突然快跑，好像被前面什麼東西吸引，他似乎拉不住了。是不是在用力扯動繩子的時候，他中風的右腳支撐不了，往右後方退，才摔倒的？」

我連忙操作電腦讓畫面定格，確實影片顯示出少婦形容的情景。我們又一起反覆檢閱這長度才三秒鐘的畫面，下了結論：「對方不是嚇到才跌倒，而是被狗繩拉扯，癱瘓的腿撐不住身體重心才倒下的。」

我再查閱檢察官從醫院調取的被害人醫療病歷發現，他五年前中風除了影響右腿行走之外，還造成視力衰退。眼科醫師會診註記「兩眼四分之一視野完全偏盲」，我請少婦去詢問當醫師的親戚這個註記在醫學上的意義，是不是會影響被害人夜間過馬路的視力。同時開始撰擬答辯狀，叮嚀當事人開庭前夕再碰面，模擬演練法官開庭的提問。

等到一切準備妥當，第一次庭期也來臨了。我跟少婦約在法院門口碰面，一起走到法庭時，忽然看到對方在家屬、律師陪同下，拄著拐杖緩緩走過來，少婦一看到他們，立刻別過頭避免打照面。

我提醒少婦：「妳看他今天拄著拐杖，跟行車紀錄器拍到的畫面不一樣，出事那天他不但沒拿拐杖，還牽著兩隻狗……」少婦點點頭。我倒心生懷疑，倚著法庭走廊的欄杆，連忙抽出公事包中一疊上次閱卷影印對方的醫院病歷資料，快速翻到五年前他中風住院一個月後出院的醫囑事項，倒數第二行寫著「日常生活需人照料，行走應持輔助支撐器具……」本來以為五年的復健，他已可以正常行走，沒想到依然右肢須賴拐杖才能行走。那麼半年前出事那天，他沒持拐杖，導致摔跤，就是自己的過失了，加上少婦請教眼科醫師解說「兩眼四分之一視野完全偏盲」，是指患者眼部外緣完全無法觀看外界事物，視力為零，顯示被害人事發當天看不清楚馬路狀況，又缺乏輔助器具，在兩隻狗奔跑拉扯下，重心不穩而跌倒，他的受傷根本與被告無關！

終於完整梳理出案發的原因，我繼續翻閱卷宗，再遠觀坐在法庭門外長廊的告訴人，腦海中迅速整理稍後要向法官提出的答辯重點。剛巧庭務員呼叫開庭，我陪同被告走入法庭，提醒她鎮定作答。

法官在蒞庭的檢察官照本宣科起訴書內容後，依法定程序訊問被告是否認罪？少婦理直氣壯地回答：「我不認罪，我沒撞到他。」

告訴人的家屬坐在旁聽席第一排立刻吵雜喧鬧起來。有人不滿地質問：「還敢不認罪！把人撞到骨折了還講話這麼大聲！」、「起訴了都還不認錯！」、「開車撞到人都不用賠，是不是？」審判長開口請旁聽席的家屬稍安勿躁，再問被告：「檢察官起訴說妳沒撞到，可是『嚇到』告訴人，妳有何答辯？」

被告立刻回答：「我沒嚇到他，他自己跌倒的。」

法官追問：「現場如果沒有狀況發生，被害人怎麼會無緣無故跌倒？他才四十幾歲，還算年輕，走在斑馬線上，怎麼會自己跌倒？」

咦，被害人才四十幾歲嗎？怎麼影片中他看起來像個老伯，我趕緊翻閱他的病歷報告及驗傷單，上面確實註記民國六十年出生，這時聽到被告沒好氣地回答：「他中風很多年，那天又牽兩隻狗，狗亂跑，他控制不了，才跌倒的。」

法官開始失去耐心，質問被告：「妳事發當天車速多少？是不是緊急煞車嚇到被害人？」

被告委屈地說：「那天我開得很慢，而且開到十字路口準備轉彎時就開始減速，快到斑馬線時車速大概才二十幾而已，怎麼可能嚇到他！」

法官反問：「當天沒有煞車痕的檢測紀錄，如何證明妳的車速？」

我看到少婦皺眉頭，不知如何詳細解釋，我立刻起身說明：「從行車紀錄器的影片，可以看出開車轉彎到車子完全停下來共花了四秒鐘，以這個時間長度測量現場距離，可以算出車速大約廿三公里。」同時遞上一份車速測量圖，繼續解釋：「審判長，您可以從這份測量圖，看出經過現場兩條馬路的實地測量距離，及模擬的兩個車輛轉彎路線，以公式計算出現場車速落在二十二至二十四公里之間，我們取中間值大約二十三公里。」

檢察官看了法官請法警轉遞給他看的車速測量圖一眼，立刻異議：「這是被告自己畫的圖，並未參考客觀數據，不能作為事發當天車速之依據。」

我補充道：「如果檢察官對這些數據有意見，審判長可以囑託台北市政府交通局去實地測量計算，我們確信測量結果跟這張圖會是相同的。」

法官不置可否，轉向被告繼續問道：「妳的車子為什麼這麼逼近被害人？車子靠得那麼近，他要怎麼過馬路？」顯然法官已有先入為主的觀念，認定被害人跌倒是少婦造成的，庭訊只是在找尋原因而已！

少婦更覺委屈，聲音愈來愈小：「我沒有啊！我車子早就停下來了。」

法官接著問：「妳有看到告訴人嗎？哪時候看到的？」

少婦緩緩地說：「有，我要轉彎時有注意到斑馬線上有人。」

法官似乎不太相信，繼續追根究柢：「妳看到告訴人時，他走到哪裡了？」

少婦想了一下答道：「他好像走到斑馬線第三或第四條白線那邊。」聽她回答，我放心地吁了一口氣，這個問題昨天沙盤推演時沒討論得這麼細，還好被告答得出來。

法官沒來由地，攤開卷宗又補問一句：「妳看這張相片，妳為什麼停車時這麼逼近被害人？」

少婦有些哽咽地說：「我真的沒有。」

我看情況不妙，為了防止法官成見愈來愈深，立刻起身支援被告的說法：「審判長，您手上這張截圖相片，是檢察官從附近商家提供的監視器錄影帶截圖下來。監視器掛在車子的後方二十米處，由於角度的關係，拍起來會以為被告的車子很接近告訴人，實際上沒有。我們如果從被告車上的行車紀錄器影片的畫面，可以看到告訴人出現在畫面中，正對著被告的車頭時，行車紀錄器還有拍到告訴人的膝蓋，表示車身距離告訴人至少有一米以上，我們有繪製現場車輛與斑馬線、行人相對位置圖，請審判長參閱。」

法官仔細端詳我遞呈的位置圖後，又轉交檢察官，檢座依然異議，主張那張圖不具證據力。並且要求當場播放事故影片，法官允許後，書記官拿出卷宗附的光碟播放，放映兩次後，少婦的心又揪了起來，臉色愈發難看。告訴人則嚷嚷說道：「法官大人，您看就是這樣撞到我的。」

法官順勢問道：「撞到你哪裡？」

告訴人急著回答：「撞到我的右腳，啊！不是、不是，是左腳！」

真是天兵一個！自己哪裡受傷，居然左右不分。而且檢察官起訴書已經根據鑑定報告的結論，認定車輛沒撞及行人了，沒想到告訴人仍然堅持撞到，那麼起訴書寫的「嚇到」呢？

是不是就不成立了呢？

望向對面檢察官很無奈地看著告訴人，不知要接受告訴人剛剛的講法還是否認呢？

我再度起身向法官聲請勘驗錄影帶，理由鏗鏘有力：「審判長，偵查期間告訴人提供商家的監視錄影帶，被告也有提出行車紀錄器的影片。對這兩支影片，檢察官都沒有進行勘驗程序，就直接採納告訴人提的影片，作為起訴的依據。可是針對行車紀錄器中被告提出的答辯重點，檢察官都置之不理，也沒交代理由，我們認為很不公平！請審判長同時對這兩份影片進行勘驗，並且定格截圖比對，就可以了解被告確實是被冤枉的，她沒撞到也沒嚇到被害人。」

法官匆匆地翻閱卷宗之後下了結論：「檢察官既然沒有勘驗錄影帶，那麼本院就有需要進行勘驗程序，公訴人有無意見？」

檢察官面無表情地回答：「沒有。」

這時告訴人的律師要求發言：「審判長，我今天幫告訴人提出刑事附帶民事訴訟請求賠償的起訴狀，請法官安排調解庭讓雙方可以談和解。其實我們求償的金額並不高，告訴人摔倒骨折的醫藥費和精神賠償，加起來才六十二萬元。」

少婦疑惑地悄聲問我：「什麼是附帶起訴，我們要談和解嗎？我沒撞到他啊！」我輕聲示意說沒關係，等法官裁決是否和解，我們也可以不接受，不過如果法官移送調解庭，也不能不出席，雖然不一定要接受調解條件，可是至少不要當庭拒絕，以免讓法官認為我們姿態高，態度強硬。少婦點點頭表示聽懂了。

法官看了起訴狀，徵詢被告的意見：「這個案子如果要勘驗兩份影片，再到現場履勘測量，被告你們今天的答辯狀又聲請傳證人。這些程序進行下來，可能案子會很複雜，既然告訴人有提附民求償，車輛有強制險，可以談調解看看，如果調解成立，這件傷害案就撤回。被告同意調解嗎？」

少婦沉默，我知道她心底是不甘心和解的。事發後，她到醫院探望被害人，家屬開出天價索賠又羞辱她，偵查庭開庭時檢察事務官態度偏頗，把她罵到哭，一口咬定人是她撞傷的，等被告律師把鑑定報告提交出來，檢事官才幫告訴人改口說是「嚇到」而跌倒。種種的屈辱與二度傷害，少婦當然想在法官這裡討回公道，而不是花錢和解了事。

可是法官都提出調解的構想了，如果膽敢當庭回絕，不給法官面子，直接進入審判程序，或法官堅持移送調解庭，日後調解萬一不成立，案件再移回法官手裡，恐怕會遭受法官的刁難，我低聲勸少婦暫時接受吧！到調解庭再作打算，少婦點點頭，法官宣布本案移送調解之後退庭。

走出法庭，轉下樓梯時，少婦忽然掩面低泣。我把她帶到法院人跡罕至的公證處後院，問她悲從何來？少婦邊拭淚邊泣訴：「為什麼法院都這麼不公平？上次檢事官硬是要說是我撞到的，我就很不能接受了。現在案子來到法官這邊，開一次庭又問我三次，為什麼我的車這麼逼近他？難道受傷的人就最大？只要路上有人受傷就一定要開車的人負責？法官怎麼不去調查行人是不是有犯錯？一定要亂扣我罪名？中華民國的法官都是閉著眼睛在判案的嗎？我不管，這個案子我一定要打到底，我就不相信沒做的事，這些人怎麼栽我的贓！」

看著她堅定悲憤的神情，再回想法官懷疑的臉色與被害人強硬的指控，我想這個案件一定調解不成了。

沒想到人生變幻莫測，日後到了調解期日，居然情勢逆轉，經常出入法院的律師，約莫每天都會體驗到「計畫趕不上變化」的戲劇性結局吧！

一個月後接到調解庭的開庭通知，我傳 LINE 給當事人，少婦的回應很冷淡：「律師，我不想跟這些爛人和解，妳幫我去出席露個臉，算是對法官有交代就好。」我不放棄勸和解的機會，立刻撥電話，分析和解成立與否的利弊得失，她答應再深思，不過目前她仍傾向不和解，我只好把調解庭當作例行公事，去法院踅一趟而已。

孰料調解前一晚少婦臨時來電，語氣非常悲涼，央請我明天調解庭務必要談成，在強制險的額度內都可以答應，她不想再繼續纏訟下去。

怎麼一百八十度大逆轉？不是要打到底，掙清白回來麼？這下子怎麼輕易談和了呢？是不是發生什麼事了？

「妳怎麼了？上星期不是才說過，不惜代價要力拚到底、爭取無罪？怎麼幾天的光景，妳就放棄了？」我十分不解。

話筒中聽得出來顫抖的聲音伴著淚水，她斷斷續續地說：「一個多月前就是接到起訴書的那幾天，我胸口一直不舒服，全身痠疼發軟，我以為是被起訴心情不好，情緒影響身體，造成不適。後來實在撐不住，跑去掛急診、照X光，查出胸部長硬塊，醫生說是癌症復發了，囑咐我趕緊開刀。我說不行，法院要開庭，醫生說那就安排在開庭後第二週，就是昨天動手術。今天醫生檢查狀況不太樂觀，要我繼續住院治療，短期內不可以上班或有任何刺激的事。我家人都勸我身體健康為重，不要再跟對方糾纏，否則賠上一條命，十分不值得！我本來很不甘心，可是醫生走後，我想了很久。這個案子真的不值得我冒著生命危險去爭輸贏、拚生死，像妳那天勸我讓保險公司賠個三十萬元，對方撤回了事，好好過平靜的日子，才是我現在最需要的。律師，我姊姊上週返台，明天我會請她偕同保險公司人員出席調解庭，希望一切紛擾就此畫上句點，謝謝妳！」

聽完她的一席心碎又勇敢的話，我心悽然。除了請她保重之外，不知如何安慰她，只能應允明日使命必達，讓她安心治病。心裡不禁想著：當一個人的身心力量不夠強大時，請勿接近人性的黑洞，它會無情地吞噬蹂躪你，再用無窮無盡的負面能量凌遲，至死方休！這時唯一能做的，就是靜靜地離開，不要妄想與它纏鬥拚輸贏：因為一旦被捲入命運的黑洞，每個人都是輸家！

第二天陽光普照，我的心卻無比黯沉。在法院調解室前與少婦的姊姊、保險公司會合後，交換意見及和解金額上限，調解委員請我們入內協調。

簡單寒暄與表明和解意願後，我根據告訴人的附民起訴狀所附的簡略計算式及二、三張單據，請教原告律師其中有疑義之處。我說：「請問吳律師，原證二號的護理之家收據記載從去年三月起直到十二月，合計十七萬五千元。可是你的當事人骨折只住院兩週，為何護理之家長達九個月的費用都要我們支付呢？」

告訴人沒出席，他姊姊代表發言，怒氣沖沖地說：「被告撞到人，姿態很高，她欠我們一個道歉啦！你們今天不是來賠錢的嗎？幹嘛懷疑我們的收據？我家沒電梯，受傷前我弟還會自己上樓到他房間，跌倒骨折後，只好住護理之家，不然叫妳的當事人來照顧他呀！」

我說：「今天談和解，就不用再講案情曲直。一般骨折頂多休養一個月，這多出來的八個月護理之家的費用，是告訴人就是原告中風的療養費吧！這跟骨折沒有因果關係啊！如果你們主張有，請你們證明，保險公司才願意理賠。」

原告律師居然反擊道：「不然妳來證明這些單據跟車禍無關嘛！為什麼要我們證明有因果關係?!」

這像律師該有的態度與發言方式嗎？真是難以置信！看來今天碰上兩個潑婦了。我看了少婦的姊姊一眼，她倒神色淡定，示意我繼續進行談判。

我再問起賠償的過失相抵問題，我先解釋：「原告事發當天沒依照醫囑持拐杖行走，又牽兩隻狗，自己有過失，依過失相抵的規定，這部分應該從賠償額中扣除。」

原告律師眼見調解委員點頭同意我的說法，竟叫囂著：「我的當事人哪有過失？當天是綠燈，他走在斑馬線上有違規嗎？在台灣牽狗就不能過馬路嗎？那一條交通規則有禁止？

是你們撞過來耶，搞清楚，今天被起訴的是妳的當事人，不是我們被害人耶！不要本末倒置。」

原告的姊姊也在一旁火上加油：「拿拐杖的事，是五年前剛中風的病歷報告寫的，上次檢察官發函，醫院主治大夫就有回信說我弟弟行走自如。大律師，中國字妳是看不懂嗎，今天是來亂的喲?!」

對方律師聽了原告姊姊撒潑之語，怒氣又被撩撥起來，提高分貝質問：「妳們今天是來攻擊我的當事人，還是來談價錢的？要賠多少錢，趕快說一說啦，不然就算了，繼續打官司啊！」

調解委員見狀又勸撫一番，建議我跟被告姊姊與保險員先自行談妥和解金額，再進來協商，免得破局。我們三人走進隔壁空房間商議，我開始表達憤怒，建議不要調解了，把錢賠給這一對姊弟或是今天的潑婦二人組，比丟到水溝裡更不值！

保險公司的代表聳聳肩，表示看多了這種嘴臉，和解與否端視被告的決定。最令人訝異的是少婦的姊姊，始終冷靜淡定地旁觀，只說一句話就吐露了她今天的全部心境與目的：「為了我妹妹的身體健康，今天一定要談成，再忍耐吧！剩下最後一哩路了。」

我突然知道該怎麼做了。再度打開調解室的門，調解委員開口問：「討論出金額了嗎？」我不囉嗦，直接開了個數字：「二十五萬元。」原告律師立刻表示：「太少，我們希望是三十五萬元。」調解委員此刻發揮最大的功效說：「一邊二十五萬、一邊三十五萬，只差十萬元，那就取中間數三十萬元，雙方簽了調解筆錄就成立。」

我看了少婦的姊姊點頭，保險員也說ＯＫ，我表示接受，原告律師也同意。調解委員立刻請助理製作筆錄，電腦列印出來之後，我遞給少婦的姊姊閱讀，她堅持要再加上今日原告同意撤回附帶民事的起訴，原告律師聽了飆罵：「我剛剛就答應下午立刻送撤回狀，怎麼還不相信呢？妳以為每個人都像你們一樣卑鄙啊！」

怎麼有如此惡劣的律師呢？講話一點不留口德，我好聲好氣央請調解室的助理立刻打字，在筆錄上加上原告律師承諾的撤回手續，終於雙方簽妥調解筆錄，結束今日的噩夢！

走出調解室，我送少婦的姊姊到法院門口搭車。看得出來她今天花了很大的力氣，克制怒氣與厭惡，她正色地說：「很感謝妳，律師！終於讓事情圓滿，我等一下去醫院探望妹妹，會轉告她調解過程中，妳為她作的一切努力與忍辱，也許短期內她還會不甘心，不過時間的經過會讓她放下這一段傷痛與恥辱的。至於那一對姊弟得去承擔自己造的惡業，雖然一時之間他們拿到最想要的金錢，可是他們失去誠實與尊重。弟弟沒有誠實面對自己的過錯，一逕兒把受傷的責任推到我妹妹身上，讓我妹妹成為無辜的受害者，日後他會因為沒有記取這一次的教訓，而遭受命運再度的提醒。至於他姊姊對待別人的刻薄惡毒與不尊重，在未來的歲月裡，恐怕也會獲取相同的對待。在事發之後，她未曾冷靜理性地辨別弟弟出事受傷的真正原因，卻將三年來照顧中風弟弟的委屈痛苦，企圖發洩甚至轉嫁在我妹妹身上，讓我妹妹承受二度傷害，真是不應該，他們兩姊弟還有很多的功課要作呢。還好這半年來我妹妹都撐過來了，昨晚她還傳 LINE 告訴我：『律師答辯狀的內容療癒了我一年來的心靈創傷，在她寫的答辯理由中，清楚顯示我是無罪的，而律師每一次的案情討論，都讓我感受到法律是公平的，律師會全力為我爭取清白，在這些過程中，我是安心的，而且有了很堅實的依靠，不論明天調解的結果，是和解成立，或繼續訴訟，我都深信是律師與妳會協助我作的最好的安排』，今後脫離了這個困境，相信她會有更多的正面能量克服病魔，找回健康的身體，平靜的歲月！律師，感恩了。」

陽光下她篤定的眼神、自在的神色，讓我看到美好的力量，希望苦盡甘來，我的當事人平安度過人生的困阨。

傳統道德中的忠孝節義，如果一味地遵守，不知變通，是否會變成生命中的阻礙，反過來吞噬自己的資源財產，帶來無窮的災難？

家族企業的挑戰／股票爭議

凌晨正準備收看俄羅斯世界杯足球賽，手機傳來當事人一則訊息：「沈律師，我有個好朋友，最近公司股權發生問題，會計師處理不了，您可以幫忙嗎？」趁廣告空檔回覆「ＯＫ！」他說請好友明天上班再約時間當面請教，再回「沒問題，晚安！」後，趕緊回頭觀賞世足賽了。

第二天一進辦公室，一位賴先生來電說是好友介紹，想諮詢公司股權爭議的法律問題，因為事出緊急，對方數度威脅催促，已逼得要來公司談判了。昨晚簡訊提到的主角想必就是他了，立刻約了下午見面。

「沈律師，謝謝您挪出時間與我見面，我父親被對方氣得身體不太舒服，叫我先過來請教律師。」一位帥氣誠懇的年輕人，禮貌地遞上名片後，解釋來意說道：「八年前我父親有一位患難之交，前往中國大陸發展一夕致富。聽說我們家的工廠周轉不靈，答應提供資金救急，父親是個保守又不願麻煩朋友的人，只開口商借五百萬元，沒想到過兩天這位汪叔叔一口氣匯了五千萬元進父親的戶頭，說是他在大陸致富，要感謝父親當年力薦他進這個單位，感恩圖報。父親不想占摯友的便宜，提議充作投資款，汪叔叔根本不在意，不置可否。父親跟他要了身分證影本，請會計師刻個便章，就辦了公司增資，以汪叔叔匯進來的款項中一千二百萬元作為我父親公司百分之二十五的股份資本。沒想到公司股份一處理好，父親就突然得了重病，無暇照料公司，雖然財務危機止血停損，但公司業務狀況卻未好轉。只好把我從美國叫回來接業務部門，臨危受命，我本來在紐約大學念完研究所後，直接進入摩根史丹利公司擔任投資部專員，原來計畫在摩根奮鬥往上爬。孰知家族事業遽變，必須提早接班，父命難違，在美國做不到半年就返台處理工廠的爛攤子。」年輕人回憶往事，臉色依舊倉皇。

「回國後，我每天工作超過十五小時，大力整頓後，當年好不容易轉虧為盈。第三年要發股利了，汪叔叔居然得了癌症，他不以為意，在上海依舊天天喝酒應酬。父親很著急，特地飛過去，硬把他押回台灣掛急診就醫，從住院、檢查、開刀、化療……都是我爸媽奔波處理。」

奇怪了，那他家人呢？得了癌症，家人總該出面吧！

帥哥看到我皺眉頭，善解人意地說明：「汪叔叔很早以前就跟妻子分居，感情不好，生了兩個女兒都跟媽媽住。母女對於汪叔叔到了上海包二奶的事非常不諒解，父女關係始終沒破冰。直到汪叔叔住院期間，上海的小三捲款潛逃，元配也不願出面。我爸爸支付全部醫藥費，後來汪叔叔臨終前，兩個女兒有到病房見最後一面，只問她爸爸有沒有遺囑，然後就走了。聽說後來她們領了保險費，也沒來跟我爸爸說一聲。」

當事人往往只顧著敘述事情經過，不知道如何強調或分析重點；而我們律師聽到關鍵字，職業上的反射動作就是立即挑出來問：「汪叔叔有遺囑嗎？」

帥哥搖頭嘆道：「汪叔叔是個瀟灑的人，當初病重時，父親提醒他台北與上海的不動產及股份、現金要不要作個交代，他說那些都是身外之物，命都保不住了，幹嘛還在意那些！」

我繼續追問：「那麼八年前父親移轉股份百分之二十五給汪叔叔時，有簽同意書嗎？公司股東有沒有辦理變更登記手續？後來有發放過股利嗎？」直覺認為問題會出在這裡。

「對啊！律師，這就是我今天來要請教的問題。我們從五年前就持續開支票要付股利，汪叔叔那時已經住到重症病房，他得知我家工廠開始賺錢，頗感欣慰，告訴父親不用發股利給他，錢留著買機器再擴廠。我父親堅持要付，可是汪叔叔躺在病床上，也無法領取，支票只好先放在我們公司會計部，後來汪叔叔過世了，每年股利我們照開支票，也到國稅局申報股利所得扣繳，三年前國稅局查到汪叔叔已經過世兩年了，發函通知我們不能用死者名義扣繳股利所得，我們才請會計師改為汪叔叔的繼承人——妻子與兩個女兒。」當事人一口氣說完，還拿出扣繳的文件及國稅局的通知函遞給我。

「一〇二年到一〇三年股利所得人汪××，一〇四年到一〇六年改為汪曉琪、汪曉雲、曾晶麗，股利不少，累積到一〇六年也有一千多萬元了。」我一張一張檢查，邊核對邊與帥哥確認，國稅局的通知函上寫明汪××於一〇三年十二月一日已死亡，應變更股利所得人。看來文件與當事人的敘述都相符，於是隨口問了句：「股利支票都交給繼承人了吧？」

原本以為是多餘的問題，沒想到答案出乎意料之外，當事人居然說：「還沒有，五張支票都還放在公司保險箱。」

這下換我傻眼了，趕緊問道：「為什麼？股利支票沒給人家，卻去申報扣繳股利所得，你們知不知道這樣可能構成使公務人員登載不實的偽造文書罪？如果只有一、二年，還解釋得過去，可以說是股東人在大陸沒來領，或汪叔叔的繼承還沒辦好，可是已持續五年都沒付，說不過去耶！」有時真會被當事人嚇出一身冷汗。

當事人聽了，一臉無奈，急著解釋：「可是她們真的還沒辦繼承登記啊！因為她們母女都住在加拿大，一直還沒回台灣辦。」

「噢，原來如此！那就不能怪你們，也構不上偽造文書的問題了。」這兩家子的作風真還有點異乎常情。

「都是我母親的意思啦！她覺得繼承人對汪叔叔生前不好，而且牽涉到股份登記的問題，要先辦股權繼承登記才能領股利，母親怕這三個繼承人一旦登記為股東，就不想退股，公司就很麻煩了！」帥哥道出原委。

「什麼意思？為什麼登記為股東後，又要退股？」當事人常有跳躍式的思考，或中斷式的敘述，必須引導他們按部就班地敘述清楚。

「我母親認為先讓她們辦好百分之二十五股權登記，領走現金股利後，再商量請她們退股，頂多把原來的五千萬元還給她們。」當事人補充說明。

「請神容易送神難，一旦她們成為股東之後，看到公司資產豐厚，業務蒸蒸日上，怎捨得退股？你們這種一廂情願的想法可能會導致錯誤的決策。」趕快重話點醒當事人，他們家族企業經營慣了，不曉得外人來當股東的扞格不入與經營理念的不合，可能產生的後患無窮。

「律師，我們該怎麼辦呢？又不能拒絕她們的股權繼承登記！」當事人開始意識到事態嚴重……

看來這一家人思維邏輯有點奇特，還是先問清楚基本問題：「歷年公司股東有哪些人？汪叔叔有沒有登記為公司股東？哪一年登記的？今天有帶公司歷年變更登記的股東名簿嗎？」

帥哥一臉無辜地看著我，我就知道事情不妙了，果然他說：「不瞞您說，我也沒看過公司股東名簿，我只知道公司股東有父親、母親、妹妹與我，加上汪叔叔……。」

「如果汪叔叔的股份根本沒登記到公司股東名簿呢？是否可以單純解釋為借貸關係？就

不存在汪叔叔繼承人繼承股權的問題了。」當事人的作法常逼得律師要作逆向操作或另類思考。

「這樣行得通嗎？這幾張國稅局申報單怎麼解釋？」帥哥臉上有一股大惑初解、難以置信的神情。

「股利所得扣繳申報書可以請教會計師如何處理，才能合法解釋。如果汪叔叔確實有登記股份，就要進到另一個選項了，還是等你先回去查清楚，我們再來分析吧！不然太多虛擬的前提，無法作成法律上正確判斷的。」我先下了個初步的結論。年輕的帥哥收拾會議桌上的文件，約好向主管機關調閱公司登記資料再來請教。

隔了兩天，帥哥來電說是已經到過市政府取得公司登記文件，也跑了一趟會計師事務所，影印一些申請登記核准的公文，電話中他提到要請父母親一起來訪。我回答：「歡迎啊！負責人一起討論，可以釐清重要的事實，股東們同時評估解決方案，盡快作成決策。」

下午四點一家三口準時來到我事務所，坐定寒暄交換名片後，我先快速瀏覽帥哥剛到市政府領到的公司登記沿革資料。果然父親的好友——汪叔叔股份早在他匯款五千萬元的翌月，會計師即已辦好公司增資手續，汪叔叔出資一千二百萬元，股份百分之二十五登記明確，持續迄今，看來是無法以單純的借貸關係來解釋了。

我繼續檢視文件，帥哥的父親開始敘說故事，從二十幾年前他與莫逆之交的情誼、好友事業倒閉，倉皇遠赴上海奮鬥的經過。時而感嘆、時而憤慨……，帥哥不禁提醒：「爸！律師的時間寶貴，而且這邊有個牌子寫一小時諮詢費七千元，跟案情無關的事，就不要多說了。」我聽了有點尷尬，沒想到溫文有禮的年輕人如此直率地點醒跌宕入回憶的老爸，一派美式作風。

「喔！律師小姐，對不起，我一想到這個老友就禁不住心情很複雜。我講重點好了，朋友的恩義我是絕對不能拋在一邊的！他走了，我當然要照顧他的太太與小孩，分給她們股份也是應該的，忠孝節義的道理是基本的做人道理，我怎能丟開？律師，妳前幾天告訴我兒子，說不要讓好友的繼承人來公司辦股權登記，這種事我怎麼做得出來？」老先生堅持做人的原則。

好個忠孝節義！說得好像律師都是狼豺虎豹，專門教人吃乾抹淨、獨攬好處，那一天我根本不是這麼告訴他兒子的，怎麼一轉述，變得我要叫當事人不仁不義！法律的規定雖然以「人性本惡」為前提來設計的，但也彰顯肯定「人性本善」的普世價值，只是太多的具體經驗告訴立法者，必須透過法律制度的規範，才能節制人性黑暗卑劣的一面。我們律師在分析人間事實，提出法律解決方案時，當然會先「杞人憂天」，模擬最壞的狀況，設想保護當事人權益的方法。

譬如眼前這個案子，倘使負責人的好友繼承人來公司完成股權繼承登記手續，開始要介入公司實際經營，甚至質疑當年他們的父親——汪叔叔有匯入現金五千萬元，為何負責人只認一千二百萬元，登記到公司股權名冊中；而不是五千萬元全額？如照實際出資金額，恐怕公司股權百分之八十以上都得過戶給這些繼承人，屆時不但江山易主，經營主體變更，說不定公司的創辦人家族都會被逐出經營核心，公司不保，大批員工可能慘遭資遣。這些悲慘的後果，當事人看到了嗎？

當事人常常身在局中，感情用事，選擇性地面對部分真相，而逃避自己不想或不敢面對的殘酷一面。當律師冷靜提醒、理性建議之際，當事人覺得律師城府極深、機關用盡，等到事後悲劇發生時，又來捶胸頓足，悔不當初，甚至責怪律師未及早建言……。人生一定要經過這些惡性循環，悲劇的輪迴嗎？

在世代交替、企業接班的過程中，更常有兩代價值理念歧異，無法相互理解接納的現象，我必須引導這對父子進行有效的溝通。於是我說：「丁伯伯！我不是建議您們丟棄人生信守奉行的基本做人原則。畢竟法律只是人生的一小部分，它僅僅在提供一種解決人世間糾紛的選項。問題解決之後，人還得繼續生活，因此自然不能在解決紛爭時，趕盡殺絕，逼得連自己都沒退路。」先說明我的立場，免得當事人誤以為碰上無情無義的律師，理念不同，就連接下來要提的建議也聽不下去了！

「不過，從您們的敘述中，汪叔叔的妻女在生前並未善待他，過世後只想繼承財產，沒把這個父親放在心上，連您付的醫藥費，她們領了醫療保險費後，也沒跟您結算，當作沒這回事。聽您兒子說，兩年前您也曾照顧故人的子女，栽培汪叔叔的女兒，找她來公司當秘書，可是她做事不認真、嬌生慣養，搞得公司雞犬不寧，是孩子不爭氣啊！您該做的，都做了，可見這幾個繼承人委實辜負了您的盛情美意，如果讓她們進公司當股東，不會跟您們吵得水火不容？到時候公司還要不要做生意呢？公司營運可否順利進行？照顧這些員工的社會責任如何繼續呢？」殘忍地挑出人性最卑劣的一面，讓當事人看清楚今日的仁慈，可否承擔來日的亂象？

老先生沉默不語，帥哥兒子理解利害關係了，提出一個思考方向：「昨天我到會計師那邊，他聽到所有的狀況，就建議結束公司，另起爐灶，先進行解散清算，她們這些繼承人就進不來我們公司了，那麼也就不會有後續的風險了。律師，請問這樣可行嗎？法律上有沒有問題？」

我答道：「聽起來似乎可行，但是公司解散清算必須師出有名，符合法律規定。首先公司要先作成解散的決議，那麼要不要通知汪叔叔的繼承人一起來開股東會？如果合法通知，她們出席必然反對解散；如果不通知，事後她們恐怕不會善罷干休，可能會主張股東會決議無效，那麼也是白忙一場！如果要走上這一步，你們可以詢問會計師如何克服股東會的問題。」

「如果繼承人拿不到股利，她們可以要回所有的匯款嗎？」帥哥的母親提出另一項擔憂。

「有困難！頂多只能要回相當於股份出資額的部分一千二百萬元，因為其他金額究竟是贈與還是借貸，已經死無對證了。我想，以當初汪叔叔的心意，其實是想回報好友知遇之恩、引薦之情，根本不求回報，是您們一家人感念故人雪中送炭，為他登記股份，才衍生後續的事情。」人情義理與法律時而難以梳理清楚，只能盡力解釋了。

先針對當事人的方案，分析法律的觀點，再提供另一種思考模式：「有沒有可能，找機會跟這些繼承人好好溝通，告訴他們公司正面臨重大的呆帳危機。如果追討貨款的訴訟失利，公司財務虧損極大，也許要結束營業，問她們是否可以接受此時點的退股，返還當時汪叔叔的匯款，放棄公司股權？或許這種商議解決方式，比較不會激起對方情緒的反彈或其他後遺症。如果公司努力過，雙方還談不攏，再來考慮會計師的提議。如此一來，丁伯伯也不會陷入道德與法律的天人交戰，同時較能徹底解決問題。」我小心翼翼地提出可以同時合乎兩代價值觀的作法。

一家三口討論之後，認為這種方式對得起良心，也較可行，於是決定先嘗試與繼承人對話，再作打算。期盼繼承人可以體會這份善意，平和知足地解決紛爭，接納往生者留下的禮物。

當事人告辭後，心裡也鬆了一口氣！在法律之外，能兼顧人情義理，才能真正為當事人解開困局，不會陷入良心的煎熬吧。

「忠貞」如何定義？公司幹部跳槽，是否需要窮追猛打、殺雞儆猴？

商業間諜戰／洩密賠償案

老客戶輾轉介紹案件時，只說挨告的當事人被離職的公司控訴，焦慮不安，連續掛病號，已經無法上班，至於案情內容並不了解，問我願不願意接這種案子？

介紹人常常只提個梗概，根本無從判斷評估案情，倒是不斷強調這位挨告員工的憂鬱症，話語中充滿同情。而我考慮的是如果她病情嚴重，如何與她討論案情，會不會增加溝通的困難？

老客戶見我不語，擔心我不接案件，索性建議我先等另一位中間人來電詳述案情，再作決定。答應了之後，不到半小時那位中間人來電了，是位精算師，交代案情條理分明。原來是大公司企業競爭戰開打，員工大量跳槽，舊公司不堪顏面受損，懷疑幹部帶槍投靠新公司，意欲對離職員工開鍘。在向勞工局申訴調解不成後，已向法院提告民事洩密賠償的訴訟，下週民事庭要召開勞資糾紛的調解庭。

「沈律師，我的朋友極力推薦，他說您擔任他們公司法律顧問十年以來，幫公司解決不少疑難雜症。上個月負責人的刑事官司勝訴，公司判定毋需賠償廠商，他們讚不絕口，昨天我去他們公司開會，提到這個案子，郭董就說一定要找您辦，才有可能打贏！」精算師略述來電介紹案件的背景，聲音中有很多的期待，想必這個當事人對他而言非常重要。

「謝謝，上次郭董的案子是因為他們公司蒐證很齊全，證據及時提呈，法官根據那些物證判郭董勝訴的，倒不是我的功勞。我想您可以陪同這位挨告的離職主管先來討論，如果認為我的法律建議可以接受，再考慮委辦案件吧！」既然老客戶推薦，就不好回絕，而且案情關涉科技公司的商業機密間諜戰，挑戰性高，值得接辦。

第二天精算師就帶著這位臉色蒼白、精神不濟的女主管來到事務所。舊公司案情文件不多，倒是女主管提供的起訴狀、證物旁邊多了一大疊病歷資料，上面記載著：「失眠、焦慮、憂鬱……。」

我問：「這是什麼？也要提到法院當證據嗎？」

女主管解釋說：「我已經一個月沒辦法上班了，從他們到勞工局申訴協調會到現在，這是診療證明，他們害我得了憂鬱症，我要告公司賠償醫藥費跟精神上的損害。」愈講愈激動，蒼白的臉突然漲紅。當事人面對訴訟，常常先想到攻擊，忘了防禦才能固守基本盤。

「慢慢講，不要激動！先告訴我洩密案的經過，好嗎？」覺得當事人不只是憂鬱傾向，似乎有點躁鬱症的症狀，先安撫她的情緒，才能平順地敘說案情。

「喔！對噢，我忘了告訴律師，公司怎麼告我。」她似乎回過神來了。憂鬱症病人時而會伴隨局部失憶，必須引導他們回到現實。

她停頓一下，想著如何開始，精算師坐在一旁幫她開個頭：「她原來在××科技公司擔任研發部經理，半年前他們研發部與一家時尚公司合作，開發一套服裝秀的背景動態程式，專門提供給名牌服飾公司舉辦時尚秀，作為展示台背板數位系統。除了服裝秀現場可以操作使用之外，也可以結合現場錄影放在網站上播映，這套程式當初委託的業主也就是國內一家有名的代理服飾品牌，三個月前在 W Hotel 的游泳池庭院舉辦秋冬服裝秀實境測試，非常順利，吸引其他精品業者的注意，想跟他們公司簽約。」

女主管接著敘述故事：「本來公司有答應我，如果這一套程式研發成功，要升我當協理，而且要派我去荷蘭總公司參加今年度的高峰會。可是沒想到 W Hotel 的服裝秀測試結束後，公司居然空降大中華區的總經理特助來當協理，搶了我升遷的機會，也沒給我加薪。我跟總經理吵了幾次都沒用，後來我決定離職，到另一家新公司。」當事人的故事起伏更迭，可是還是沒講到洩密的重點，我看了一眼牆上的鐘，已經過了半小時，我決定打斷女主管的話，開始提問：「對方起訴狀說妳把這套服裝秀背板數位程式跟企畫案、合約寄到別人的信箱，是真的嗎？」

「律師，我正要講這一段。我根本就沒洩密，在那一次測試的時尚秀結束後，媒體大肆報導，中國內地有家服飾精品業，聽說前一陣子幫習大大的夫人設計外交出訪禮服，一炮而紅。那個品牌的首席設計師親自打電話給我們執行長，提出合作的邀約，總經理要我作簡報PPT，時間很趕，我只好回家加班。可是我家裡的電腦不能登入公司的圖檔資料庫，我就把一些關鍵檔案寄到個人的信箱，回家從手機看，邊用筆記型電腦作簡報。過了一個月我申請離職通過了，資訊室卻通知我必須刪除那些電郵檔案才能辦交接，我才想到專案結束後，忘了刪那些資料，反正問心無愧，就當著資訊處主管的面，登入個人信箱刪除那七個檔案，然後當天辦完交接，就離開公司。我以為沒事了，沒想到兩個禮拜之後，人資部知道我到新公司上班，居然去勞工局申訴，真是無聊！誰不曉得他們是公司之間競爭激烈，卻拿我們小員工開刀，說什麼殺雞儆猴，誰是雞、誰是猴啊？我又沒帶任何一個檔案進新公司。」她憤憤不平地宣洩情緒。

「請教律師，把公司檔案寄到個人信箱，算是洩密嗎？公司要求賠償五百萬元，會成立嗎？」精算師始終冷靜地在一旁聆聽，提出關鍵問題。

「我看一下公司僱傭契約的保密協定，咦！不只一份契約耶，還有另一份承諾書，內容不太一樣，怎麼回事？」我翻閱對方起訴狀附的證物，同步比較另一份保密條款。

「噢！我解釋一下，五年前剛進公司時，簽了這份僱傭契約，半年多前為了研發這套軟體專案，公司要我們參與這個專案的成員，大概有十二個左右，都再簽一張承諾書，而且特別提高違約金到五百萬元。」女主管立刻釋明原委。

「僱傭契約寫得較籠統，第八條提到：『員工同意採取必要措施維持於受聘期間所知悉或持有之機密資訊，非經公司同意，不得洩漏、告知、交付或移轉予他人或以任何其他形式對外發表出版。』承諾書比較具體，不過第五條訂得有點奇怪：「立承諾書人不得利用公司之電子郵件傳送公司機密資訊及內部訊息」，居然說專案人員不可以用公司電子郵件傳遞訊息。那麼你們平常要怎麼交換資訊，都要開會嗎？或是通電話？」我指出條文不合理處。

「欸！律師，真的耶，您沒講我都不知道條文訂得這麼離譜，我看看，……怎麼可能?!我們公司上上下下每天都用 Email 寄公司檔案，各部門公告、各項通知也都透過電子郵件，即使是參加專案，我們這些成員彼此之間除了開會討論之外，一定透過 Email，副執行長是這個專案的負責人，他天天寄專案的檔案給我，公司怎麼不告他，要說違約，他應該是寄最多的吧！」女主管又開始激動起來。

「是啊！公司合約條文這樣訂，很奇怪，應該是想禁止你們寄電郵給第三者，免得洩漏公司機密。結果法務部門擬條文時，沒考慮到公司內部的運作需求，連內部寄送郵件都同步設限，這一點我們可以向法官強調，主張條文無效。」先想出第一個答辯理由。

「真瞎！公司的法務程度太差了吧，那天我辦離職手續，他還沒給我好臉色看呢，小人得志……」女主管顯然心理不平衡。

「請問證物六號提到妳寄出這幾個檔案，可是檔名很奇怪，都標示一個英文字母而已，七個檔案的檔名依序是 V-I-N-C-E-N-T，這是什麼意思？」我仔細檢查原告提出洩密電郵的證物，發現內有文章。

「喔喔，我是用代號標示。因為寄檔案時，我正趕著下班，可是檔案好幾個，原來的檔名太長，又都一樣，我怕回家搞混了，就用我兒子的英文名字拆開來剛好七個字母，當作這七個檔案的代稱。」她解釋檔名玄機。

「那檔案內容呢？我想先看內容，確定這七個檔案是不是公司指控的營業秘密？」我再度提出問題，預定作為答辯狀的第一部分內容，如果涉訟檔案不屬於公司商業機密，就不必再論究洩密的違約責任了。

「刪掉啦！就是我剛剛說到的，離職辦移交的時候，資訊室查到我的電腦寄件備份，有這幾封電郵附件，要求我當場刪除，才能離職，我就刪啦，現在也看不到了。」女主管說得清楚明白，我卻疑惑重重。洩密案不知道洩什麼密，怎麼答辯啊？

再翻一次起訴狀，原告也沒提供，重新檢閱起訴狀，最後一段原告敘明：「由於系爭電郵附件檔案事涉機密，敬請　鈞院准許以秘密方式提呈勘驗，但須禁止被告影印或拷貝，以免公司機密再度外洩。」關鍵的證物，原告不提供，我們被告怎麼進行法庭攻防？原告律師頭殼壞去了嗎？法官怎麼可能允許他們用這種方式提示關鍵證據，顯然違反民事訴訟進行的程序……。

心念一轉，靈光乍現，我方就來個將計就計，用這招逼原告提出證據供被告閱卷影印，打擊他們的痛處，讓原告公司進退兩難！

女主管看我望著起訴狀不講話，憂心忡忡地問：「律師，怎麼了嗎？您發現什麼了嗎？是不是對我不利？」憂鬱症患者最多的情緒就是憂傷與擔心，只要有一點點風吹草動，他們第一個升起的念頭多半是悲觀的，眼下女主管開始想像不利的局面了，我得立刻解釋，免得她又鑽牛角尖。

我說：「剛好相反，我想到我們答辯的第一道防線了，如果下禮拜調解庭雙方談不攏，正式進入訴訟攻防階段，我們可以要求對方先提出證物一號的檔案內容，目前原告只提交妳電子信箱寄件備份的影印版，根本沒附上電郵的附件，因為對方擔心這些機密文件一旦曝光，提呈到公開審判的法庭，就有可能外流到媒體或競爭對手處，那麼可能造成的企業災難就不是妳先前寄到個人信箱所可以比擬的。」

還沒分析透澈，女主管就聯想到負面的結果：「那倘若公司還是不拿出這些檔案資料呢？是不是我們無法辯解，就輸了？」

「不是，如此一來，法官就只好駁回他們的案子囉！因為『洩密』案原告首要工作，就是要舉證洩什麼密，如果連洩密的內容都提不出來，法官如何判定那些資料是否屬於公司機密？而進一步認定員工真的有違約洩密。」迅速給她結論。

她再反過來問：「那麼如果公司有提交呢？是不是我們就輸定了？」

天啊！這種當事人真的很唱衰耶，怎麼如此不看好自己的案子?!開始猶豫是否要接下這個案子了，倘使真的接辦此案後，勢必一部分的心思與時間要耗在安撫鼓舞當事人上面，身為律師還得兼心理諮商師，自己真的願意這麼做嗎？看著女主管充滿問號的眼神，還是先解惑吧！

「不是啊！對方提出檔案資料後，才是真正進入這個案子的關鍵——員工把公司檔案寄到自己的信箱，是不是構成洩密？根據妳跟公司簽訂的僱傭契約的保密條款裡面，是禁止員工把公司機密提供給『他人』，從契約內容分析，『他人』是指簽約甲方、乙方以外的人，因此寄到妳自己的信箱，就不算寄給『他人』，也就不構成洩密了。」我再深入分析契約條文的意義。

「律師，我聽懂了，這樣好像也不用那麼擔心了。」女主管終於第一次露出笑容。

「對呀！不過我們還是要小心因應，為了建立我們的答辯論點，必須請妳提供資料證明妳當初轉寄電郵確實是寄到妳的 hotmail 信箱。」交代當事人先準備證據。

「看電郵信箱的英文名字是我的，就知道了啊！」當事人理所當然地回答。

「我知道，可是法官不一定知道，而且妳這個英文名字 Jessie 其實還滿普遍的，光是看英文名字無法確認定是妳的電郵，有沒有另外可以辨認的代號或其他什麼符號？」當事人的天真直白，往往無法應付法庭上複雜的訴訟制度需求，必須引導他們想出法官可以接受的證據。

「電郵中 Jessie 後面的 0606 是我的生日，應該可以辨認了吧？」六月六日出生——雙子座，難怪心思跳來跳去，還好自己兒子也是雙子座，平時已適應他的求新求變的心態，面對著這樣的當事人，倒是能應付裕如。

「這樣的鑑別度夠高了，如果妳可以提出在 hotmail 註冊登記的資料更好。」律師總希望證據的提交可以周全、完整。

當事人答應了，本來表示要回去與家人商量是否委任我處理。臨走前就直接提出要辦理委任手續，我露出訝異的神情，女主管說：「律師，剛剛您走出去接越洋電話，我已經跟我先生電話聯繫過了，他聽到我轉述您說的幾個重點，就叫我立刻決定下來。不瞞您說，前兩天我老公有帶我去找他們公司的法律顧問，那個律師很有名，常常上電視，前幾天還接了前任部長的貪污案，昨天又上 call in 節目。可是我跟他談的時候，感覺不太好，他沒什麼耐心，也沒像您替我想出這麼多答辯的理由。我覺得跟您討論過，心裡踏實多了，我今天有帶印章來，可不可以直接辦委任，我才能專心看病，趕快治好憂鬱症去上班，過正常的日子。」

她一口氣說完心裡的決定，看來我連考慮的機會都沒了。如果婉拒，說不定她會病情惡化；倘使提議考慮接案的時日，她可能很不放心，而且開庭在即，恐怕也來不及準備商議調解庭的事項。於是點點頭，交代助理拿來委任狀，簽章完畢，她直接開支票支付律師費，安心地離去。

我拿著委任狀與支票，不知為何，突然覺得心頭沉甸甸地，當事人把案子交給我的一剎那，同時也把他（她）的信任、煩惱、命運交到我們手上，一種沉重的責任感不自覺地湧上心頭……。

當事人希冀和解，終結訴訟，美事一樁，律師應當協助促成。然若和解被對方設下陷阱，當事人卻是「明知山有虎，偏往山中行」，律師如何防範，及時阻止？

和解的陷阱／詞曲侵權賠償案

讀著音樂經紀公司的總經理寄來的電子郵件，信中他提問：「Pola（寶樂）公司已經與對方談妥和解了，約好明天要見面，預定請Nico老師簽撤回狀與和解書，不過Nico老師附帶條件，要求我代表音樂經紀公司出面道歉。律師覺得我應該去致歉嗎？會不會有什麼後遺症？」

反覆看了兩次郵件內容，陷入長考，難以立刻回信，回想這一路訴訟以來，持續一整年，對方提告民事、刑事訴訟輪番上陣。好不容易刑案上週收到不起訴處分書，總算我方扳回一城，削削對方的氣燄，沒想到共同被告另一家——Pola唱片公司老闆不耐久戰纏訟，兩次親自回國與對方面談，談妥和解條件，同意全案撤告，怎麼突然冒出這個道歉的附帶條件為難我方？

思考再三，決定透過電話與當事人溝通，這個案子比較特別，不是三言兩語用「Yes」或「No」回答就可以清楚表達。電話撥通了，音樂經紀公司的總經理 Vincent 剛好開完年度版稅結算會議，走進辦公室，秘書幫我轉接給他。開完三個小時的會議，他依舊神采奕奕，頭腦清楚，知悉我要分析明日的和解會議，他請秘書關上辦公室的門，專心與我討論。

我先回顧這個案件的來龍去脈，提出關鍵思考點：「八年前你的前任總經理 Peter 與 Pola 公司簽約，讓你們公司拿到 Nico 老師二十首詞曲的專屬代理權，那時候 Pola 老闆表示 Nico 的先生經營唱片發行公司財務困難即將倒閉，Pola 老闆兩肋插刀，緊急接濟六千萬元，後來 Nico 先生還不出錢來，就把唱片公司所有產品轉讓給 Pola 公司，當然也包含 Nico 的二十首詞曲，還有其他暢銷的ＣＤ、ＭＶ。既然是『轉讓』等於是賣斷，Nico 就沒權利了，你們公司從 Pola 取得的授權是合法的，沒有侵權的問題，所以 Nico 老師告刑事侵權案，檢察官偵查了一年多，上禮拜就不起訴了。總經理還記得這段法律上的理由嗎？」

這個案件民事與刑事的訴訟互相糾結，我必須從 Nico 老師先啟動的刑案解釋我方勝訴的原因，再分析 Nico 老師後來提告的民事賠償案，進行和解利弊得失的考量。

「記得呀！這個案子剛發生時，我記得是聖誕節前收到檢察官傳票，我還立即向加拿大總公司報告。法務長剛好休假要上山滑雪，她聽了我轉述妳那時候的案情分析，認為不會有事，指示我聽從妳的建議去出庭答辯就好，她就安心地搭機去瑞士度假了。」Vincent 一派輕鬆地回想。

「在檢察官開第三次庭時，當庭也勸出庭的 Nico 老師跟兩家被告公司——Pola 與你們公司和解。當時我建議你不要出面談，因為案件的源頭在 Pola 公司，他們既然專屬授權 Nico 老師二十首詞曲的音樂著作給你們，而且合約上載明擔保條款，當然 Pola 公司要負責去處理這一切權利爭議嘛！所以我建議由 Pola 公司去談和解，你們不用出面；但是必須要求 Pola 公司談和解時，要一併把你們公司一起列入撤告的範圍，Pola 的老闆也承諾啦！可是最後因為 Nico 老師的委任律師提出的和解金額過高而破局，在檢察官那裡就沒談成和解……」我繼續複習刑事偵查庭的和解過程。

「對啊！那次剛好我出差到日本，Pola 老闆說對方律師獅子大開口要求一千萬元，這樣和解怎麼可能成嘛！當初談好是賣斷，現在卻跑出來否認，強調 Nico 老師僅授權五年，超過的這三年算我們侵權，真是莫名其妙！Pola 的老闆是這個行業的大善人，八年前他剛好股票炒熱發一筆橫財，幫 Nico 的老公解除財務缺口。現在居然 Nico 恩將仇報，聽說跟 Nico 現在的男朋友有關，前年 Nico 離婚後，去年交上這個男朋友，插手處理 Nico 所有音樂事業，想法很激進，態度很強硬，極力鼓吹 Nico 提告，說我們是國際大公司，告贏之後得到的賠償版稅加上利息，可以索討千萬元以上。提告前他曾打電話來我們公司語帶威脅，跟流氓無異，我一概拒絕他的需索，所以 Nico 跟她男朋友對我都很感冒。唉！說句題外話，Nico 真是可悲，我認識她十幾年了，台大哲學系的系花，音樂界的才女，色藝雙全，結果生命中遇見的男人，包括她的前夫與現任的男朋友，都只是想利用她，而不是經營她，她的天分才華驚人，創作出來的音樂，每一首都暢銷，還常常被拿來作為廣告或電影配樂。如果好好經營她的音樂產品，說不定可以躍上國際舞台，而且她又能唱、擅演，還能主持節目、玩樂器，是個不可多得的全方位創作型藝人，可惜她選擇的男人都不曉得如何善用 Nico 的才華，只想壓榨她的身體與靈魂，真是糟蹋樂壇的奇葩啊！」Vincent 話匣子一開，常會把法律議題轉化為音樂界八卦，我得嘗試拉回正題，否則無法獲得結論。

「後來過了半年，Nico 的律師大概也察覺到，檢察官的心證可能對他們不利，所以另起爐灶，提告民事侵權賠償，就是上個月你到智慧財產法院旁聽的那個案子。法官看了我幫你們公司寫的答辯狀後，不是要求原告 Nico 的律師，必須在三週內提出他們主張五年授權期間屆滿的證據嗎？因為 Nico 同時告了 Pola 公司，Pola 的律師早就提出八年前，Nico 的前夫與 Pola 的老闆簽署的轉讓合約，主張 Pola 已擁有 Nico 二十首詞曲音樂著作財產權，那麼當然你們公司七年前從 Pola 取得專屬授權，再轉授權給 MüST 或其他電影作配樂或電視廣告製作公司，都不會構成侵權。」我解析刑案後，接著再說明民事案件我方的法律立場。

Vincent 大感不滿，問道：「那 Nico 幹嘛又告？明明沒證據，一定會輸的嘛！噢！我想到了，前陣子我們幾家音樂版權公司在 MüST 開年會，另一家公司的總監透露 Nico 的男朋友缺錢，希望透過這個案子撈回一筆版稅。聽說律師也是他幫 Nico 找的，兩個人談好要用分成的方式委辦案件，成數還滿高的，律師可以抽到四成。哇！靠，如果上次和解談成的話，那個律師就可以抽到四百萬了，真好賺耶！沈律師，我們公司實在是對不起妳，妳勞心勞力了一年多，這麼辛苦地幫我們爭取，還跟檢察官吵架，Nico 的機車律師在法院還指著妳鼻子罵說我們公司擺高姿態，不和解，會被告到底！結果才賺這麼一點律師費……」

當事人半感嘆半開玩笑，我趕緊輕鬆回應：「哈哈！多謝總經理體恤，那就不枉費我一年多來的『出生入死』囉，等民事案件也打贏，貴公司再打賞吧！」

Vincent 常有本事把法律案件重點轉連結到社交八卦，我偶爾會抱怨他的健談，他自有一套說辭：「沈律師，妳不曉得跟妳討論案情很累人耶！妳都分析得很深入，要我們全盤吸收，再回饋更重要的案情或證據資料給妳。光是要消化妳的法律觀點與訴訟策略，就不知道要死多少千萬個細胞了，還好我會苦中作樂，不然哪有辦法與妳『共患難』到現在？早就死在沙灘上了。」

在 Vincent「苦中作樂」過後，我還是得把討論的重心回歸本案：「我認為這個案子雖然複雜迂迴，智慧財產法庭要調查的人證、物證及書證很多，可是我們勝算還是很高，所以不建議你代表公司去和解。既然 Pola 公司的老闆和解時仍想要做海派的老大哥，允諾二十首詞曲還給 Nico，再彌補她這幾年的版稅，那麼我們也樂觀其成。何況 Pola 老闆也關照到我們公司的權益，唯一的和解訴求就是同時撤回 Pola 與你們公司的民、刑事所有訴訟，Nico 也答應了，他們直接簽和解書即可，為什麼要你代表公司出面致歉？萬一你當場道歉之後，Nico 反悔不簽和解書了，會不會 Nico 的律師抓住這一點主張你已道歉，表示公司真的有犯錯，必須負擔侵權賠償責任？因為這一年多來，跟對方在法庭上交手，我覺得 Nico

很情緒化，在法律上容易被她男朋友與律師牽著鼻子走，陰晴不定，反覆無常，我必須為你明天出席他們和解會議的致歉動作，作最壞的打算！而且 Pola 老闆還拜託你帶這幾年結算給 Pola，關於 Nico 老公司詞曲利用的版稅報表去給他們看。萬一 Nico 與律師要詐，收了你的版稅報表，卻拒簽法院撤回狀，那些報表上顯示的數據，正好可以作為 Nico 主張侵權賠償的金額，屆時我們豈不是落入他們設的圈套？請諒解我的杞人憂天，或甚至以小人之心度君子之腹。因為我們律師界傳聞 Nico 的律師是司法蟑螂，以前有幾個案子跟他打過交道，他確實會搞小動作，我們不得不防。」

Vincent 聽了沉默許久，看來他也擔憂和解不成，被反將一軍。他問道：「律師，妳的意思是叫我明天不要出現，也不要提供版稅報表。那他們的和解不就簽不下去了，豈不是變成我害了他們，搞得這個案子大家都撤不了，同歸於盡？」

「我也不是這個意思，這個案子能夠和解撤告，對大家都好，我也贊同你明天出面，可是一定要很小心。第一：不要被錄音；第二：堅持對方先簽好撤回狀及和解書，你再致歉、提供報表。這個順序一定要堅持。」我提出折衷方案。

「律師，為了慎重起見，請妳明天陪我去吧！我也擔心擦槍走火，現場拿捏不準分寸，萬一不幸被設計，就會影響大局了。」Vincent 想出防範之道，我答應了，笑著告訴他，我去當門神保護他，或是幫他踩煞車。

第二天我們直接約在 Nico 的工作室，那是在淡水的老街盡頭，走出捷運還得搭計程車過去。下午四、五點，陽光灑在河面，漁人碼頭有些船出海，有些船仍孤單地守在碼頭邊，很想跳上船渡到對岸，曬曬太陽，吹吹海風，可是這些浪漫的想像，被計程車找路的焦躁問話打斷了：「小姐，妳的地址有沒有問題？我們淡水好像沒有這個門牌號碼耶⋯⋯。」

趕快撥電話與 Vincent 確認，沒錯啊！原來叉路繞錯了，轉個圈回來重找，終於在巷弄底端看到 Vincent 在揮手，一旁站著 Pola 公司董事長特助田大哥。下車寒暄後，田大哥先給我看過他們公司律師準備的和解書、民事撤回狀，一一看過，內容簡單，我說沒問題，隨口問了句：「你們公司律師今天沒來啊？不是要簽和解書嗎？」

田大哥忙不迭地回答：「也不曉得簽得成簽不成，就不勞駕我們的律師了，因為他鐘點費很高耶！」

那我來幹嘛？就因為我熱心幫忙嗎？田大哥社交性的笑容下面有一絲不自然，我雖然有點起疑，在會談前的當下，也不好再多問，靜觀其變吧！

找到地址，按了門鈴後，Nico 的助理確定我們幾位訪客身分後開了門，迎面而來，是各式樂器，吉他好幾把，還有豎琴、鋼琴、電子琴，顯然工作室也兼錄音室。我們只能坐在唯一的小桌邊，等待 Nico 與男友錄音結束，音響傳出耶誕節的歌聲，猛然憶起今天是平安夜，真是不平靜的平安夜，此處即將進行一場詞曲著作權的和解談判，屆時會不會刀光劍影、戰況激烈，心裡思忖著⋯⋯。

十分鐘後詞曲老師 Nico 勾著男友手臂現身了，素顏的她紮起馬尾，比電視上清秀瘦削，默默地坐下來。Nico 示意先由男友發言，他出口不遜，火力十足地斥罵我們的音樂經紀公司，高分貝地抨擊公司侵權態度不佳、死不認錯，還倨傲地說：「今天如果我們沒告上法院，你們國際大公司的總經理會來這邊道歉致意嘛嗎？」見到我們不答腔，繼續意氣昂揚地替天下詞曲作家發聲：「我們 Nico 還算知名度高，告了你們，你們會在乎、會出面。其他小牌的詞曲老師受了同樣的委屈，不敢告，怕得罪你們大公司，不就被你們吃夠夠，只能坐在家裡哭?!」

愈說愈過分，彷彿我的當事人公司十惡不赦，壞事做絕，怎麼回事？今天不是來簽和解書的嗎？為何變成鬥爭大會？依我平日的作風，一定拉了當事人立馬走人，何須在此遭受無謂的羞辱。可是今天主角不是我們，Vincent 只是代表公司來為之前的誤會致歉，所以我只好萬般忍耐，免得破壞和解的契機，不過找到空檔，還是稍稍表明來意，澄清今日的目的：「Nico 老師，我想您很清楚，Vincent 去年才上任，過去十年您與公司有怎麼樣的誤會，是前任總經理與您的互動，我們並不明瞭，Vincent 願意來表達公司的誠意，過去就讓它過去了，希望今天可以圓滿解決……」。

話還沒說完，瞥見 Nico 的律師居然也走進了工作室，心裡暗叫一聲：「不好！今天狀況複雜了。」那位朱律師大剌剌坐下來，一疊資料擺在膝上，iPhone 手機擱在小小的桌上。我看到手機開關的燈亮著，就察覺朱律師開始在錄音了。來不及提醒 Vincent，他已經迫不及待地道歉了：「Nico 老師，誠如沈律師所說的，我任職這家公司不久，不過我待在這個行業超過二十年，一直秉持著音樂版權公司就是在服務詞曲作家的理念。所以您剛剛提到多年前來電詢問我們公司版權部同仁關於〈愛情〉這首歌曲授權給廣告公司作為配樂的過程，我們同仁居然拒絕說明，甚至回覆說這首歌不是您的，我覺得真是匪夷所思！同仁的說辭在當時是不是有其他考量？我不太清楚，可是如此對待詞曲老師，態度就不對，在此我願意代同仁向您致上歉意，希望您能包涵！」

Pola公司的特助順勢解釋：「對嘛！一切都是誤會，Vincent代表他們ＭＩＣ公司出面道歉，Nico老師可以感受到這份誠意。今天我們老闆來不及從上海趕回來，上次他回台北已經當面承諾Nico老師，把這些詞曲權利回歸Nico老師，再彌補這幾年的版稅。雙方簽了和解書，元旦前我們就會匯付版稅，Nico老師同步撤回這個案子，農曆過年前就可以全部結案了，大家開心地回家過年！」田大哥說著就把和解書、撤回狀拿出來，攤在桌上。

Nico老師聽了似乎也有所感觸地說：「這十幾年來Pola的老闆一直在照顧我跟前夫，所以當年的財務難關，我們才能安然度過，我真的很感恩，希望這個事件能盡快落幕，……」說著說著，感性的Nico眼角泛出淚光，她邊拿出筆，接過和解書，似乎準備要簽名了。

沒想到朱律師一手按住和解書與撤回狀，及時阻擋說：「ＭＩＣ公司還沒拿出這幾年的版稅報表，和解金額無從精算，怎麼能撤回全部的案子？」

會議桌上大家一臉錯愕，沒想到朱律師如此煞風景，阻止了原本要簽署的和解動作。

男友將Nico手中的筆拿下來，很有默契地附和著：「對啊！總經理Vincent今天有帶公司過去七年 Nico 老師的全部詞曲轉授權報表嗎？你們公司的帳很亂，我們要好好核對，才能決定要不要和解啊！」

朱律師說完，突然靠近 Nico，湊近她耳朵，不知提醒什麼事，Nico 聽了臉色嚴肅了起來，轉過來跟 Vincent 開口：「你也知道你們ＭＩＣ公司做錯了事，除了要提供這七年來的版稅報表之外，你們公司也應該提出和解方案，我才能一起撤回你們公司跟 Pola 的侵權訴訟。」

Vincent 一起反應不過來，為何致歉後，居然事情更複雜？他不解地向 Pola 的特助田大哥投注困惑的眼光，田大哥趕緊打圓場：「Nico 老師，我昨天在電話中不是跟您解釋說ＭＩＣ公司製作這些版稅報表需要一些時間，因為要在歌曲資料庫撈出單一詞曲老師的授權資料，電腦程式跑不出來，必須指派專人用手工重新製作，我們昨天講好今天先簽和解書，把案子撤回，十天內ＭＩＣ公司的版稅報表就會作好，送來給您參考。」

不等 Nico 老師回應，朱律師馬上接腔：「這怎麼可能！一旦撤回案件，我們就沒有籌碼了，ＭＩＣ公司怎麼會願意提供報表？更何況ＭＩＣ公司也還沒提出和解條件。」

我忍不住反問：「我們今天只是來致歉的，沒被告知要準備和解方案啊！而且這個案子很清楚是 Pola 公司在七年前合法授權我們公司，ＭＩＣ根本沒侵權，為什麼要提出和解條件？那麼請問 Nico 老師，您對ＭＩＣ公司有何和解要求？」

朱律師又搶著回答：「應該你們先提和解條件，才有誠意啊！」

誠意個頭噢！看來我們是被設計了，Nico 老師以道歉為名，要求ＭＩＣ公司出面，再進一步以認錯為藉辭，逼迫ＭＩＣ和解。真是夠了！

我轉過去看 Vincent 的反應，Vincent 開始看清楚怎麼一回事了。不過他沒有作任何表示，看得出來依舊尊重 Pola 公司的態度，那位特助田大哥一臉尷尬地收起和解書與撤回狀，表明改天再議，一行人匆匆告辭。

走出 Nico 工作室的巷弄，外頭已是夜幕四垂，Vincent 向田大哥抗議今天演變的局面，田大哥不斷道歉感嘆被耍了，表示全案只好繼續打到底了。

道歉有什麼用呢？剛剛在會議桌上講的話，已經全部被對方律師錄下來了，下週開庭他一定趁機大作文章，強調我方認錯又賠罪，表示承認有侵權行為，那就得賠償了。事先對當事人提醒警告，他想冒險，我只好作陪，可是弄清楚人心險惡之後，所有的警告已成事實，我們身為律師又得出面善後，難道這是律師的宿命？

Vincent 開車送我回辦公室，他壓下怒氣後，說道：「律師，妳昨天的警告都成真，很抱歉，拉妳一起來被耍。不過沒走這一回，也看不到人性真正醜陋的一面，我會跟亞洲總部老闆報告，我們就迎戰吧！」

惡人在此生如果一直還沒遭受到報應，修佛的長者說這是因為他前世的福德資糧還沒享用盡淨；一旦耗盡，天道流轉業力輪迴，惡人終究有惡報。

兩岸訴訟戰火／偽造文書案

一年多前中國大陸傳來某位國學大師凋零的消息，海峽兩岸之間激起些許漣漪。相較之下，似乎在對岸造成的震撼比在台灣還要大得多，也許是那位大師辭世前二十年的歲月都在大陸內地講學修道所致。我僅是台灣眾多讀者之一，因此讀過新聞沒有多少感觸，相關報導就擱在一邊，這一年來全世界多少名人殞落，地球繼續轉動，不是嗎？

沒想到一年後，相識二十年的唱片公司老闆突然在微信 Wechat 發個訊息問我，對於經典國學的著作權案件有無興趣？我聯想到這幾個月他經常在微信朋友圈，轉貼這位國學大師的演講著述片段，莫非他行將邁入耳順之年，對於人生終極疑惑有了尋找答案的動力，開始接觸經典哲理？可是這跟國學著作權的案件有何關聯？難道是近期發專輯的歌手主打歌採用古典詩詞，惹出著作權侵害的爭議？可是那也是「文學」，而非「國學」，唱片公司怎麼會跟「國學」搭上關係呢？

這位久識的老闆不曉得我已接觸中國哲史多年，四書五經傳統典籍常在案頭，隨時翻閱。這種個人閱讀習慣通常沒有必要與當事人分享，廿多年的執業習慣，公私分明一直是重要的原則，所以唱片公司老闆不確定我是否願意接辦國學的法律案件，才會這麼問吧！於是簡單地回覆：「有興趣，可以先了解案情再作決定。」他一向知道我對於案件的選擇非常謹慎，這樣的回答也不至於認為我在擺架子，往來多年的當事人慢慢成為朋友後，就是有這樣的好處，相互深刻了解，毋需矯飾或解釋。

「明天中午有空嗎？介紹這個案子，你們聊聊。」他很快回訊息。剛好這週的訴訟庭期都開完了，明天有個空檔，本來要趁中午休息時間到華山文創的光點電影館看《引爆點》電影，這麼一來，只好改到週末再上電影院了。先與他約明天十二點到他內湖的辦公室見面，他說朋友從北京飛來台北，對於近郊路況不熟，直接約在市區紫藤廬茶館較合適。看到手機微信上寫的見面的地點有點訝異，多年來他找我討論案情或諮詢法律問題，不是約在公司辦公室就是附近的咖啡廳，這回一改往昔的習慣，是與介紹的案件或當事人有關嗎？

第二天見到這位來自北京的姑娘就猜到一半了。她穿著改良式的旗袍，舉手投足彷彿古畫中蓮步輕移出現的女子，靜靜地斟茶品嘗，靜默半晌後，她一開口，連我同為女性，聽了這腔吳儂軟語，骨頭也差點酥了一半。她緩緩說出一年來的故事，原來甫過世的國學大師是她的父親。大師晚年結識一位女畫家，成為他的紅粉知己。女畫家尊重大師學佛求道的心志，兩人未進入婚姻，相伴在杭州西湖岸畔，講學禪修，生下一女，在大師開設的學堂讀書，禮樂書數、琴棋舞畫，無不嫻熟。大師過世前聽從弟子的建議，遵循世間法，認領了這個女兒，因此過世後，女兒成為大師唯一的繼承人，繼承國學大師的學堂與五十五部經典著作，這位北京來的女子就這麼接手處理父親所有著作的出版事業。

「聽起來，一切順理成章，合情合法，有什麼法律問題嗎？」雖然讀過她父親的著作，凝望著她也覺得賞心悅目，可是今天中午沒看到電影，卻跑來這裡聽故事，如此的會面總要跟工作有關吧，怎麼餐點吃完了，白毫烏龍茶也喝過兩壺了，還聽不到要提問的法律問題？

「律師，兩週前我們在北京法院打的官司輸了，我的中國律師告訴我，除了上訴之外，可能必須在台灣提告，因為問題的源頭是在台灣。」她輕蹙眉頭，把山水畫布包裡的文件夾拿出來，找到判決書遞給我。

大陸法院的判決書簡明扼要，八個月只開三次庭就結案了。判決書第一頁原告寫著她的名字——林彤，被告是新華書局與天津山河出版社，判決宣示：「原告訴請判令被告禁止出版銷售原告享有語文著作權的著作之請求駁回。」快速看了判決內文，主要理由是根據台灣一家出版社授權被告在中國出版林彤父親的書籍，而判定侵權不成立。

「關鍵是這份授權合同及合同的附件——承諾書、轉委託書。法官依據這三份文件判被告勝訴，妳有帶這份合同與附件嗎？可否讓我看看內容？」大陸判決書很短，文字淺顯，易讀易懂，可是析理簡略，似乎調查不夠詳盡。我得先了解關鍵證據，才能分析判決的利弊得失，進而評估啟動台灣訴訟的必要性。

「噢！對了，有這三份書面，被告開庭時提出來的，我的律師要求簽署文件的人出面對質，對方說寫承諾書的人是我父親，人已過世，無法出庭，可是當初在杭州有公證，文件假不了；另一份授權合同在大陸天津公證處也經過公證，轉委託書在台灣也認證過了，法官認定文件都是真的，因此就判他們有權發行我父親的書。」林彤邊講邊拿出被告的答辯狀所附的證據。

我仔細端詳，授權合同看起來應該沒問題，可是承諾書上林彤父親的簽名模糊不清。另一份附件「轉委託書」上授權人王軍的簽名墨跡清晰，似乎不是同一時間簽署，下方是台北一家民間公證人事務所的章戳，旁邊有民間公證人認證簽名為真實的記載，以及公證人的印文。整份承諾書看起來有點怪異，簽署的日期是十年前（二〇〇四年），可是公證人認證的轉委託書時間是二〇一二年七月，我追問：「承諾書是真的嗎？妳父親真的有簽嗎？而這份轉委託書呢？為什麼妳父親在承諾書上寫著：『承諾把附件五十五本著作的經紀代理權授與王軍』，而王軍又轉委託授權給台灣這家出版社？妳父親生前知道轉授權的事嗎？」一連串的問題似乎也把林彤給搞糊塗了，不過她可以確定的是父親不曉得轉委託授權的事，至於承諾書上筆跡太模糊，她無法確認是否她父親親筆簽署。

「那麼『王軍』是誰？妳父親為何如此信任他？把五十五本著作都交給他處理？妳母親知道嗎？怎麼不是交給妳或妳母親處理？」我又拋出一堆問題。

林彤眉頭皺得更深了，不過還是試圖一一回答：「王軍是我父親很信任的學生，從我很小的時候，王大哥就經常到我家走動，幫忙整理父親的講學資料，還有校對書籍文稿。曾經我們走得很近，算是青梅竹馬，父親有意思促成我們的婚事，可是後來發現王軍心裡有別人，立即解除婚約。母親怕我太傷心，就陪我到英國留學，三年後我才又回國，王軍已經結婚，仍然待在父親身邊處理書籍出版授權的事。當時我有意協助父親處理他的著述出版事務，可是王軍與他愛人都不讓我插手，父親是個文人，也搞不懂那些授權合同跟版稅的計算，就由著王軍夫妻經管。我母親一向體弱多病，除了家務，只有畫畫，所以父親的著作出版工作都由王軍包辦，這麼多年來，父親也不清楚賺了多少錢，王軍常跟父親說這種國學的書只有小眾市場，大部分是虧錢的。可是父親過世後，我查了台灣出版界的暢銷書排行榜，發現在文史哲類的出版品，父親的書經常名列前茅，怎麼可能都虧損？而且三十年前父親曾到台灣住幾年，有開了一家出版公司，他就是那時候在台灣遇見我母親的。後來大陸興起國學熱，常常聘請父親到大陸講學，母親很喜歡西湖的景致，才決定長住大陸。」林彤娓娓道來，西湖女子憂愁中自有一份韻致。

我又忍不住插嘴問道：「那家台灣的出版社呢？後來結束營業了嗎？」

「我們也以為父親到了浙江，就把台灣的出版社給關了。後來父親的老朋友來參加追思會，才提到台灣這家出版社很有名，到現在還繼續發行銷售父親的書，以前都是委託實體書店賣書，這幾年與網路書店合作，聽說賺了不少版稅。」看來國學大師過世後，很多事情才浮出檯面，這位從國畫中走出來的空靈女子有辦法應付這些複雜的世事嗎？心中邊打問號，邊問她：「我可以為妳幫什麼忙嗎？」

林彤緩緩地透露更令人驚駭的事實：「昨天我提早到了台北，央請父親另外一位弟子，帶我到台北市政府查詢父親在台灣開的出版社的登記資料及股東狀況，才發現八年前王軍把父親的股份移轉五分之四到他名下，父親只剩持股百分之二十，不曉得這樣在台灣是否算是違法？」邊說又邊拿出一疊影印的公司登記資料，翻開二〇〇六年的變更登記事項頁，「王軍」名字列在股東欄，股份八十股，林彤的父親股份二十股。

我接過來仔細察看，再往前翻二〇〇五年的登記，「王軍」只有十股，林彤父親名下七十股，母親名下十股，林彤五股，還有另一位弟子五股，共有五名股東。到了二〇〇六年三月一日出現一份股東會議紀錄及董事會議紀錄，上面記載著林彤父親五十股及母親十股、林彤五股、弟子五股都同意轉讓給王軍。

「王軍應該就是拿這兩份會議紀錄去申請變更股份登記的。」我查看一頁一頁的文件，指給林彤看：「喏！就是這張申請書，而且會議紀錄載明他擔任董事長。」

「咦！二〇〇六年三月一日妳有來台灣參與會議嗎？有同意轉讓股份給王軍嗎？妳母親呢？有簽任何同意書嗎？」我先問關鍵文件的緣由，如果公司股東有簽署這些同意書，王軍的移轉股權手續就完全合法了。

「沒有啊！當時母親陪我在倫敦留學，我在劍橋念比較文學研究所，沒回台灣呀！」林彤回憶八年前的往事。

「奇怪！這些登記資料是完整的嗎？為什麼只憑兩份會議紀錄就可以變更股份？怎麼沒看到『股東轉讓同意書』呢？」我納悶著這些登記手續似乎漏掉了什麼。

林彤疑惑地望著我，突然想到：「噢！對了，昨天我在市政府商業處翻閱這份文件時，有看到另外一份檔案夾，我很好奇也打開來看，上面是二〇〇六年二月的申請書，申請人是王軍，好像是要申請股份過戶，可是被市政府的承辦人員通知補件，理由寫了好幾點，似乎也質疑王軍怎麼一會兒光景可以取得這麼多股份，還能當董事長，最後一行是說如果十天內沒補件，就要退件。」

「後來呢？王軍有沒有補件？承辦人應該也是在追『股東轉讓同意書』，那份公文妳沒影印嗎？」這應該就是王軍的違法證據了，我趕緊追問當事人文件內容。

「是政府的人不給印，她說這一件申請由於沒補件，沒通過，不能列為正式文件，不讓我打印。不過後來趁她走開的空檔，我用手機拍照，律師您看，圖片有點模糊……。」林彤打開手機的相簿，拉大螢幕上的公文內容，我湊近了看，說：「嗯，這是重要證據，可不可以寄到我事務所的信箱？我列印出來研究。」

林彤立即寄出圖片，問道：「這份公文可以證明什麼嗎？」

「對方可能構成偽造文書罪，因為公司根本沒召開會議，王軍卻在二〇〇六年二月偽造會議紀錄，向台北市政府申請股份移轉與公司負責人變更登記，第一次被退件。他在三月又偽造另外一份股東會議紀錄及董事會議紀錄，重新申請，市政府就讓他通過了，這樣會構成偽造文書及使公務人員登載不實事項的罪名，屬於刑事責任。妳與母親都可以告他，也可以幫父親提告。」我盡量以淺顯的語言向她解說刑法的規定。

「律師，我只要告到法院，王軍就會把八十股還給我們嗎？」林彤跳到最後的結論。

「不是，這只是告他刑事，如果成立的話，王軍是要去坐牢的。建議妳先用刑事提告，被告必須親自出庭，壓力較大，他可能比較願意出面解決，把股份透過和解的方式還給你們。如果在刑事程序中他拒絕和解，妳必須另外告他民事，才能要回這些股份。」我解釋刑案與民案的不同，常常當事人無法區分，以為提告了刑事，財產問題就全部一起解決了。

「聽起來很麻煩，如果不告呢？是不是這家公司我們就要不回來了？會不會影響我們在北京的上訴案？」大陸人對於在台灣進行訴訟還是心存疑慮，兩岸司法制度迥異，帶來許多隔閡，此刻焦慮與憂心寫在這位北京姑娘清秀的臉上。

「不提告，一切狀態就會維持現狀，等十年後偽造文書的追訴時效超過了，或民事侵權責任的賠償請求權時效消滅，恐怕你們也告不了，公司股權及版稅收入就要不回來了。」當事人常覺訴訟很麻煩，暫時擱在一邊，沒料到法律有時效制度。立法者要讓合法或非法的事在一定時間經過後確定下來，以免影響相關人等的權利狀態，因此設有時效消滅制度，時效一完成，就無法改變現狀了。這種不處理或延後處理的後遺症，必須及早告知當事人，由他們自己決定要面對或逃避，以及需要付出的代價。

林彤聽了，愁容滿面，身為律師，我雖然很不忍心看到當事人如此的反應，可是「訴訟」是人生另一個戰場，會走到這條路上，通常是很多因素造成。不論從佛法的因果業力輪迴，或者世間法的遊戲規則，福禍難逃，我還是會全盤分析，讓當事人自己面對人生，作成決策，因此繼續解析：

「偽造文書罪的追訴只是其中一個案件的程序，還有其他幾個案子可能也要同時啟動。王軍在二〇〇六年就全面接管妳父親的出版社，這八年來出版社的收入想必也沒交給妳父親，他會另外構成業務侵占罪。還有民事的部分，他明知妳父親過世，卻霸占著公司股份、經營權，還有這五十五本著作的發行權，也算是侵害妳的繼承權，如果要追究民事責任，妳也可以請求回復繼承權。」一併說明，讓當事人整體評估決定，不過看來林彤似乎負荷不了這些訴訟的壓力，臉色愈發蒼白。

林彤請我稍候，立刻撥電話給北京的律師，走到外面庭院商議幾分鐘後，林彤再度坐回位置，滿帶期待與歉意地開口：「律師，剛剛我請教過北京的律師，他認為您的分析都很精確。不過兩岸同時進行訴訟，可能有些制度面及策略面的問題需要商討配合，可否提出不情之請，不曉得您下週是否有空飛到北京一趟，與北京的律師還有我父親的幾位重要的弟子見面，共聚一堂從長計議？」

突如其來的邀約，著實令人詫異！雖然這幾年常到中國內地出差處理台商的法律爭議，不過尚無機會直接接觸及法院訴訟。這樁複雜的案件需要海峽兩岸律師高度配合，法庭攻防同步合作，是項高度挑戰，望著她幾近祈求的眼神，我點點頭，答應下週啟程，前往北京，進行兩岸律師協商，共擬訴訟策略，才能落實個別的訴訟案件，開啟台灣的戰局。

正義可以被收買？／偽造文書罪

終究司法不敵財團，皇后的貞操又被玷污了，對於這種罪證確鑿的偽造文書罪行，檢察官依然可以閉著眼睛不起訴，那麼檢察機關還有什麼刑事案件不敢作弊放水的?!

拿著剛拆封的台北地檢署不起訴處分書，心情從錯愕、激憤到心灰意冷，沒想到這麼明顯的罪狀，檢察官竟然還是作成不起訴處分，是屈服於財團的政商綿密影響力，或是金錢賄賂的誘惑？

邊收拾自己起伏震盪的心情，邊思考如何向當事人交代，回想一年前當事人特地跨海來台，要爭取被非法侵奪的建設公司股權，他拿出親自前往台北市政府調閱的公司登記資料，仔細詢問台灣股份轉讓及股權變動登記的手續，驚呼：「沈律師，我沒聽錯吧?!你們台灣的公司法怎麼定得如此詭異，為什麼股份轉讓不需要股東寫同意書，也不用去主管機關作登記？股份就這樣轉給別人。昨天我到市政府商業處，那邊的人也這樣告訴我，這樣多沒保障，難怪我母親的股份百分之八十全被偷轉走，這種狀況在美國或大陸是不可能發生的！」

當事人大學畢業到美國留學，在摩根史丹利投資顧問公司擔任理財副總五年後，派駐北京。去年母親在台創辦的建設公司人事更迭，母親交代他盡速返台接班，他辦理離職手續晚了一個月，沒想到母親出差到歐洲時猝逝。上個月他匆匆回到台灣奔喪，辦妥母親的後事，這幾天才有空處理建設公司股權繼承的手續，孰知一到台北市政府查資料，才發現母親的百分之七十股權早在兩年前已被轉讓到現任總經理名下，僅餘十股股份還登記母親名義，驚駭之下，不知所措，緊急透過會計師介紹，當事人來找我諮詢如何尋求法律救濟途徑。

會計師看過他調閱的公司文件後，表明一切股權變更手續都合法，包括董事改選、選任新總經理、董事長，對方連股東會議紀錄、董事會議紀錄一應俱全，都在申請案提出時一併檢附，市政府商業處立刻核准登記。當事人的母親當時忙著在歐洲參展接洽國外合作案，空檔期間又與友人前往尼泊爾、印度禪修，把台灣建設公司業務放心地交給副總經理代管。不料竟給副總可乘之機，貪婪地侵吞了百分之七十的股份，母親都被矇在鼓裡。前兩個月副總聽聞董事長在歐洲發生意外，送醫急救期間，伺機在台灣非法變更負責人為他本人。變更登記手續完成，當事人的母親同時在義大利醫院宣告不治，等到當事人來台發現一切變局，為時已晚，建設公司的負責人、印鑑章、銀行帳戶及公司業務財務都在副總的掌控中，當事人連公司大門都進不去，於是只好來質問我台灣的法律為什麼規定得如此不周全？

「請先別急，公司法的規定有歷史背景與政策因素，一般公司的股份轉讓時，例如『有限公司』，必須出具股東簽署的股份轉讓同意書。可是因為你母親的建設公司屬於『股份有限公司』，公司法為了推動股份易於流通轉讓，資金募集更為迅速便利，以促進國內經濟發展，因此對於『股份有限公司』股份的轉讓原則上不設限制，不強制要求簽署股份轉讓同意書，也不用到主管機關辦變更登記，只要股東之間同意就好，如果股權轉讓涉及董事改選，才必須向主管機關報備作登記。」我先解釋股份有限公司在台灣經濟政策的特別考量。

「律師妳的意思是，我這個案子就無解了，七十股的股份就平白送給那個該死的副總，在法律上要不回來了？」當事人臉上明顯寫著不平與憤懣。

「倒也不是，這是從公司登記實務來分析，行政機關的作法表面上看起來似乎沒有瑕疵，不過我剛剛翻到你昨天調出來的公司登記資料，有看到兩份會議紀錄，一份是兩年前副總轉走你母親七十股股份，改選董事的股東會、董事會議紀錄，一份是前兩個月你母親在國外出事時，副總變更公司董事長、總經理的會議紀錄。我猜這兩次會議，你母親都沒參加吧？尤其是前兩個月的會議，董事長正躺在歐洲的醫院急救，根本不在台灣，怎麼可能擔任會議主席，這份董事會議紀錄應該是偽造的……」我翻開會議紀錄指給當事人看。

當事人又開始情緒激動：「當然不可能出席，這個是假的，兩年前我媽媽如果有開會，根本不會作出這種決議。她一直在等我回台灣，五年前我研究所一畢業，母親就希望我回來接棒，後來尊重我的意思，讓我繼續在美國實務界歷練，等我能力經驗更成熟，再回來接她的位置，她不可能把七十股的股份轉給副總的！律師，針對這幾份假造的會議紀錄，我們可以告他嗎？」

「可以的，如果確定沒召開會議，可以提告副總偽造文書罪。」我下了結論。

當事人立刻拜訪會議紀錄上記載出席的股東與監察人，確定他們都不知道開會的事，也沒出席會議，當事人決定提告偽造文書及侵占股利罪。案件送進檢察署後，檢察官沒立刻開庭偵辦，先發交給警察局調查，分局偵查佐先約談我方製作筆錄，後來就進展緩慢。當事人去打聽，發現被告數度請假，三個月後分局約談完畢後，隔天被告居然帶著會計去作證，作證時備受禮遇，而且筆錄問答似乎事先套好，完全對被告有利，這些過程檢警單位打著「偵查不公開」的旗幟，都可以秘密進行。

「你怎麼打聽得到這些內幕消息？」我不禁欽佩當事人神通廣大。

「律師，妳不用管我怎麼知道的，反正我有消息來源，對方找了市議員去打點，所以分局的態度很明顯偏到被告那邊。」當事人憤憤不平地說，還問我有沒有管道找分局長。

我說：「沒有，我辦案也不走這些管道。」

拖了半年，案子終於移送回地檢署，檢察官沒親自開庭，只交代檢察事務官訊問雙方當事人。訊問過程，被告律師極盡諂媚之能事，檢察事務官與他一唱一和，合作無間；而我方的陳述，檢察事務官冷漠待之。退庭後，當事人很焦急，認為被告一定有去打通關節，問我怎麼辦？要不要送紅包，我還是堅持不要走旁門左道。

第二次開庭，被告帶了會計、出納出庭作證，還提出當事人母親的字條影印紙，記載同意股份讓與副總經理，而且同意由副總擔任負責人。當事人當庭乍見那張紙條，驚愕之餘居然承認上面是母親的筆跡，被告聽了洋洋得意地強調七十股是董事長同意轉讓的。

我立刻要求被告要提出字條正本，檢察事務官說：「妳的當事人都承認字條是他母親簽的，就不須再提交正本了，而且剛才會計也說是董事長指示她去辦股權變更、董事改選的登記手續，告訴代理人還有什麼意見嗎？」

我急著解釋：「會計是作偽證，當次根本沒開會，我們有另一位股東可以作證，董事長不可能交代會計去辦這些手續。」那位證人會計頭低低的，一直沒正視我們。

檢察事務官宣布：「告訴人三日內陳報股東姓名地址，下週傳訊他出庭作證，今日筆錄雙方簽完名，請回。」

從法院走出來，當事人悔悟不安地承認在偵查庭太緊張了，那張紙條讓他情緒失控，以為真的是母親的筆跡，都沒想到可能是對方拼湊複製剪貼的！我抬頭看了看他懊惱的神情，不忍心苛責他，事到如今，筆錄都記明了，也無法翻供，只好另謀解套方式。我請他立刻撥電話聯繫另一位股東出來作證，推翻被告的說辭，手機一直撥不通，翌日當事人直接登門拜訪，那位股東卻婉拒，說是當事人的母親「託夢」要他勿介入此事。

「吓！託夢？一派胡言，一定是被對方收買了，真是可惡！不過我透過太太的銀行資料昨天查到對方在兩年前就結清公司帳戶，裡面的現金三千多萬元都領走了，這下侵占罪他跑不掉了，是不是？律師！」當事人又提出驚人的發現。

「好！我趕緊寫聲請調查證據狀，請檢方到這家銀行調資料，證明資金流向不明，至少我們有把握當時是副總保管公司銀行印鑑，自行領出，而且擅自結清帳戶。咦！請問當時你母親不在公司嗎？副總怎麼膽敢移出所有現金？」我先問清楚背景，免得進行錯誤的調查，徒勞無功。

「我查過母親的入出境紀錄，那段時間她都在美國處理一個合作案，我記得我也有過去洛杉磯陪她一個禮拜，確定她當時不在台灣，根本不曉得副總做出這些不可告人的事。」當事人回憶往事。

「那好！我趕緊向檢方聲請。」具狀送法院後，檢察事務官來電詢問是否傳訊上一庭提到的股東作證，鑒於股東的態度詭異，我只好說暫時不聲請。

經過一個月後，助理拿地檢署寄來的文件給我，以為是開庭通知，打開一看，才知道是不起訴處分，檢察官認定被告並未偽造文書或侵占公司資產，根據會計證詞，認為是告訴人的母親指示她去辦理股權變更及董事改選，而公司帳戶結清，是被告整理公司帳務，暫時領出現金存放到保險箱，並無侵占犯行。

「律師，我原本以為中國大陸的司法很黑，沒想到台灣的司法更黑，檢察官被收買之後就可以亂判，寫這個什麼鬼理由，哪有人把公司現金三千多萬元存到保險箱，來經營公司，那出納怎麼領錢？什麼要『整理帳務』，胡扯一通，現金放在銀行帳戶，還是可以整理帳務啊！這種爛藉口，檢察官也信？不曉得收了多少紅包？律師，我就跟妳講對方一定有走後門，妳不信，還叫我要相信台灣的司法，這下相信的結果呢？對方打贏了，律師，妳這麼正直，不靠關係，不走後門，在台灣打官司很難的啦！」當事人把不起訴處分書塞進背包，搖搖頭走了，留下錯愕、無奈的我。

唉！糟了，忘了提醒當事人還有聲請再議的機會，連忙打手機問他，他沒接，傳簡訊給他。到了晚上他才回覆：「好吧！」

翌日，十萬火急地趕著寫出聲請再議狀呈送地檢署，以為依一般再議程序，高等法院檢察署會在二至四個月之後才有結果，沒料到三天後就收到高等法院檢察署的駁回再議處分書，這大概是中華民國史上最快速的再議駁回案吧！

忐忑不安地透過通訊軟體 LINE 傳給當事人後，他遲遲沒回覆，我連問他要不要再聲請「交付審判」的機會都沒有。我想縱使他還要繼續打下去，大概也不會找我了吧？看著桌上那份刺眼的不起訴處分書和駁回再議處分書，除了敗訴的心酸之外，最難過的是當事人對於台灣的司法徹底絕望，而我第一次深刻地感受到正直的律師居然被瞧不起，在法院「正義」可以用金錢收買……。

望向辦公室窗外盛開的杜鵑花，回想起當年在母校杜鵑花城，懷抱著法律人的熱情與對公平正義的憧憬，傾聽課堂上教授們殷殷的叮囑，要成為公平正義的守護者，實踐公理於人間，這些點點滴滴累積的法律信念支持著我打每一場官司。而今卻眼睜睜看到這座信念的大山崩塌，「正義」居然可以被收買，「惡人」可以被庇護，接下來，法律這條路，如何走下去呢？

養兒防老比不上贈屋防老？
受贈的兒子如何行孝？
沒受贈的女兒如何面對老母？
老母夾在子女爭奪遺產過程中，如何自處？

老母贈屋與孝道／撤銷房屋贈與案

剛從歐洲自助旅行回來，還沉浸在三週的旅行氛圍中，思念著梵蒂岡的博物館、聖彼得大教堂的屋頂雕像、翡冷翠的河流古橋、威尼斯的水上風光……當事人已經來電約時間諮詢法律問題，把我拉回現實人生，面對忙碌紛雜的律師生涯。

這位陌生的當事人是多年未見的大學同學介紹的，電話中簡單自我介紹後，他只提到家族糾紛涉及贈與不動產的問題，一句：「收到法院通知，快要開庭了」，挑起我職業性的敏感神經，趕緊約翌日上午見面討論。

第二天忍著時差的不適，提早進辦公室，坐在辦公桌前，電子郵件還沒瀏覽完畢，當事人已進門，看得出他的焦灼與急切。會議桌上當事人桌前攤開兩疊文件，一旁是他柔順蒼白的妻子，對面坐著慧黠活潑的女兒。一坐定，當事人就迫不及待拿開庭通知給我看。

「噢！是調解程序，不是法官開庭啦。」看完起訴狀，向當事人解釋這種強制調解的程序，還沒到法官正式開庭的階段，如果調解不成立，才會真的進入開庭調查的訴訟程序。

「那麼我就不用這般緊張囉！可是我收到起訴狀就很生氣啊，媽媽都是我在養，現在我姊姊居然鼓動媽媽來告我。最可笑的是通知書上面寫的九月十二日那一天我還要開車載我媽媽去法院，被告載原告出庭，天底下有這種離譜的事嗎？」當事人操著一口台灣國語，愈講愈激動，索性直接用台語幹譙，後來警覺與我初次見面，立刻致歉：「律師小姐，不好意思！我罵得過火了。」

多少當事人接到起訴書、法院傳票，感到寢食難安、輾轉難眠，來見律師時，滿懷情緒一洩而出，有氣憤、憂愁、恐懼、焦慮……如果會議桌上一味壓制當事人的情緒，怕是官司還沒結束，人已失心瘋了。可是律師也不是心理醫師或心理諮商師，無法承接當事人所有情緒而進行專業的疏導，只能讓當事人稍事發洩，還是要引導回案件正題。

快速讀完原告的起訴狀，深知書狀鋪陳的都是一面之詞，還是得聽聽當事人的說辭，才能綜合評估，提供法律諮詢意見。這位中年大伯臉色一沉，開始說起家族的故事：

「我們老家在台南，我是長子，十年前父親過世時，沒分財產，不過母親受到很大衝擊，頓失依靠，對我這個大兒子特別依賴。沒多久就搬到台北跟我一起住，第二年還把台南的老房子用贈與的名義過戶到我名下，又把一千多萬元的存款匯到我的帳戶，說是要當生活費。」他邊講，我邊翻閱核對當事人帶來的所有權狀影本、存摺等資料。

他繼續說明母親贈與的考量：「律師，您也知道，鄉下重男輕女嘛，我弟弟不爭氣，從小就是壞胚，前幾年犯案現在還是通緝中，而四個姊姊妹妹就都沒分到家產，母親大概也為了避免以後往生要分財產給女兒，趕快在她還活著時辦贈與給我，免得以後女兒跳出來爭財產。」

什麼時代了，還有這麼濃厚的重男輕女觀念，女兒心裡會平衡嗎？恐怕這是紛爭的源頭吧！果不其然，當事人馬上提到姊姊的不滿：「沒想到媽媽來台北都會區住不慣，心裡鬱卒，就開始找媳婦出氣。媽媽非常疼我，捨不得罵我，於是我老婆就成了出氣筒，最嚴重的時候還會打我太太，有一次我太太受不了，只好去驗傷，差點成了家暴案件！」不禁轉頭看了妻子一眼，難怪一臉憂傷，深邃的眼眸似乎藏著許多委屈，提起了往事，她眼眶紅了起來。

當事人在陌生律師面前也不方便對妻子表達安慰之情，繼續述說姊弟爭端：「母親三番兩次向我大姊訴苦，姊姊們巴不得媽媽和我起衝突，於是趁機在背後挑撥離間，終於媽媽開始懷疑我的孝心，二年多前吵著要去姊姊那邊住，我當然順著老人家的意思。可是大姊只想爭財產，不是要真的奉養母親，住了幾天後，就把我媽媽帶到台中另一個妹妹家住。我那個妹妹性情古怪，脾氣暴躁，幾年前離婚後，一直是一個人住，媽媽去住了之後，母女倆天天吵架，有一天我去探望媽媽，居然發現妹妹把媽媽送到療養院了，我衝到療養院要接媽媽回台北住，可是媽媽還是很氣我們夫妻，悍然拒絕。我只好每個月開車去看她，帶她出去吃大餐，療養院的錢也都是我在付，持續一年多，媽媽心軟了，氣也消了，又心疼我南北奔波，才點頭答應搬回台北。」

母子間的折騰，兩邊都受苦了，可是真正的戰爭還沒開始，當事人接回母親後，共同生活難免又起摩擦，大姊伺機造謠，又透過母親常去幫忙作法會的寺廟義工咬耳朵，數落當事人夫妻的不孝。甚至大姊趁當事人外出，假借探望母親的名義，取走監視外勞活動的室內錄影監視器，盜拷記憶卡儲存的畫面，指稱弟弟媳虐待母親，策動母親狀告兒子，訴請撤銷房屋贈與及返還現金一千兩百萬元。

「律師，您說這樣有道理嗎？公平嗎？媽媽是我在扶養，姊姊只要動一張嘴，捏造事情就可以叫媽媽告我。我這個兒子到底要怎麼做，她們才會滿意？」

世間如果諸事公平，就不需要律師爭取權利，訴請法官主持正義了，甚至也不需要上帝與神明作最後的審判了。當事人現在感嘆世事不公平，日後進了法庭，才會更體會到世界上不公不義的事還不少呢！

「所以你覺得這個案子不是媽媽真心要告你，是姊姊背後主導，慫恿媽媽作這次的起訴？」先了解案件的起因，說不定從源頭解決最徹底。

「對啊！連律師也是我大姊找的，我媽媽不識字，到台北也沒認識幾個人，怎麼可能找到這個張律師？」當事人指著起訴狀原告欄中記載的訴訟代理人。

「不識字？那麼起訴狀內容她看不懂囉，不過有蓋章耶。」我再翻一下起訴狀尾頁當事人欄沒簽名，但打字的姓名後面蓋有一個印文。

「沒錯！這是我媽媽的印章，一直都是我在保管，上個月她跟我要回去，原來就是要蓋章來告我！」當事人恍然大悟。顯然印章是真的，不能主張起訴狀未經原告本人同意，那麼至少還可以撤回吧！

「媽媽現在住哪裡？還是跟你一起住嗎？有沒有辦法說服她撤回這個案子？」嘗試提出一個根治的方法，如果媽媽願意撤告就不用再煩心了。

「不可能啦！律師，我媽媽每天都臭臉，也不跟我們吃飯、看電視，自己關在房間裡，吃飯時間就自己到廚房煮點簡單的菜色，或是買一碗麵回來吃，她現在聽不進我講的任何一句話了。」當事人激動地敘述近日母子互動狀況。

顯然「撤告」之路行不通，只好分析法律關係，一起思考解套方式。

「起訴狀主要訴求第一個是以你未盡扶養義務，主張撤銷贈與，……」我開始討論這樁財產訴訟的爭點，第一點還沒講完，這位容易激動的兒子又提高音量抗議：「我這樣還不算扶養？怎樣才算？像我弟弟落跑、或像我姊姊把媽媽送到台中、我妹妹把她丟到療養院……才算是盡到扶養義務？」

「當然不是這麼說，賴先生您先不要激動，冷靜下來，我們才能好好想出答辯的理由，說服法官相信我們這邊的主張。」平靜地回應。當事人陷入情緒激動時，千萬不能隨之起舞，也毋需承接他的情緒，否則無法理性分析處理紛亂的法律問題。

請他喝口熱茶，再繼續解釋：「這幾年來您提供母親居住的環境、負責一切生活開銷，食衣住行都盡到照顧的責任，可是兩年前姊姊把母親帶走，她起訴狀裡面說你不給她飯吃，媳婦又擺臉色給她看。這一段一個月住妹妹家、八個月住療養院的期間，你必須舉證搬走的原因，及支付療養院費用……」

「我有付啊！八個月收據都在，療養院的志工可以證明我們全家每個月都去看媽媽，最後也是我接她回來台北住的。」他馬上抽出牛皮紙袋的一疊收據給我核對。

「好的，這部分我們不擔心。至於上個月大姊拿走監視器記憶卡盜拷一事，應該是為了要打官司蒐集證據，你們先想想看記憶卡錄到的畫面有沒有對你不利的地方，譬如你或太太對媽媽態度不佳，或媽媽心情不好的情形？」繼續追問對方手上掌握的證據對我方的負面影響。

「律師，我先請教您，可不可以告我姊姊偷走監視器？」當事人氣不過，先提問主動出擊的可行性。

「親屬竊盜的情形，刑法規定是免刑的，你告大姊也沒用。而且她出庭可以答辯是關心媽媽生活，媽媽跟她訴苦，所以才想看監視器錄影帶，並不是要偷你的東西，可見她完全沒有竊盜的犯罪故意……。」趕快打消當事人這種非但無濟於事，反而會節外生枝的舉動。

「可是我公司的法律顧問說可以先告大姊竊盜，她就不會這麼囂張，一直挑撥叫我媽媽去告我了。」當事人不經意之間透露已諮詢過其他律師的訊息。

有些律師唯恐天下不亂，想方設法找出接案的契機，而我分析案情卻謹守一個原則——真正為當事人解決問題，切勿製造新的紛爭。

「你覺得大姊挨告後不會反彈？而且媽媽會不會更不諒解，更難原諒你，就別提要請她撤回訴訟了！提告要先分析利弊得失，如果你告了大姊，她反告你誣告，甚至在媽媽這個案子，她挨告不滿之後，在背後策動加碼，例如請鄰居好友作偽證，或再提高賠償金額，說你造成媽媽精神痛苦，失眠甚至失智？演變到那個局面，怎麼收拾善後？」解析日後可能的演變，促使當事人清醒地思考問題。

「我就跟你說，不要相信那個丁律師，他看起來就想賺錢，不像沈律師會仔細分析正面、反面的狀況，而且還考慮到證據的問題。」沉默不語的妻子突然發言，當事人沒再吭聲。

「請問監視器記憶卡的畫面有錄到多長的期間？裡面有沒有對你們不利的場景？」再問一次剛剛的問題。

「就我印象所及，應該是沒有，……不過有一次我太太端茶給媽媽喝，有點燙，媽媽吐出來；還有上個月媽媽臉色都不好，有幾次罵我太太，我看不過去，就嘮叨兩句，律師，這些情況有關係嗎？」當事人看看妻子憂心忡忡的臉，又轉過來等候我的答案。

「可能有，看你大姊如何借題發揮，因為子女扶養義務的履行，包括身心的照顧，她可以強調你們婆媳不和，媽媽不堪同居之虐待。還有這幾個月母親三餐自理，可以主張你們拒絕提供三餐溫飽，……」我假設各種最壞的狀況。

兒子愈聽臉色愈難看，提出疑惑：「律師，根據您的專業，我現在該怎麼辦？」

「這件表面上看是財產糾紛，實際上是家事案件，你大姊手上應該已經掌握不少證據，她對母親贈與房產給你的事又極為不滿，這個案子她一定不會善罷甘休，目前看來你這邊勝訴的機率較高。不過訴訟期間你是被告，要準備很多人證、物證來反駁大姊的證據，家人之間以和為貴，這個案子縱使你辛苦地迎戰，打到最後勝訴了，能徹底解決你跟母親之間的問題嗎？你們母子經過長期對簿公堂，還能和諧相處在同一個屋簷下嗎？更何況訴訟期間你看到媽媽夾在你跟大姊之間，出庭要故意講你的壞話，心情一定不好，萬一她老人家傷了身子，你忍心嗎？媽媽在法庭中看到你受苦，她一定也很煎熬，這是我們做子女的人回報親恩的方式嗎？」提醒他日後出庭可能的掙扎。

希望當事人能和平解決法律問題，於是接著建議：「把握這一次調解的機會，看看能否想出妥當的和解條件，讓姊妹們心服口服，消弭多年來的不甘願，才能真正解決你們家庭的問題。否則縱算你努力地打贏了官司，媽媽會心情愉快地跟你住嗎？姊姊會甘願接受判決結果嗎？家裡會風平浪靜嗎？有時候法律沒辦法解決人世間所有的問題，官司勝訴了，可能贏得真理，但卻輸了感情，值得嗎？母親已經八十幾歲了，奉養她的時日也不多了，何不好好接受調解，讓母親樂享天年！」

當事人心事重重地回去了，多年的手足恩怨、母子誤會能否順利解開，就看他的心量與智慧了！

如果人與人之間舊怨未了，命運之神將會創造新的事件，讓人們清理過往的仇怨，衡平輪迴中的因果。

買賣交易的二十年輪迴／價金給付案

這家建設公司的老闆二十年來在台北近郊蓋了不少房屋，建案品牌信譽卓著，遠近馳名，往往預售屋一推出，三個月內銷售一空，而且交屋後鮮少發生糾紛，住戶入住後皆感滿意。多年後建案投資合夥人間理念不合、對簿公堂，翻出二十年前的老帳，僵持不下，案情之複雜，連法院都不敢輕易讓案件三審定讞，於是一樁給付買賣價金的案件輪番游移在高等法院與最高法院之間，判決↓上訴↓發回↓更審，不知何時才能真正結案。

這一次已經是最高法院第二次發回高等法院更審了，從五年前對方起訴開始，歷經地方法院、高等法院，加上最高法院，總共經過了六次的審判，二十個法官審理這個買賣價金的案件，其中十七位法官都判建設公司的老闆勝訴，可是每當對方上訴到最高法院時，最高法院的五位合議庭法官卻老是有辦法從厚重的卷宗裡，挑出一、二處不大不小的疑點發回高院更審，讓案件重啟二審程序。高等法院分案後，三位合議庭法官重新開庭，調查案情、釐清事實、傳訊證人、整理證據、言詞辯論，才能結案。勞師動眾、曠日費時，法官無奈、律師無力、當事人無助！

「律師，為什麼最高法院要發回這麼多次？他們幹嘛不自己判？還要丟回高等法院重來一次，勞民傷財，沒完沒了！法律不是要解決老百姓的問題嗎？現在法院把案子丟來丟去，不是衍生出更多問題嗎？」建設公司老董憤憤不平地抱怨。

雖然跟他解釋最高法院是法律審，不開庭，不能調查事實，只能作書面審理，所以無法針對案件爭點作成判斷，必須發回高等法院重新調查，但當事人依舊不滿，加碼抨擊：「這個我知道啦！打官司打了二十年，律師妳在念大學法律系的時候，我就開始進出法院了，怎麼會不知道最高法院是『法律審』！問題是最高法院這些怪老子很偷懶耶，判決書都寫這麼短，只有幾行字而已，只要找到一、兩個質疑的點就丟給高等法院，發回的意旨寫得不清不楚、含糊籠統，高院法官又要花半年開庭調查，判我們勝訴後，對方再次上訴三審，最高院又挖出一、兩點疑問，又丟回高院。那些怪老子為什麼不勤快一點，把所有的問題一起挖出來，一次寫清楚，讓二審的法官統統調查清楚，不要這樣一次又一次發回來，為了這個案子，我都不敢退休，怕我兒子不了解陳年往事，接班也接不下來。律師，妳認識這些最高法院的法官嗎？他們到底是笨還是懶？為什麼話不一次說清楚、講明白，他們坐領高薪，也不用開庭，判決書卻寫得這麼簡單，退回高院之後，搞得大家人仰馬翻。像昨天開庭啦，高院法官也在問最高法院判決書倒數第二段，有一句話是什麼意思，妳不是也向法官解釋了老半天，書記官筆錄記了一堆，結果對方律師站起來講一句話就推翻了。我坐在旁邊看法官聽兩邊的律師爭辯，也是霧煞煞，不敢確定哪邊律師猜得對最高法院的無字天書！」

老董激動地咳了起來，喝口茶後接著說：「難道沒有人跟最高法院的怪老子反應？以我們民間企業來講，他們的產品——判決書根本不合格，品質超差的，一點都沒顧慮到消費者的感受，我們繳稅給政府、繳裁判費給法院，法院的服務品質這麼差，為什麼都不改進？立法院不吭氣、總統也不講話，前一陣子電視報導『小英』跳出來說要司法改革，第二天就被其他新聞淹沒，聽說法官都很不滿，一個總統候選人沒在司法體系待過，又要大談司法改革，可是這些法官知不知道我們民眾更不滿？誰了解我們這些被告的苦？」

句句說到我們律師的心坎裡，可是畢竟我也是法律人，屬於司法審判鏈的一環，還是要幫法院澄清，免得一般民眾誤解法官，我說：「最高法院的法官都是挑選高院成績優異，審判經驗豐富的法官，才能上到最高院，我有幾個台大法研所的同學或學長也在裡頭，他們都很認真優秀，不笨也不懶，只是發回的判決書幾十年來相沿成習，都是簡略數筆就交代完畢，如果能夠寫得更深入詳盡，可能可以減少日後發回的機會，早點終結紛爭。」司法制度的問題，律師實在無力介入，只能在當事人發洩情緒完畢後，再引導回到案情本身，針對問題討論。

我看董事長還糾結在司法制度的缺失中，擔心案情的討論離題，連忙請教他昨天開庭法官提出的疑點，我翻開土地買賣契約書提問：「董事長，法官昨天在庭上有問到關於這一份買賣契約對價性的問題，因為對方一直強調當年買賣成交簽約後，您這邊都沒付款，後來就領走補償費，這點構成『不當得利』，法官要我們解釋當年領取補償費的法律上原因。」

董事長接完一通電話，嘆口氣說：「這個垃圾！鄭浩偉這個夭壽的，居然敢這樣說，他都忘了當年欠一屁股債，我們是怎樣幫他解套了！律師，連妳也忘了嗎？五年前為了這個案子來找妳，我就說過了……。」

我趕緊搖搖頭說：「我沒忘啦……」還沒講完，急性子的董事長，又急著開始講故事：「民國八十五年鄭浩偉那個垃圾鬧大頭症，跑去選舉，沒選上又欠了千萬元的債，落選後面對債主及黑道的追討，緊急向我調了五百萬元，又跟另一個親戚周轉七百萬元，才勉強度過難關。半年後他允諾我的還款期限到了，他依然山窮水盡，於是答應把桃園一筆祖產的土地過戶給我跟親戚抵債，我們三個人在代書那裡簽了一份買賣契約，原來說是兩個月內要過戶完畢，可是那筆土地他登記在他的一個人頭名下，那個人頭剛好車禍住院，好不容易出院，拖了半年終於可以辦過戶了，沒想到土地居然被縣政府徵收，我們就商量用徵收補償費抵借款，鄭某答應了，可是要取領補償費的前一個禮拜，他又為了選舉搓圓仔湯的案子被黑道兄弟追殺，跑到大陸去了。」

這一段故事我已聽過三、四次，每回案件輪到新的法官這邊要開庭了，老董就會不放心地到我辦公室重播一次，內容完全相同，連罵對方的髒話與段落都沒變，我一定得靜靜聽完，否則老董會一直找機會複述完畢。今天他話匣子一開，我知道全劇又要重播了，他指著縣政府那張發黃的補償費通知單接著說：「我公司的總經理跑了很多趟，跟那個人頭溝通，本來他是不肯，說對方跑路了，他不能自己去領錢，而且萬一以後我們這兩個債主把債務推到他頭上，不是無端攬上無妄之災呀?!我們跟他保證絕對不會叫他負擔鄭浩偉的債務，用補償費來抵償債務就綽綽有餘了。」

坐在一旁的總經理忍不住插話說：「是呀！當初我跟那個人頭掛保證，叫他不要擔心，我們簽一份協議書給他，寫明借款債務與他無關，補償費用來抵債，金額寫得清清楚楚，董事長在協議書上簽名蓋章，他才肯讓我們陪他去領補償費，再把五百萬元匯給董事長，等董事長確認收到匯款，再把鄭浩偉借錢時開的支票正本跟退票理由單交給這個人頭，所以他去年出庭就說有收到這張五百一十萬元的支票正本，而且鄭浩偉從大陸回來找他時，他有把支票拿出來給鄭看，鄭也承認是他太太開的，他背書之後拿來跟我們董事長借五百萬，其中十萬是第一期的利息。沒想到鄭浩偉事後提告，居然說五百萬元不是他借的，是他老婆開的支票，與他無關，真是睜眼說瞎話！還好法官沒上當，最後還是認定是他借錢，用土地來抵債，才判我們贏。」

我補充前一次審判時法官的判決理由，說：「除了鄭浩偉的太太出庭作證，法官叫她跟鄭浩偉隔離訊問，兩個人對於借錢的用途及開支票過程講得互相矛盾，法官就不採信之外，鄭浩偉有當庭追認人頭在領補償費，就是八十六年十月時候簽的協議書，表示他也承認用補償費抵借款，所以之前判了五次都判我方勝訴，主要是這幾點法官接受我們的主張。不過，最近這第六次的審判，最高法院又找到兩項疑點……」

董事長點點頭後，沒等我講完，又回到原點問起這次發回高等法院的爭執點，問道：「那麼最高法院還能挑剔什麼？人證、物證都調查得很清楚了。」總經理攤開判決書，指著第五頁急著回答：「董事長，就是這一段啊，最高法院法官說鄭浩偉一直否認他有跟您借錢，而您當初要求設定的抵押品，抵押權人是寫表弟的名字，所以法官懷疑借款人是您表弟，不是您本人，那借款就不能用來抵銷買賣價金了。」

董事長聽了，禁不住又發牢騷說：「還不是公司那時候的會計師多嘴建議，叫我抵押品用人頭登記，才能節稅，而且說如果要拍賣擔保品，我不用出面。誰知道當初手續作得完備，現在反而啞巴吃黃蓮，讓鄭某人歪曲事實，說是我表弟借的，胡說八道，他根本不認識我表弟，怎麼可能跟他借五百萬元，這個垃圾，什麼話都敢講！」

當事人發洩情緒後，心情較平靜了，這時我才能分析案情的重點說：「您在八十六年初簽的買賣契約書中對我們比較不利的是第三條寫到要買賣價金的支付，分三期都要用現金，卻沒提到用五百萬元借款抵債的事，這一點跟我們一貫的主張不符。當初怎麼會這樣約定？」

「這就要怪那時候找的代書不夠專業，他就用一般買賣契約書的範本，簽約時我還問他為什麼不寫抵銷借款，代書說寫借款比較複雜，會影響到稅金，辦過戶也會麻煩，我也沒想那麼多，更沒料到後來變成領補償費，不能辦過戶，結果買賣契約現在反而被對方拿來作文章，真是可惡！」董事長又感嘆又生氣。

總經理比較務實，直接問如何解套？我說：「可以請當時的代書出庭解釋嗎？證明那是坊間買賣契約範本的寫法，實際上是以借款抵銷債務。」我嘗試提出突破的方法。

總經理搖搖頭，說找不到當年的代書了。陳年老案就是有這種困擾，人事全非之後，很難訪查當年的人證、物證，我想了一下說：「那麼只能從借款的主體性，強調董事長是真正借款人，以及鄭浩偉有出庭追認八十六年十月的協議書來加強我方的立場了。」我翻一翻卷宗裡的協議書及開庭筆錄，先下個結論，接下來就等高等法院第二次開庭了。

從最高法院發回更審的案件，高等法院通常不會開太多次庭，因為該查的證據約莫在地方法院、高等法院以前的審理庭都調查過了，因此這一件發回後，高院法官在開過兩次準備程序後，合議庭就訂了言詞辯論程序，對方的律師在辯論庭上不斷攻擊我方未支付買賣價金的爭點，我以借款支票及補償費協議書、對方追認協議書的筆錄為依據，解釋借款抵充買賣土地價金之事實。

高院辯論庭中，庭長自始至終專心聆聽，只有在雙方律師辯論結束後，開口問我：「被上訴人對於上訴人主張未支付買賣價金，卻收受土地徵收補償費，構成不當得利，有何事實上及法律上的理由？」我聽了心頭一驚，顯然方才辯論時強調的重點，庭長並未接受，於是我另外引述實務見解，以判例支持我方論點，對方律師聽完又起身反駁，庭長最後詢問雙方是否還有其他補充，我們都表示沒有意見時，庭長宣布兩週後宣判，就退庭離去。

總經理從旁聽席走過來，跟我一起走出法庭，他循例問道：「律師覺得如何？為什麼庭長最後又問『不當得利』的事？我覺得律師妳剛剛辯論時，講得都很有說服力啊！」

我笑一笑說：「可能庭長需要我們更明確的理由吧，沒關係兩週後就知道結果了！」

跟總經理告別後，走出民事法庭大廈，沒急著招計程車，特意在秋陽涼風中，走在貴陽街寂靜的紅磚道上，心裡倒是有一絲不安，可是又說不上來，到底經過之前五次的一、二審勝訴判決，這一次法官會全盤推翻嗎？憑什麼呢？應該不至於吧?!我反覆思索，從對方上訴人的主張到我方被上訴人的理由一一回想，試圖找出庭長可能的疑點，可是始終覺得我方的立場較符合法理情。

忐忑不安了幾天後，我決定不再自尋煩惱了，所有的事實在案件進入法院之前都已發生，所有的法律理由在審判過程中，身為律師的我也已盡力提出，此時就只能交給法官，等候判決了。縱使執業多年，接過各式各樣的判決書，宣判之前，不安的心情依然如影隨形，似乎這就是律師的宿命，法院訴訟的結果必有勝負，一紙判決可以決定當事人的財產、家庭、婚姻、名譽，甚至命運隨之改寫，我們律師受人之託，忠人之事，可是判決結果我們無法掌控或預測，這份不安的感覺，在執業第一年或第十年、二十年仍舊鮮明，只是愈資深、年歲愈長，在獲悉判決後愈懂得如何向當事人解釋安撫敗訴的心情，或分享勝訴的喜悅而已，至於過程中的跌宕起伏，仍然是每個案件不同的功課，多年來透過佛法修行，較能自持平靜、自在解脫，但收到判決書那一刻，與當事人同喜同悲的心境依舊難免，每一次宣判都是修煉的歷程。

如同這個案件，三週後助理上網查詢宣判主文，居然我方敗訴，法官判定我方當事人須支付買賣價金五百萬元及法定利息。我望著電腦螢幕顯示的判決主文，驚異不已，十天後細讀高等法院寄來的判決書，依然不能心服，董事長獲悉後，更是悲憤莫名，完全無法接受，聽完我對判決理由的分析後，當事人不再聯繫，二十天的上訴期間杳無音訊，猜想應該是另請高明，委請其他律師上訴了。

當事人敗訴後，不再繼續委辦，我深深理解當事人的心情，絲毫不怪他們！在法庭戰爭中，人們經常以成敗論英雄，透過判決的勝負來評價律師的優劣良窳，縱使律師全力以赴，仍有許多變數影響訴訟結果；一旦敗訴，以打贏官司為目標的當事人，難免動搖平時對律師的信心，黯然離去，此際我自問已盡人事後，只能聽天命，交給人世間業力流轉，我所能作的，就是試著將案件放下，律師與當事人的相遇與託付，也是一種因緣，緣至受託，成事緣盡，緣起緣滅，切勿罣礙，天地之間自有因果運行與安頓之道。

藝術理念可以讓好友成為工作夥伴，為了共同的目標奮鬥；也可能讓工作夥伴變成仇人，為了迥異的藝術呈現方式而分道揚鑣，甚至對簿公堂！

紀錄片導演的愛與怨／影像侵權案

藍玉與田毅導演是電影系同班同學，他們十年前從藝術大學畢業後，攜手合作成功完成幾項攝影展及影像策展，在南台灣造成小小的轟動。挾著這股小有名氣的聲勢，去年承包了南部某縣市文化局的河川紀錄片拍攝製作案，兩人分工上山下海，夜以繼日地記錄台灣南部幾條河川春夏秋冬季節的變化。拍片期間剛巧碰上幾個颱風帶來豪雨，山區發生土石流，他們在驚險萬分、風雨交加的颱風熱季拍完紀錄片最後片段，緊接著花了兩個月進行後製，音效、字幕一一完成後，在文化局驗收的最後期限交出成品，取名為《哭泣的山河》。

文化局看完試映，非常滿意，認為紀錄片的影像除了在電影院放映，還可以改編撰製書籍、製作DVD，於是市府快速通過第二階段的採購案。這次與他們合作第一階段紀錄片的製作公司沒再加入，因為製作公司的劇組要趕到上海拍連續劇，檔期無法配合，而且書籍編撰出版也不是製作公司的主要業務，於是藍玉與田毅特別情商大山出版社參與，進行第二階段的DVD加上書籍發行計畫。

半年前在第一階段拍攝《哭泣的山河》紀錄片的過程中，藍玉與田毅導演透過我擔任法律顧問的大山出版社，數度來事務所諮詢早年濁水溪、愛河的相片授權的相關法律問題時，我就曾建議他們處理相片、影像授權過程中，順便將授權用途涵蓋日後紀錄片出書使用。當時這兩位導演都一致搖頭，表示沒有出書計畫。我提醒他們：「這些河川是台灣的水源命脈，也是洪水災難的源頭，這部紀錄片如實反映了數十年來南台灣農民、村民與政府如何抗洪，還有與河川互利共生的過程，深刻地描繪從日據時代到現在這幾條河川的變化與大事紀，是很重要的歷史人文紀錄，非常值得用文字整理出書。」

這兩位挺有主見的導演聽了不置可否，笑笑離去。沒想到我預言式的提議日後成為真實計畫，半年後他們果真投入了第二階段的出版專案，把影像轉化為文字，一部《大地之河》紀實的著作完成了。大山出版社為了促銷的目的，決定將《大地之河》這本書加上紀錄片《哭泣的山河》DVD作為銷售的商品，另外剪輯幕後番外篇光碟當作贈品，整套產品分量夠，才能提高售價，吸引讀者購買，刺激市場買氣。

「幕後番外篇」，兩個導演聽了都傻眼！不過藍玉立刻有靈感，想要把拍攝河川紀錄片過程，無意中發掘的感人愛情故事，與颱風夜冒險搶拍河川暴漲的驚險畫面，作為拍番外篇花絮的光碟內容。藍玉興奮地說：「當時我們作田野調查時，發現有幾個淒美的愛情故事都因著這幾條河川而開始，後來卻因河川氾濫成災而結束。當時受限於文化局的採購合約片長規定，不能放到紀錄片中，現在剛好可以作『番外篇』光碟當贈品，讓讀者不只看到河川的美麗與災難，還可以讀到背後扣人心弦的愛情故事，一定會吸引更多人來買書。」

田毅在一旁使勁兒搖頭，強烈反彈，堅持紀錄片要聚焦在河川本身，不要加入不相干的元素，免得模糊了初發心。兩位導演各持己見，互不相讓，氣氛有點尷尬。這種藝術的觀點，身為律師的我雖然同在會議桌上聆聽，根本無法置喙，也不宜介入，我只能專注分析書籍與DVD的著作權關係，協助他們審閱修改出版合約後，讓兩位導演們回去自行磨合，另與出版社溝通。

過了一段時日，皆無後續消息，我以為事情順利解決了。沒想到上週末兒子開車陪我到陽明山爬擎天崗，捕捉秋芒的景致時，突然接到導演藍玉來電說：「沈律師，不好意思，星期假日還來打擾您，因為有急事，今天早上我跟大山出版社都收到存證信函，說我們侵權，要告我們！」

我一手握相機，一手抓著 iPhone 湊近耳畔，聽完這段話，只好暫時放下相機與眼前滿山遍野的芒草，專心聽電話。當事人一著急，描述事實常缺了主詞，只強調動作，我得先弄清楚事件主體：「誰寫存證信函給妳？」

藍玉又氣又無奈地說：「就是田毅啊！」

「吓！你們鬧翻囉？他怎麼會說妳侵權，是那部紀錄片引發的嗎？」我還是不懂為何事情轉變得如此急速，只覺世事無常、人心難料，擎天崗上忽然也變天，飄起雨來，山野蒼茫，毫無避雨之處，兒子趕緊幫我打傘，我繼續聆聽。

「還不是那張番外篇光碟贈品惹出來的禍！上次在您那邊田毅不是反對作番外篇嗎，我是覺得無妨，後來出版社一直催，說發行雙DVD比較好賣，我就把一些素材影帶拿來剪一剪，大概剪了二十五分鐘的帶子，裡面除了我們拍攝河川的精華影片之外，還加上我單獨去村落採訪早期與那些河流有關的愛情、親情、友情的故事，這些片段戲劇張力強，讀者容易被吸引。可是因為田毅上回已經明白表示不認可這種番外篇的呈現風格，所以那本紀錄片的書，書套上幕後番外篇的導演名字就只放我一個人，我怕田毅的名字放上去，他會不高興。沒想到我配合行銷的好意，他居然說我侵權，真是他媽的，不識好人心！哎呀，對不起！律師，實在太生氣了，飆髒話出來。現在該怎麼辦？而且更過分的是，田毅居然把存證信函的副本寄給文化局，存心要把事情鬧大，真是不顧情義的傢伙！好歹我們也合作這麼多年，幹嘛沒吭一聲就寄存證信函，連以前合作拍攝紀錄片的製作公司也收到了，他們老闆剛才還打電話來罵說干他們什麼事啊！這本書跟幕後番外篇的贈品又不是他們公司出的，他們發完紀錄片，就沒再跟我們合作了，田毅明明知道還要把他們牽扯進來，真是莫名其妙！是不是要株連九族，趕盡殺絕啊？」藍玉邊敘述案情邊發洩怒氣。

我心裡迅速作了決定，打算不要讓當事人的突發狀況影響我與兒子的秋日踏青相聚的心情，趕緊提出建議，結束對話：「導演，請妳把存證信函掃描寄給我，我現在人在外面，晚上回到家裡我會盡快看，幫妳想想回應的方式，下週一我們見面討論。週末這兩天妳可以先跟出版社、製作公司商量，大家步調要一致，包括如何回應這封存證信函，還有如何向文化局交代。另外提醒妳，現在還不確定對方會不會向媒體爆料，可是要有心理準備，如果媒體問起來，妳先想好說詞，最好都交給出版社統一發言。」

藍玉聽到我一一囑咐，才驚覺事態嚴重，允諾盡速著手危機處理。

週一早上一進辦公室，助理就說藍導演來電約今天下午兩點見面，她會邀出版社的經理一塊兒來研商。我立刻請助理把她寄到電子信箱的存證信函列印出來，開始研究紀錄片的法律關係，包含文化局、兩位導演、影像製作公司及出版社，最關鍵的是紀錄片與幕後番外篇兩部影片DVD著作權的歸屬問題，以及有無侵權之疑義。各方法律關係著實複雜，花了不少時間思索解析……。

下午不到兩點導演藍玉已到我事務所，感受得到她的焦慮與慌亂，法律糾紛糅合雙方感情的變化，難怪她臉色愈發蒼白。一坐下來，她先把之前與製作公司簽署的導演拍攝合約攤在桌上，指出其中第三條說：「這條有寫清楚紀錄片的著作權歸製作公司啊！」

我立刻拿來跟製作公司、文化局簽的採購合約比對，進一步解釋：「是呀！田毅導演只是接受委託拍片，並沒取得影片的視聽著作權，影片的權利完全歸屬製作公司，而製作公司在採購契約中，明定他們享有的視聽著作權轉讓給文化局，因此最終權利是握在文化局手上。田導演可能誤會了，以為拍片就拿得到權利，那是在沒有特約的前提下，著作權法規定原則上由創作人保有著作權，可是這次紀錄片田毅與製作公司有特約，他就不是著作權人了。」

藍玉導演聽懂了之後，很訝異地問：「很奇怪耶，這封存證信函是田毅找律師發出來的，他的律師難道搞不清楚？」

「也許文化局、製作公司加上兩位導演，法律關係太複雜了，他的律師可能忽略了某些環節，得出來的結論就可能不一樣！或是田導演的敘述與提供文件不齊全，律師的解讀就不同。」我快速瀏覽存證信函，嘗試著去理解田導演律師的思緒與推論，不過徒勞無功，因為存證信函關於侵權的法律依據寫得很含糊。

「沈律師，您可以幫我回信嗎？他好像叫我們五天內去跟他的律師談和解耶，要去嗎？」藍玉生平第一次收到存證信函，完全無法自主判斷。

「不用吧！妳又沒侵權，要去和解什麼？一般侵權的和解條件是道歉、賠償、切結不再犯，妳去談和解的話，對方當場提出這些要求，妳會接受嗎？」我模擬和解現場對方的訴求。

藍玉搖搖頭說：「我又沒做錯什麼，為什麼要跟他道歉！」

「是嘛！既然是這樣，何必多跑一趟。我建議回一封存證信函，誠懇地跟他解釋妳沒有侵權就好了。」這時當事人六神無主、無所適從，通常需要律師給出明確的方向。

「好啊！我也覺得這樣的回應就夠了。可是早上我跟文化局的承辦人商先生聯絡，他說收到存證信函後，科長也在問局裡面需不需要派人去田導演的律師那裡談和解？我等一下打電話告訴他沈律師的建議，文化局那邊好像也不太曉得怎麼應付這件事，商先生甚至擔心文化局沒有拿到紀錄片完整的著作權，而且他說市府裡面的法制單位對於著作權也不太有經驗，這個初步結論還有待釐清，他們會找府外的專業律師諮詢。」藍玉略述文化局的態度及法律專業的窘境。

文化局職司文化創意事業的監督與推廣，卻欠缺法律專業資源，經常一遇上智慧財產權的議題就窮於應付。究其實整個侵權紛爭與文化局無關，文化局只是被拿來當作威脅的利器，根本毋需涉入或回應，否則適巧落入對方的陷阱，給予對方藉機要脅的機會，使得田導演得以透過文化局的施壓，逼迫藍玉導演就範。我衷心希望文化局不要自己往坑裡跳，免得藍玉導演更難收拾善後。

我以撞球效應來解析對方的企圖後，藍玉點頭表示認同，不過眉頭皺得更緊。她抬頭問：「沈律師，我如果請文化局的商先生打電話請教您，可不可以請您告訴他這個利害關係？」顯然藍玉也開始憂心文化局可能因為欠缺法律專業知識而誤事。

「可以呀！公務機關擔心的層面與我們不同，他們除了法律訴求外，還怕事情鬧大之後，媒體爆料或議會質詢。我會提醒他們在這整個事件的定位，以及最理想的回應方式。」爽快地答應，為的只是讓藍玉導演的處理更無後顧之憂。

繼之提議：「我們現在可不可以下個結論，就是收到這封存證信函的相關人等，除了導演妳負責回覆之外，其他人都按兵不動、靜觀其變。而導演回應的主軸是——紀錄片著作權歸屬文化局，田導演並未擁有著作權，請勿輕啟訟端，至於和解會面就無必要了。」我作完結論，藍玉點頭，接著我就起身送客，趕緊準備作功課，寫回信了。

傍晚正在辦公室持續研究導演與文化局、製作公司、出版社與行銷公司之間的五份合約時，文化局的商先生迅速來電，一股腦兒地提出很多問題，我按部就班逐一分析，內心同時納悶著為何市府法制局法務人員及法律顧問無法為他解惑？政府機關屢屢宣稱重視文創產業，卻對智慧財產權的研究及實務運作如此漠視，致使文創人才或產業遭遇到知識產權的糾紛時，必須自行摸索，甚至欠缺法律知識而無法保障權益。從商先生的提問中，我看到行政機關基層人員的認真與負責，同時也感受到他們的無奈與疑惑。

在詳細解說下，商先生完全理解藍玉導演的法律立場，而且認同我的分析。他說：「非常感謝沈律師的說明，我會立刻向局裡的長官報告，轉達您的建議。現階段先由您代表藍導演回信，我們幾個單位先不回應，等候田毅導演的後續處理，再作進一步的處置。方才藍導演也有在電話中表示，已與大山出版社及製作公司講妥，他們答應暫勿回信。」

好極了，各方願意配合，就由我代表藍玉導演出手，事情單純多了！第二天我小心翼翼地完成律師函草稿，寄給藍玉導演及出版社確認內容後，立即用印寄出。

一個月後，田毅導演音訊杳然，出版社及文化局皆來電詢問後續發展，我說沒消息就是好消息；但另一種可能是田毅導演接了我的律師函氣憤難當，一狀告進法院！不過我告訴藍玉導演，這種案件提告成立的可能性是很低的，因為我們檢查過相關單位及公司簽過的每一份合約都不支持田毅導演的主張，因為紀錄片著作權不在他手上，存證信函上他認為侵權的幕後番外篇光碟，其實是文化局授權出版社製作贈品，再由出版社委託藍玉導演剪輯，有合法的授權歷程，田毅如果貿然提告，也會有刑事誣告的風險。

藍玉導演聽了我的解釋安心了，過了三個禮拜，她捎來簡訊說：「沈律師，有家電影公司要拍新片，找我當執行導演，這一次他們給我的合約，一定要請您看過，不能像上次簽得那麼含混不清了！」

經驗中得到教訓，避免歷史重演，這是協助當事人妥善處理紛爭後，律師最欣慰的後續收穫了。回首前塵往事，看到自己一步步透過法律專業，引導且協助文化藝術的天才們（或天兵），慢慢懂得引用法律來保護自己的創意心血，不禁微笑期待他們的美好作品了！

不過，西線無戰事的好時光沒維持多久，一封電郵改變了紀錄片導演藍玉漸趨放鬆的心情。

週一我剛走進辦公室，開始瀏覽事務所的電子信箱，看到一封主旨震撼的郵件，頓時心情又低沉下來，藍玉寫著：「律師我挨告了，人生瞬間變成灰暗⋯⋯」信中只附一段田毅導演寄給南部文化局長的話：「在經過無人理會，不受尊重的痛苦煎熬後，我迫不得已只好選擇法律來捍衛我的權利！雖然始作俑者是藍玉、出版社是幫凶，但是很抱歉，進了法院我必須一起控告文化局，因為只有文化局才有權力要求DVD下架。」

吓！提告了，田毅導演居然把個人恩怨，升高為司法訟爭，而且把出版社、文化局都拉進來陪葬。這個導演真是豁出去了，他不怕以後路愈走愈窄嗎？眼下把出版社跟主管機關都得罪盡淨，日後他如何爭取政府機關標案？如何出版推動他的作品？

在一層層疑問不斷湧現之際，手機的LINE忽然跳出新訊息，藍玉導演詢問，今天下午可否與出版社的行銷經理連袂來訪，討論這樁即將爆發的刑事侵權案，我翻一下行事曆剛好下午有空檔，立刻回覆三點見。

為了讓案情的討論更順暢，我趁會議前的午休時間，調出《哭泣的山河》紀錄片的番外篇DVD在電腦播映，同步與紀錄片的影片內容比對，發現有交集的影片比例占番外篇贈片的百分之六十，而且片尾標註文字確實只註記「導演：藍玉」，製作公司的名稱也放在上面了，心裡思忖著，這下恐怕連製作公司都難倖免了。

果真這個疑問在藍玉導演下午出現在我辦公室後就證實了，她說：「剛剛我在路上有打電話再問文化局的股長，他表示早上有與田毅聯絡，田毅請律師提告的對象包括我、文化局、出版社、製作公司。」

「可是製作公司沒參加第二階段出版品的標案啊！為什麼田導演也一起告進去了？他不怕造成誣告嗎？」陪同藍玉來訪的出版社行銷經理疑惑地問。

我仔細檢查紀錄片DVD包裝的書套，答道：「是有可能會成立誣告罪，不過，因為刑事案件是處罰行為人，檢察官也會調查到底製作公司實際有沒有參與DVD出版品的發行。我覺得奇怪的是，上次藍導演有提過飛恆製作公司完全沒參與書籍與DVD的出版，為什麼番外篇贈片的片尾標示『製作：飛恆公司』呢？」我先了解實際參與的單位，才能釐清各方法律關係及刑事責任。

「是呀！飛恆公司真的沒負責出版的工作啊！只是我為了表示感謝，特別在片尾加註他們公司。」藍玉導演認真地解釋。

唉！當事人興之所至飛來一筆，常常是對方藉辭提告的源頭，導演臨時起意添加的一行字，就可能成為訴訟的箭靶，藝術家的浪漫多半轉化為法律人的噩夢！

「既然出版品有這種註記，田毅導演的指控就不會成為誣告。因為他縱然不是明知飛恆公司沒參與出版品的發行過程，也算是有合理的懷疑，他可以說番外篇DVD片尾有把飛恆公司列入製作團隊，顯示飛恆有製作DVD出版，因此提告飛恆公司不構成誣告。」我說明誣告罪成立的判斷基準。

「律師，他告得成嗎？我會不會被判有罪？這樣會有前科嗎？」誣告罪看來是不會成立，藍玉反過來開始擔心自己的刑責了。

「由於妳在番外篇的DVD中有放入百分之六十妳與田毅共同拍攝製作的影片，雖然經過拍攝素材的重新剪輯，不過影片內容可以看出源自紀錄片的素材，這一部分的著作財產權雖然完全歸屬文化局，你們使用在番外篇中並不構成侵權。但是根據著作權法的規定，影片的著作人格權無法轉讓給文化局，因此番外篇的DVD中百分之六十妳與田毅共同拍攝製作的部分，田毅仍享有著作人格權，出版社在番外篇片尾及外包裝雖沒放上田毅導演的姓名，還好在產品整體外包裝最上方就有標註『導演田毅』，而且文字非常明顯，因此不構成侵害他的著作人格權。」我深入分析。

「什麼是『著作人格權』？我不懂欸！明明在文化局的採購合約上寫得很清楚，所有智慧財產權都給文化局了，為什麼田毅還可以告『著作人格權』跟『著作財產權』？」藍玉更加疑惑了。

「這一點上次我也曾向文化局的商先生解釋，因為文化局採購契約關於智慧財產權的歸屬，條文寫得很簡略，只有約定『履行合約成果全部權利由機關享有』，並沒有區分『著作財產權』、『著作人格權』的歸屬方式。著作權法規定『著作財產權』可以轉讓，它只牽涉著作的財產利用，例如DVD出租、影片授權……等。你們這部紀錄片由導演拍攝影片後，視聽著作的財產權轉讓給製作公司，製作公司再轉讓給文化局，因此著作財產權由文化局享有，田毅不能主張著作財產權。所以這部分他告不成。」我看著藍玉與行銷經理的眼睛，確定他們聽懂了，接著解釋一般藝文界人士忽略的著作人格權相關規定。

「『著作人格權』有三個主要內涵，包括公開發表權、姓名表示權（署名權）、內容同一性維持權。『著作人格權』依照著作權法規定，是不可以轉讓或繼承，例如蘇軾〈赤壁賦〉的作者名稱不能由後代子孫繼承，更改署名為蘇軾第幾代子孫的姓名，畢卡索的畫〈亞維儂姑娘〉著作人不能轉讓變成張大千，貝多芬的〈命運交響曲〉舒曼也不能改變旋律音符，所以一般在著作權轉讓合約書中只會約定『作者同意不行使著作人格權』。而這次文化局在採購契約上連這句話都沒寫上去，對於導演或製作公司的約束力就不明確了，商先生上次聽我分析採購契約的條文，也很無奈，表示這是局裡面第一次辦理著作權的採購案，欠缺經驗，才會沿用以前的契約條文。如此一來，《哭泣的山河》紀錄片的視聽著作人格權還存在兩位導演的身上，因為紀錄片是他們拍攝製作的，採購契約也沒約定他們不能行使著作人格權。因此田毅導演的律師可能是主張番外篇的DVD有用到田毅拍攝的影片，卻沒標示他的姓名，構成侵害他的著作人格權，不過他這個指控是不會成立的，因為產品整體外包裝最上方已標註『導演田毅』。」我一口氣分析採購契約與著作權法的關係，藍玉導演及出版社的行銷經理恍然大悟，終於理解對方提告侵權的法律上誤解。

「這麼說來我們是不會成立侵權罪了！可是我們公司法律顧問為什麼提到可能對方告得成，勸我們老闆去談和解？聽說和解可能要下架賠償、登報道歉，後續影響真是嚴重，如果和解不成，案件進入法院，這麼好的紀錄片由於訴訟造成陰影，實在不值得。」顯然行銷經理的實務經驗豐富，立刻聯想到侵權案及和解的後果。倒是藍玉導演陷入沉思，不知如何面對此案。

「關於『著作財產權』、『著作人格權』的區分，很多人都不太懂，甚至有些律師也覺得陌生。上次因為藍導演有提到和解的事，我有稍微查詢一下田毅的律師的背景，他好像年紀較大，屬於商務律師，比較少處理智慧財產權的案子，可能對於著作權法不是那麼理解。」身為同道，也不好大肆批評，只能在當事人面前點到為止。

我面對行銷經理提出不同看法：「葉經理，我雖然贊同你們公司律師的提議，不過著眼點與他不同。我認為這樁侵權案田導演是告不成，但藍導演，我還是建議妳考慮跟對方談談和解吧！以我過往為藝術工作者處理訴訟的經驗，上了法院你們真的會受盡煎熬，不僅蒐集證據、傳訊證人會耗盡心思，在法庭上的攻防，以及對方提出各種強硬的主張，都會讓妳心理負擔沉重。而且訴訟曠日費時，在這種長期抗戰的過程中，常常會影響妳工作拍片的心情或能量，整體利弊得失評估下來，和解會是最省事、省時、省錢的作法。」我一邊提出建議，一邊小心翼翼地凝視藍玉導演的表情變化。

在當事人面對訴訟，舉棋不定、恩怨糾結時，律師提出和解建議，有一定程度的風險，表達不當的話，很可能遭致當事人的誤會，認為在唱衰他的案件，或以為律師立場偏袒對方，甚至誤認律師能力不足，無法贏得訴訟，才要推動和解。訴訟期間和解提議造成的影響，輕則降低當事人的信任，重則失去當事人的委任，因此提議和解事涉敏感，分寸拿捏必須審慎，若非熟識的當事人，我通常不會輕啟和解話題。

望著藍玉陰晴不定的神情變化，想必心中有許多對纏訟的忐忑，以及受迫站上被告席的不甘！眼見藍玉陷入長考，行銷經理轉過頭語重心長地對藍導演說：「導演，為了這部紀錄片順利上映，電影小說能夠及時上架，與公司形象的考量，妳就好好考慮律師的和解提議吧！當然在這段編輯發行紀錄片小說與ＤＶＤ的過程中，我們都看到妳的辛苦投入，不計成本、不惜代價努力完成。可是田毅這麼一告，一旦鬧上新聞，不僅是我們出版社難擋嗜血媒體的渲染扭曲，恐怕文化局也難免遭受波及！縱使我們出版社全力支持妳官司打到底，文化局也不一定撐得住，議會一質詢，局長搞不好因此丟官，到時候妳不是壓力更大嗎？」

藍玉聽了，眉頭深鎖，咬唇沉默一段時間後，彷彿下定決心般地說：「律師，妳的分析我都懂了，這個案子不論我覺得多冤枉，看來仍有訴訟風險。我想還是請妳出面幫我談談和解吧，要不然上了法院之後，連累文化局跟出版社，我就罪過了。」

我點點頭，鬆了一口氣說：「好！我盡快聯繫對方律師，表達和解意願。請放心，在洽商和解的過程中，我會照顧到妳的尊嚴與心情，並且維護文化局的法律地位，以及出版社的權益的。」

在與對方律師聯絡之前，徵得藍玉導演的同意，先詢問同列侵權案被告的製作公司是否一起洽談和解，他們立刻表示願意加入和解行列。我再致電文化局的商先生，轉述今天我們討論的重點與協商和解的結論，商先生很明快地表達欣然見到此項結論，並且補充科長的意見，由於田毅導演將文化局一併列入刑事侵權案的提告對象，文化局也希望一起協調和解事宜。

這個回覆啟發了我的靈感，立即向商先生建議：「如果局裡頭也同意各方齊聚一堂商議和解方案，何不由文化局安排在局裡開個協調會，會議的名義就說是文化局出面協調採購案廠商之間的爭議，而不要明白提到『和解』，更不要到律師事務所談和解。因為如果和解沒談成，日後進入訴訟，對方很可能向檢察官提到此案開庭前，被告要求和解，表示被告已經認罪，才來談和解，這樣檢察官的心證會對我們不利。」

商先生認為言之成理，向長官呈報獲准後，我立刻聯繫田毅導演的律師，確定下週三下午兩點在文化局第二會議室召開廠商協調會。收到會議通知的訊息後，我請製作公司及藍玉導演簽署委託書，由我代理出席，出版社則由法律顧問陪同行銷經理與會。

沒想到會議中，田毅的律師單刀赴會，態度強硬，一開口就提出三項和解條件：一、登報公開道歉；二、紀錄片DVD及小說下架；三、賠償版稅及精神上損失。我們一聽都傻眼了，文化局王科長以主管機關的立場，先說明文化局享有紀錄片所有的著作權，認為田導演會提出這些條件，可能是誤會採購契約的規定，並且指出採購契約第十二條權利歸屬之規定。梁律師看過條文立刻表示：「既然契約有明文規定，著作財產權的部分，田導演不能拿版稅，這一點我會轉告他，可是我手上這一份合約有寫到田導演有一半的著作權啊！」說著、說著翻出另一份合約書。

會議桌上每一個人聽了都嚇一跳，明明製作公司與田導演簽訂的拍攝合約載明影片的權利全部歸於製作公司享有，怎麼會冒出不一樣的合約條文？王科長看完後，我連忙接過手來看，確實梁律師拿出的合約第五條寫著製作公司與導演各享有百分之五十的紀錄片視聽著作權。怎麼回事？難不成合約鬧雙包案！我趕緊翻到最後一頁，看到簽約人的欄位，甲、乙雙方都沒有簽名蓋章，火氣突然冒上來，質問梁律師：「這份合約根本當事人都沒簽，沒有法律效力，如何證明田導演擁有一半的著作權？梁律師你用這一份合約書去地檢署告我們，不怕田導演吃上誣告的官司？」

梁律師瞬間惱羞成怒，回嗆道：「大律師不要含血噴人，說什麼誣告？這份合約是妳的當事人製作公司寄電郵給我們的，喏！妳看這裡有電子郵件的日期、寄件人，當初雙方是約定這一份合約。」

「梁律師，合約沒簽章就是不生效力，您應該非常清楚，您手上這一份可能是雙方洽談合約曾經討論的版本，後來沒簽嘛，最後定稿版是我們這一份，難道田導演沒告訴您？」我把製作公司提供給我的合約攤在桌上，反駁梁律師離譜的說辭。

文化局科長拿起來看過後，交給梁律師。梁律師有點不以為然地說：「當初你們沒給田導演一份正本，他當然沒辦法提這份合約給我。」

這是哪門子理由嘛！沒拿到合約正本，也該記得真正簽約的版本吧！究竟是田導演隱瞞真實合約，抑或是梁律師「橫柴拿入灶」，玩弄訴訟技巧，在今天的協調會議桌上也無暇追究。

我按捺怒氣後，代為表達當事人對和解條件的立場：「梁律師說要登報道歉，就等於把整個事件掀開來了，那麼我們何需在此努力地商談和解？我代表藍玉導演表達我方是無法接受公開道歉的條件。何況紀錄片產品的外包裝明白顯示田導演的姓名，完全無侵權可言，藍導演從頭到尾不認為她有做錯什麼，只是為了事情圓滿解決，藍導演願意私下當面道歉，來弭平紛爭。至於產品下架及精神賠償與藍導演無關，因為紀錄片DVD及書籍的權利都在文化局，只有文化局及出版社才有權利決定如何處理。此外，我還要提醒梁律師，田導演控告製作公司的部分也告錯了，紀錄片DVD的發行及書籍出版已經不是製作公司與文化局第一階段採購案的工作範圍，文化局針對第二階段出版品的工作，是跟出版社另外簽一份採購契約，製作公司沒參與，製作公司在第一個階段與兩位導演合作，把紀錄片拍攝製作完成就驗收影片結案了。所以這個案子你們連製作公司都告進來，真是誤會大了。」

梁律師臉色一沉，聽出我的指責，竟然帶情緒地回應：「大不了就撤回製作公司的被告部分，這也沒什麼！」

「什麼叫作沒什麼？您可知道製作公司團隊受到多大影響嗎？負責人多焦急嗎？連藍導演都很內疚，連累到製作公司。您當初要提告怎麼沒先查清楚相關人等的合約與法律地位？」我無法忍受對方的恣意提告了，開始發飆……。

「大家都不要動怒，看看採購合約就清楚了，沈律師剛剛提到第二階段我們局裡是跟出版社簽約，製作公司沒參與DVD與書籍的編輯發行，這是事實，可能田導演沒看到第二階段的採購契約，所以誤會了，請梁律師看一下。」文化局王科長一面打圓場，一面遞出一份厚厚的文件給梁律師。

梁律師臉色和緩了一些，自己找台階下，說道：「我會轉告田導演，如果他同意，我就先撤回製作公司的告訴。可是這些番外篇影片的部分還是要下架，因為這部分有侵害到田導演的著作權，我們提告在法律上是站得住腳的。」

王科長說：「沈律師剛剛的分析其實很清楚，這部分沒有人成立侵權。倘使在番外篇外包裝的註記方式讓田導演不舒服，我們也覺得過意不去，畢竟整部影片是他與藍導演的心血。可是全面下架，一定會造成出版社很大的損失，可不可以用回收修改的方式，重新作標示，補正之後讓出版社繼續上架販售。因為紀錄片上個月影展入圍後，下週就要在院線重新上映了，如果出版品此時全面回收，一定會影響紀錄片放映的效益，宣傳方面也會失焦，請梁律師回去轉告田導演，看能不能由出版社評估成本，用最省錢省時的方式補正。大家以和為貴，讓這一樁誤會澄清後，圓滿落幕，我們一起為紀錄片的上映好好推動宣傳，讓更多人看到影片，相信這也是田導演樂見的！」

雙方律師承諾回去各自轉告當事人，下週再進行第二次協調會，和解成立與否，下週是關鍵了。

協調會議結束，我立刻告知兩個當事人，製作公司聞之欣慰，認為田毅導演終究是明理的，願意撤回錯誤的提告。可是藍玉聽到公開道歉的和解條件就黯然神傷，感覺到田毅與她的心結難解，她說：「登報公開道歉豈不傷了那些我曾訪談的人的心，還有工作團隊我如何交代？」

好友合作的結果反目成仇，真的是她始料未及；一狀告進法院，更是難以承受的折磨！可是要以公開道歉消除對方的仇怨，又是難堪的代價，藍玉聽我帶回來的和解訊息，沒比我去參加和解會議前較為寬心，反而抑鬱的臉色更加凝重。我只好安慰她：「等下週看看梁律師能否勸住田毅，不要堅持公開道歉的條件，我們再往下談吧！」

結果沒想到，第二次的和解會議居然來個大翻轉，條件更苛刻，梁律師不僅取消原先撤回製作公司的承諾，甚至還加碼要求賠償，只有在公開道歉的部分略為讓步。梁律師轉述田毅導演的意思：「原本田導演有同意不告製作公司了，可是著作權法有規定撤回一個被告，其他視同撤回，現在還有好幾個被告都還沒有明確表示要和解，我們就不能先撤回製作公司的部分了。」

會議桌上文化局的官員面面相覷，繼而望著法務室的專員跟我，想了解梁律師的說法是否符合法律規定。我本來要禮讓專員先發言，不過他卻沉默以對，我就逕自開砲：「梁律師，就我個人理解，著作權法第一〇一條的規定不是針對不同的共同被告之間，而是同一家公司如果告訴人撤回法人的告訴，連同代表人也視為一併撤回；或是反過來，撤回代表人的提告，連同公司部分也就視同撤回。我們這一個案子有三個獨立的被告——藍玉導演、製作公司及文化局，相互之間並沒有一〇一條所稱的『法人、代表人』或『本人、代理人』的關係，當然可以個別撤回。」

沒料到連這點法律基本的解釋都被梁律師否定了，他說：「那是妳的解釋，不過我的看法不是這樣，反正製作公司就是不能撤回，除非你們另外兩個被告今天就決定全部和解，我才能一起撤回。」

怎麼有這麼不可理喻又強詞奪理的律師，真想翻桌走人。不過，身為律師，當然不能在會議桌上發洩情緒，我望著前方攤開的幾份合約書，突然靈光一閃，反問梁律師是否法條引錯了，我說：「您提到的條文是不是刑事訴訟法第二三九條告訴不可分的規定？這一條才是在規範刑案共同被告撤回時視為一併撤回，跟著作權法第一〇一條沒有關係。」

梁律師滿臉執拗，惱羞成怒地回應：「不是，我說的就是著作權法第一〇一條第二項，妳不要再拿其他條文來湊和！」接著梁律師又語出驚人地宣示：「既然上次會議，王科長有給我出版社的採購契約，確定製作公司沒參與紀錄片第二階段出版的標案，而是出版社標到的，這支有問題的番外篇影片也是出版社推的行銷計畫，田導演說如果和解不成，就要追加出版社為被告！」

吓！該撤的被告不撤，竟然還要追加其他被告，這是什麼邏輯，難道田毅都要「貿贏」？多告幾個人來強調自己的悲情、派別人的不是？或者只是梁律師的訴訟伎倆，藉此迫使被告們盡快和解，免得株連更廣?!

到底田毅導演會不會窮追猛打、趕盡殺絕？我們被告要接受這種威脅嗎？思緒千迴百轉，還沒有定論前，還是先質問對方吧，我捺下性子問道：「梁律師，和解是要消弭爭端的，您怎麼又生枝節，這樣不是更難善了？而且您上次向王科長索取出版社的採購契約時，不就講明不再告其他公司了嗎？」

顯然梁律師不吃這一套，似乎「誠信守諾」對他來講是笑話，「出爾反爾」才是最佳政策。他立刻回嗆：「我沒答應妳啊！王科長影印的契約書我給田毅看了，他說該告誰就告誰。」

這個不守信用的老江湖，怎麼談和解啊！第一回合交鋒已經不歡而散，沒想到第二回合更是令人怒氣衝天。

嗆聲後，梁律師遞給在座每位與會人士一份道歉函草稿，擺出一副寬大為懷的模樣表示：「田導演說既然藍玉堅持不願公開道歉，那麼他可以讓步，用道歉信函的方式代之，這份書面就是田毅寫的道歉信草稿，看藍玉能不能接受，如果可以，就簽名了事。不過，日後藍玉要答應不要對外隨意發表言論，如果她講的跟道歉信不一樣，田導演保留隨時公開道歉函的權利。」

什麼話嘛！顯然田毅有權隨時公開這封道歉函，只是先找個但書的名目變相地保留權利而已！他以為他想玩什麼把戲，別人看不懂嗎？我邊在心中思緒起伏，邊迅速讀了長達兩頁A4紙的草稿，天啊！簡直是喪權辱國的休兵書嘛！內容一半以上與事實不符，而且每段都有承認侵權的字眼，設若藍玉簽了這份文件，豈不承認自己侵權，那麼還須屈辱地來談和解嗎？俗云「委屈求全」，還值得接受，這份道歉函一簽署，豈非委屈求不全，何苦來哉？

我直接用手機拍下道歉信草稿，寄給藍玉，按下傳送鍵時，梁律師又提出新的條件：「田導演認為你們這樣侵權，尤其是著作人格權的部分，讓他很痛苦，應該要賠償精神損失，至於金額多少才合理，他願意由藍玉導演自己提出，從賠償金額也可以看出藍玉對和解的誠意。」

精神損失?!到底是誰造成誰的痛苦？如果要有金額填寫在和解書上，應該是負數吧！藍玉沒叫田毅賠償她整個過程的痛苦，已經算是顧念舊誼了，田毅居然還要藍玉賠償精神損失。唉！連我都想問藍玉，為什麼當初要找田毅合作拍攝這部紀錄片？台灣這幾年不是有不少的紀錄片導演逐漸冒出頭嗎？為啥她就偏偏挑了這個如此難搞的導演，還搭配一位無可理喻的律師！

文化局王科長愈聽臉色愈沉，這時他也按捺不住了，一臉肅穆地表達立場：「梁律師，剛開始田導演說要提告的時候，有寫一封信給我們局長，解釋他的不得已，信中也說不是文化局的錯，只是因為文化局有下架的決定權，只好一併提告。上次和解會議中，我們已經表明願意修改紀錄片ＤＶＤ標示不理想的地方，為什麼這次的會議，田導演居然對文化局提出求償的條件，我們局裡並沒有這種預算的編制，我們到目前都還希望和解能順利達成，可是這個賠償條件恐怕讓我們很為難……。」

梁律師立即改口說：「王科長，您沒聽懂我的話，我是說賠償的部分要叫藍玉負責，跟文化局無關。」

明明剛剛就是說三個被告要賠償，現在又改變說辭，這個梁律師很「魯」喔！日後如果進了法院跟他對庭一定很麻煩，不斷地改變講法，讓人無所適從。如果能和解結案，不要再與他交手，應該是最好的結局，可是今日擺出的局，如何破解呢？心中還在盤算折騰，手機忽然震了一下，原來是藍玉看到我寄的道歉函草稿，激動地立即回覆：「沈律師，我讀了草稿，心都痛了，這種道歉信，我是不可能簽的，和解不用再談了，我們準備迎戰吧！」

抬起頭，發現大家都看著我，等著我的答案，因為藍玉對和解條件的接受與否是會議桌上和解能否成立的關鍵了，而我是談判桌上藍玉的代理人，勢必要表態。我說：「謝謝梁律師明確的解釋，我會把今天重談的和解條件轉告當事人——製作公司及藍導演，一週內回覆給大家，好嗎？」在這敏感時刻，我不想貿然轉達藍玉的結論，心裡還是希望爭取緩衝時間，與當事人商量再作決定吧！有時當事人在氣頭上，容易受到情緒影響，無法理性思考，這種時空背景下作成的決策常常會有遺憾。

我回到辦公室後，先寫電郵整理兩次會議的和解重點，轉告當事人，再到法院查詢田毅導演提告侵權刑案的案號，聯繫書記官後，確定提告的案由與被告名單，書記官透露近日檢察官將訂出開庭日期，傳訊告訴人與被告。

離開法院後，趕忙電約製作公司與藍玉導演見面商議，藍玉堅持不和解，她說：「我始終認為我沒錯，本來希望和解善了。不過，看來惡緣難解，我選擇面對，相信司法會對於是非善惡畫出一條公平的界限，而我是站在正義的這一方。」

於是我撥了一通電話給梁律師，只說了一句話就結束了，我說：「我的當事人不和解了。」接下來我想有一場硬仗要打了。

一週後文化局得悉藍玉導演拒絕接受梁律師撰擬的道歉函草稿，和解已告破裂時，承辦人員商先生來電詢問侵權案後續和解的可能性。我想給他一些提示，先解釋藍玉的想法，我說：「藍導演拒絕和解，有她不得已的考量。從梁律師寄來的道歉函草稿，字裡行間句句指向藍玉導演侵權，而田毅又透露梁律師表示日後有可能公布這封藍玉簽署的道歉函，不啻強迫藍玉承認侵權，這種和解沒有多大意義。藍導演如果簽了那一份道歉函，只能免除目前官司之苦，可是將來田毅一旦公開這封道歉信，會讓很多參與這部紀錄片的受訪者或工作人員及委製單位蒙羞受辱，所以藍導演不能接受和解條件，請文化局諒解。」

「這一點文化局完全理解藍導演的委屈，也尊重她的決定，只是我們文化局是同案被告，和解談了一個月，而今確定藍導演不和解，那麼文化局可以單獨跟田導演和解嗎？因為您也知道，文化局近日遭逢媒體抨擊，正是多事之秋，外界還傳言局長要下台。我們身為部屬，當然要竭盡心力解決問題，不要再為長官找麻煩，這個侵權案如果鬧開來，恐怕又成了媒體與網軍攻擊的題材。那天開和解協調會，科長提到此案一上了法院，媒體報導就轉為『災難行銷』，只是自嘲的玩笑，我們局裡真的不願意再成為眾矢之的。早上科長交代我來請教沈律師，還有沒有和解的空間？」商先生小心翼翼地詢問。

「原則上在這種共同被告較多的案件，我都會建議個別當事人能和解就和解，縱使不是全部和解，也可以個別被告的身分單獨進行和解，以減少案件的負擔，與訴訟期間共同被告之間立場的衝突。目前雖然藍導演的部分和解破局，也不影響其他被告的和解程序啊！對了，你們的法務局看法如何？應該要先尊重他們的意見吧！」面對行政機關，我通常會提醒他們不同單位的橫向聯繫與作業支援，以免府外律師越俎代庖，引發不必要的誤會，這也是執業二十幾年來學會給自己減省麻煩的自保功夫。

「不瞞您說，我方才先向府裡的法務局請教，可是法制專員說他們對於著作權的侵權案不熟，訴訟或和解撤回程序也很陌生，建議我們單位請教府外法律專家。律師您的意思是文化局還是可以跟梁律師談和解嗎？如果是這樣，我可能要先通知行銷公司來參加和解會議，因為在第二階段的行銷標案，局裡執行的結果已無經費處理訴訟案和解的要求，當初編製採購案時，我們根本沒想到會發生這種侵權案，也沒編列訴訟或和解預算，倒是採購契約有約定如果行銷計畫執行的過程中，履約成果發生權利爭議，要由行銷公司負責來出面處理，所以我得通知行銷公司來參與和解談判。日後倘使談定的和解條件，是要求修改或更換番外篇光碟文字及外包裝，也必須由行銷公司出面處理買單。」商先生思路清晰地說明。

「我也注意到了，採購契約第十八條確實有這種規範。不過在通知開會之前，提醒你先向梁律師確認倘使文化局願意和解，田導演可否承諾單獨撤回對文化局提告部分？因為梁律師一直執著於著作權法第一〇一條第二項部分，強調和解撤回一個被告，效力及於全部被告，我想他可能引錯法條，梁律師說的條文應該是刑事訴訟法第二三九條告訴不可分原則，而不是著作權法第一〇一條，如果確定是引用刑事訴訟法第二三九條的話，必須有兩個前提：一、必須提告的是告訴乃論之罪；二、被告間有共犯關係，而這個侵權案田導演最初寄發存證信函是寫著作權法第九十一條第三項重製光碟侵權案，這一項不屬於告訴乃論罪，而是公訴罪，而且文化局也沒與行銷公司一起製作番外篇影片，不具備共犯關係，都不符合刑事訴訟法第二三九條的要件，我認為是可以分開和解。但是梁律師一直不認同我的看法，為了周全起見，請商先生還是先向梁律師詢問和解撤案的可能性。」我點出關鍵問題。

「律師，這部分的程序真的有點複雜，我不是完全可以理解，不過我會照您的建議先問過梁律師。只是我感到很疑惑，如果我們和解，縱然梁律師不願立刻撤回文化局提告部分，只要我們提出和解書，檢察官知道文化局跟告訴人和解了，不就不會再傳我們去法院出庭，整個案子就跟我們無關，直到結案的時候，梁律師再辦理撤回手續就沒事了？」商先生想當然爾地說。

不知道是缺乏法律專業知識，或是輕忽自身在案件整體所占的分量，抑或是習慣性地簡化問題所致，當事人常有一廂情願的想法，讓律師難以理解。倘使一般人有如此悖離法律規定的想法，也就罷了；可是行政機關遇到大難臨頭之際，危機處理的思維還如此簡單，就令人憂慮了，我得趕緊導正商先生的理論。

我解釋：「不是這樣的思考邏輯，這個案子之前我建議和解，並不是認為訴訟結果必輸無疑，而是多年與藝文界人士接觸的經驗，會覺得是這一類型的人很不適合當刑案被告，他們往往具有藝術家的浪漫情懷，而不明白法庭中危機四伏，律師幫他們辯護，經常會踩到地雷。所以我盡量勸藍玉導演和解，一方面也不樂見文化局因此陷入困境；可現在和解不成，勢必進入訴訟程序，我在訴訟策略上當然要為藍玉導演爭取無罪，同樣地文化局也要站在相同立場，才能達到被告一致的訴求。今天如果文化局與告訴人達成和解，田毅卻不立刻撤回文化局部分，只承諾結案時再撤回，那麼除了夜長夢多，可能偵查期間又有變數外，和解的書面或訊息傳到檢察官處，檢方極有可能認為被告有做錯事，才會同意和解，況且連侵權嫌疑低的文化局都和解認錯了，那麼實際在第一線製作剪輯番外篇的被告藍玉必然罪嫌更深重，舉輕以明重嘛！這麼一來，我要幫藍導演辯護，爭取無罪不起訴，就困難重重了。再說檢察官要調查整件犯罪事實，不可能不傳文化局的人來訊問，因為採購案是文化局主導進行的，你們想要不涉入這個侵權案在程序上是不可能的。」

「噢！原來有這種連鎖效應，那麼我先向梁律師確定文化局和解後可否單獨撤回，而且必須直接撤回，不要附上和解書；如果行不通，他不同意立即撤案，我們文化局就不談和解了。」商先生下了結論。

呼！終於聽懂了，行政機關的法治教育真的還有待強化與提升，不過，至少他們沒有拒絕聆聽外界的法律專業意見，而且努力弄懂箇中道理。如果政府機關每一位基層人員都可以如同商先生般如此敬業，在自己的崗位上敬謹任事，國家就有福了！

正在心裡為這位基層公務員喝采時，他提出新的請託，問道：「律師，謝謝您在這個侵權案一路以來的熱心指導。如果這個案子和解談不成，我們局裡可以請您幫我們辯護嗎？」

「我當然樂意！不過採購契約有規定，在行銷標案有履約成果的權利爭議時，必須由行銷標案廠商負責提供法律諮詢及訴訟處理，這方面行政機關受到的法令契約限制比較多，又牽涉到律師公費的預算問題，恐怕到時候出庭必須由行銷公司幫你們找律師、付律師費，才符合你們簽署的採購契約。」我提醒商先生一切要依法行事。

「謝謝律師的適時提醒，我趕緊向主管報告，看長官如何處理。」商先生的應對與行事風格，讓我刷新對公務人員的刻板印象。這回與這位重視效率又守法，處處為單位及長官設想的公務員合作，真是個愉快的共事經驗。

第二天商先生轉告梁律師堅持整體和解、整體撤告的一貫立場，文化局只好放棄和解。我提議在檢察官開庭前，藍玉導演與文化局及行銷公司共聚一堂，討論番外篇贈片的著作權歸屬問題，大家有共識後，才明曉如何在法庭上捍衛自己的權利。除了對於文化局與行銷公司的法律知識缺乏信心，希冀加強勤前教育之外，而我最大的用意是避免身處第一線的藍玉導演，在其他被告求自保的心態下被犧牲，成了侵權案唯一的扛罪之人。

商先生允諾一週內安排會議，邀請出版社及行銷公司一起出席，共同商討紀錄片標案與採購契約的法律問題。果然三日後在會議桌上，我的「人性本惡」的預測又再一次得到驗證！

當我提出當初是哪個單位或公司決定要製作紀錄片ＤＶＤ的番外篇贈片時，行銷公司立即否認曾下決策，總經理推得一乾二淨，他解釋企業營利的出發點：「這個標案預算很低，我們公司怎麼可能決定去作番外篇，又不是想虧本，在商言商，當初不是我們決定的！」

沒想到行銷公司推卸責任，一向同情藍玉導演的文化局王科長居然也急起效尤，解釋當時文化局已無預算，不可能同意增加番外篇贈片製作的工作項目，可是因為藍導演極力建言，文化局樂觀其成，全屬廠商負責處理，與文化局無關！

大難來時，往往忘了情義，只顧逃難自保。我瞅了一眼身旁的藍玉，她眼眶不自覺地紅了起來，沒想到當初的積極任事，如今成了代罪羔羊。我決定不去挑動行政機關與標案廠商最敏感的神經，只是若無其事地翻閱桌上的採購契約與紀錄片套裝產品，抬頭問了一句：「採購契約第廿條有提到執行過程雙方要進行工作會報，請問有工作會報的會議紀錄嗎？」

行銷公司的總經理特助一直沒機會發言，這下牽涉到文件檔案管理，她責無旁貸地立刻指著桌上文件回應說：「有啊！這一疊就是，從去年標到這個行銷案到今年結案，總共開了九次會議，會議紀錄都在這裡。」

「可以借我翻一下嗎？」我一派輕鬆地問。行銷公司總經理適巧起身接聽手機，文化局科長也臨時走出會議室去回覆局長電話，會議室只剩商先生與我、藍導演、特助在場，商先生說：「趙小姐，沒關係，讓律師看一下，也許能找到一些替被告辯護的資料。」

特助聞言就把整個資料夾遞過來，居然真的找到了，上面記載著文化局科長主持會議，會議討論項目之一就包括紀錄片ＤＶＤ之銷售宣傳與番外篇之製作，會議決議通過由行銷公司外包製作剪接番外篇影片，文化局負責提供素材。

我指出那頁會議紀錄給藍導演看，她回想那一段場景，說：「對呀！我想起來了，這個會議我也有參加。會後行銷公司總經理就聯絡出版社，商量作番外篇贈片的事，因為時間太趕，沒有人肯接，總經理透過出版社找我，我那時候自己拍片也很忙，實在騰不出時間再接活兒。可是行銷公司一直強調沒作番外篇，不好推銷紀錄片，所以我就咬緊牙關硬是接下來了，熬夜兩個禮拜把番外篇趕出來，還好有位剪接師很義氣，陪我三天沒睡覺，在壓片期限屆滿前一個小時全部弄好。」

鐵證如山，行銷公司跟文化局卻睜眼說瞎話，存心要讓老實柔善的藍玉導演扛起所有責任嗎？我攤開那一頁會議紀錄，請剛走進會議室的總經理與科長過目。

總經理不悅地抬頭問我：「律師，妳怎麼有這份會議紀錄？」

坐在一旁的特助知道闖禍了，不敢吭聲，我當然不能陷她於不義，我答道：「這些工作會報的紀錄，文化局都有存檔，到時候檢察官若認為有必要，會發公文直接向文化局調閱，市政府也無法拒絕或隱匿。方才總經理不在，藍導演想到似乎有開這麼一個行銷會議，才提到這份會議紀錄，問趙小姐借來找找看。」

總經理瞪了特助一眼，又尷尬地乾笑兩聲，企圖找台階下，把責任推給文化局，解釋道：「律師，妳看那份會議決議是文化局下的，我們廠商哪有決策權，只是依約行事而已。」

王科長不甘示弱，開口說：「我想起這份會議紀錄了，那次決議是與會的三個單位一起決定的，我記得總經理跟出版社都同意啊！而且我當場提到文化局已經沒預算了，總經理還承諾由你們公司自己吸收番外篇剪輯費跟上字幕的費用。」

這下真相大白了，總經理知道拗不過事實的表述，轉過頭來江湖氣十足地問：「律師，我請教妳，到時候開庭時，田毅會出庭嗎？我可不可以拿一把槍，當場把他給轟了？」

當事人要亂問，我也就亂答，我冷冷地說：「可以啊！不過你最好帶著你們公司的法律顧問一起去法院，你一轟了田毅，地檢署的法警就會一湧而上，當庭逮捕你，檢察官必定向法官聲請羈押，你會需要律師幫你辯護的。」

總經理感受到我的不友善，覺得自討沒趣，訕訕地表示另有行程須離開了，王科長提醒他盡快幫文化局委任律師出庭辯護，他不置可否地告辭。

我與藍玉導演也向科長道別，走到市府門口，藍玉嘆道：「還沒進法庭，就看到人性的醜陋！」我望向前方的車潮，兀自沉默著，心想日後隨著案情發展與法庭攻防，她會看到更多黑暗面呢！沒敢多說，只安慰她多保重，侵權訴訟是一條漫長的路，希望她能撐到最後關頭，掙回自己的清白。

沉寂了三個禮拜後，藍玉導演來電告知收到警局的傳票，通知三天後到警局接受偵訊。她似乎心生怯意，問我可否請假，由律師代理去警局作筆錄？我邊安撫她的不安情緒，邊解釋法律的規定，我說：「這是刑事案件，必須由被告親自說明事實經過，辯護律師只能『偕同在場』，不能取代被告陳述一切事實，不像民事案件，只要委託律師代理出庭，當事人原告或被告都可以不用到法院。」

被告藍玉開始感受到刑案的壓力，接著又問：「律師可否幫我查查看，到底對方是告什麼？我一直覺得我沒錯呀！」

我又給了讓當事人失望的答案：「沒辦法查耶！因為刑事訴訟法規定『偵查不公開』，刑事案件在偵查期間，律師或被告、告訴人都不能向檢察官、警局聲請調閱訴訟資料。主要是考量被告的犯罪嫌疑是否存在還沒確定，在起訴之前為了保護被告的名譽與隱私，一切調查都不公開，必須等到檢察官提起公訴後，案件移送到法官那邊，才能閱卷看到對方的書狀及證物。不過，應該不出田導演上次託梁律師寄發的律師函上面的內容。」

「這樣很不公平啊！對方拿了一堆證據不知是真是假，檢察官就用這些來辦案，審問案情，我們被告不明就裡，又不能看那些資料，那要怎麼答辯洗刷清白？其實要保護被告的隱私，只要檢察官不要隨便跟媒體透露案情就足夠了，我們被告如果拿到這些案件資料，一定不會對外宣傳這種挨告的醜聞，辯護律師更不可能隨便洩密，不然也有法律責任。不曉得法院在想什麼，怎麼用這種爛理由，一點說服力都沒有！」藍玉深感不平。

「是啊！我也頗有同感，最近媒體報導司法院大法官召開憲法法庭，討論偵查中辯護律師可否閱卷的議題，格外引發我們律師界的注目，可沒想到法務部長竟然抨擊被告律師都只會維護當事人利益，打擊犯罪、伸張正義根本不是辯護律師關心的重點，所以站在法務部的立場，極力反對律師向檢察官調卷閱覽影印，免得律師洩漏偵查機密，向共犯通風報信。法務部長的說辭重重地打了全國律師一記耳光！」我說明實務上制度探討的現況。

「這個法務部長也太誣蔑律師了，把每個律師都當作賊，真是太不尊重辯護律師了！」藍玉覺得不可思議。

「更不可思議的是，這位部長以前還當過律師，執業二十幾年呢！」真應了官場那句俗話——換了位置就換了腦袋。我順道提一下部長的背景，稍稍緩和氣氛後，再把話題轉回這樁侵權案，提醒當事人記得回去看看資料。

在電話中就感覺得出來藍玉的緊張情緒，因為她又急著問：「那麼律師在警察局作筆錄的時候，妳可以幫我回答問題嗎？」真的很不想增加她的恐懼，可是又得告訴她實話，我盡量婉言解釋：「原則上事實部分，被告要自己回答，警員不會允許辯護律師代答，不過如果在現場妳忘記了，或不曉得怎麼回答較好，我會在一旁提醒妳，別擔心。」

其實刑事訴訟法只有規定偵查期間辯護人得「在場陳述意見」，並沒允許律師可以代為回答犯罪事實相關問題，通常警局在檢方發查交辦刑案，訊問過程中不會給予律師辯護或代為回答的機會，我們律師在場只能見機行事。如果運氣好，碰上和善的警員，在偵訊時對於律師的及時補充可能睜一隻眼閉一隻眼；但是遇上執法嚴格的警員就六親不認，禁止律師代答了。目前情況未卜，面對當事人的疑懼，我也只好先安她的心，等進了警局再臨機應變了。

很快地警員約談訊問的日子到來，我只是提早半小時與藍玉約在大安分局附近咖啡廳碰面，提醒她回答問題的竅門，與陳述事實的重點說明方式。她看來倒是一派淡定，似乎心神安定了不少，我半開玩笑地問：「這幾天妳到哪裡禪修或閉關了嗎？看起來心情很穩定。」

她微微一笑答道：「昨天拜訪一位前輩，他聊起十年前挨告的陳年往事，比我們這一件更離譜，官司打了三年，後來也沒事。他鼓勵我勇敢面對對方無理的挑釁，只要我在法律上站得住腳，一時的抹黑就當作是修行，前天參加『一日禪』，禪院的法師也對我開示，說接受審訊的過程就是忍辱，當初我會找了田毅來合拍這部紀錄片，可能也是天意要我了了這段因緣，給我作的功課吧！」

當事人想得透徹，有一番了悟，往往很多心結就解開了，在面對法律訴訟時，也會以較豁達的襟懷看待別人的指控。

果然陪藍玉導演走進大安分局二樓偵訊室後，警員抽絲剝繭，依時間的序列逐步訊問，藍玉沉著以對，警員先問她與告訴人田毅的關係，為何當初與他合作拍攝《哭泣的河川》紀錄片？這部紀錄片拍攝完成後，視聽著作權利歸屬何人？既然視聽著作權歸屬市政府文化局，為何告訴人提告主張有權利？事後何人決定製作紀錄片的番外篇？番外篇影片是何人拍攝？何單位取得番外篇影片的著作權？

除了幾個著作權法的問題，我補充回答之外，藍玉都條理分明地敘說事實經過，警員聽她敘述案情，同步打字記錄。全部偵訊結束後，警員不解地感嘆，這個案子對方在告什麼目的呢？市政府的採購契約規定得這麼清楚，所有履約成果的權利都歸市政府所有；製作公司與告訴人的承攬協議書也明定影片著作權歸屬公司，再轉由市府取得，為何告訴人竟然拿一份沒簽署的合約來提告呢？我立即應和，表示對方指控的重點，可能是著作人格權關於番外篇包裝的註記，不過這套ＤＶＤ是套裝產品，告訴人的名字很明顯地放在外包裝的最上方，絲毫沒有侵害他的著作人格權。

警員聽了邊搖頭，邊檢查筆錄內容，又補問了藍玉一句話：「妳與告訴人有過節或恩怨嗎？」藍玉很無奈地回答：「我個人覺得我們之間沒有私人恩怨，如果對方把合作拍攝紀錄片期間一些意見不一致的地方作為攻擊我的藉口，我也不曉得能說什麼……。」我快速瀏覽約談筆錄，確認內容無誤，藍玉在筆錄末頁簽名，步出大安分局，我們討論後續刑案程序後，藍玉輕鬆地走向捷運站離去。

看著她的背影，我決定走一段路，思索這一路以來案情的發展，心中依然有些不解。人世間似乎很多爭議怨尤不是法律可以解決，田毅對於藍玉作法的不諒解，思欲透過司法訴訟途徑來發洩或報復，間接逼迫市政府把紀錄片ＤＶＤ產品下架，孰是孰非？藝術家創作的歧見可以藉由法律方式解決嗎？他的提告是否治絲益棼，累積更多惡業呢？走在仁愛路的行道樹之間，望著樹葉間透出的光影，閃爍變化，彷彿訴說著人世間的是非善惡也不全然黑白分明，那麼容易說得清楚的吧！

大安分局的約談結束後，案件沉寂了一段很長的時間，想必是警局遵照地檢署檢察官發交調查的指示，在三個月內完成刑案告訴人與全部被告的約談及初步證據的整理，再將這宗侵權案移送回到地檢署，等到檢察官寄發傳票通知開庭，已是初夏五月天了。

開庭前一週循例聯繫當事人來辦公室討論案情，說明檢察官偵查程序。我先問藍玉導演曾否到法院出庭？她一臉茫然地回答：「我有到過法院，那是十幾年前的事，是去公證結婚，過來就沒去過法院了。」

公證結婚與刑案開庭差很多耶！看來這下得好好叮嚀了。我先拿一份厚厚的答辯狀給藍玉，邊翻邊解釋：「這是上次寄 Email 給妳看的答辯狀還有附帶的證物，前兩個禮拜我已送到法院，在開庭前先讓檢察官看過我們的答辯理由，會比較了解被告的立場，這一份繕本給妳，請妳帶回去再仔細閱覽，回憶事件的經過，以及法律上我們沒有侵權的理由。因為時間過這麼久了，有些人、事、時、地、物難免記憶模糊，如果開庭答錯了，可能會引起檢察官誤會，所以請妳這幾天一定要再回復記憶。」

藍玉點點頭，好奇地翻閱著答辯狀後面多達十項的證物，問道：「開庭檢察官會問我什麼事呢？對方會不會去？還有傳其他被告嗎？」

我說：「昨天問過書記官了，他說這次只傳告訴人田毅跟他的律師，還有妳跟我，其他被告沒有傳。可能檢察官想先釐清基本的侵權事實，他大概認為癥結點在妳與田毅身上，製作公司與文化局並不是直接關聯，所以先傳訊你們兩位，弄清楚案情後，下一庭再傳其他被告，因為這一件實在太複雜了，牽涉市政府的兩個採購案、兩家主要承包廠商及四、五個小包商，如果一次全部傳來開庭，恐怕場面不好控制，反而無法訊問清楚犯罪事實的重點。」

說明刑案偵查程序的同時，我遞給藍玉一份問題清單，指著上面的題目說：「這是我整理出來檢察官開庭可能提出的問題，之前我們都討論過，妳大概還記憶猶新，妳看看有沒有覺比較困難或有疑問的？我們可以再溝通。如果沒有，我就幫妳模擬演練，免得真正開庭時妳會緊張，答得不理想。」

她認真地讀那些問題，邊用紅筆打勾，到了第五題關於合約的題組時，抬起頭問：「如果檢察官問我製作公司以電郵寄給田毅的合約為什麼沒簽？我該怎麼回答？同一份合約草稿寄給我，後來也沒簽啊！可是這有點複雜，檢察官有時間聽我說整個經過嗎？」

我思索後提出建議：「確實這背後的經過比較複雜，不過我猜想對方應該是以這份沒簽成的草約作為提告侵權案的證據，因為上次談和解時，對方律師也提出這份合約，強調田毅對於紀錄片是有權利的。因此我想開庭時檢察官如果問到這份沒簽署的合約書，妳還是有必要解說當時的緣由，免得檢察官誤以為告訴人真的有權利，可以告妳侵權。」

藍玉趕緊把那份後來作廢的合約，前因後果交代一回，問我這樣作答是否得當？我請她減掉不必要的細節，再扼要敘述一遍，她順從地照作，但臉上卻略帶猶豫的神情，我只好信心喊話：「這個案子對方告侵權是沒道理的，因為紀錄片的著作權都在文化局手裡，對方實際簽的合約是我們答辯狀附的證物六號，上面寫明紀錄片視聽著作權歸屬製作公司，製作公司在採購案結案時再把權利轉讓給文化局，證物八號的採購合約及驗收成果報告都有提到這一點啊！所以妳不用擔心，當初整合行銷公司請妳編輯紀錄片專書與剪輯番外篇，也跟妳約定所有素材的著作權是從文化局那邊取得，妳剪接紀錄番外篇架的基礎是相信文化局享有著作權，所以妳根本沒有侵權的犯罪故意呀！」

等到她神色緩和下來後，我提出一個幾乎承辦侵權案的檢察官都會問到的事情，徵詢藍玉的意見，我問：「假使檢察官問妳要不要和解，妳要怎麼回答？」

藍玉有點訝異地說：「和解上次就談不成啊！還要重來一次嗎？上次那個條件我沒辦法接受啊。」

我提醒：「不曉得到時候對方如何回應，倘若田毅提的和解條件改變，也許可以考慮，不管怎麼樣，我建議妳不要一口回絕，這樣可能對檢察官不太尊重。因為這種案子，只要雙方和解，告訴人撤回，檢察官就不用繼續調查，可以馬上結案，省卻檢方許多工作負擔，因此檢察官多半會希望當事人談談看，妳開庭時碰到這個問題，就說可以考慮看看。」藍玉聽懂這些利害關係後，允諾這幾天會再好好複習手上的答辯狀，就離去了。

一週後，我們相約在台北地檢署法警室報到處前會合，約定的時間快到時，看到藍玉快步進入法院，正要走向我時，忽然瞥見田毅與律師出現在前方辦理報到手續，我向他的律師微微點頭，藍玉看到我的反應，順勢望向田毅，想要打個招呼，卻不料田毅一臉嫌惡地別過頭，直接走進電梯，留下怔立一旁的藍玉，看來今天的偵查庭絕對是波濤洶湧、互不相讓了！

我陪藍玉步上階梯，走到二樓第六偵查庭，等候法警點呼。法庭外走道上門庭若市，各個刑案的當事人與律師比肩錯立，多半臉色肅穆、心情沉重。藍玉坐在一旁，不覺緊張了起來，我刻意問起她最近接拍的新戲，讓她緩和情緒，我們等了半個小時，前一個案子庭訊才結束，被告垂頭喪氣地走過我們身邊，後面緊跟著苦主破口大罵，作勢要追打被告，隨後出來的法警連忙阻止，厲聲喝斥。隔壁偵查室則走出由兩名法警押送一個上了手銬腳鍊的重案嫌犯，轉身進入走道盡頭的鐵門，藍玉看了眉頭皺得更緊。一個平常製作影像的文化藝術工作者淪為刑事案件的被告，來到邪氣污濁的法院接受訊問，藍玉臉上透露的委屈無奈愈發明顯。

我帶著藍玉走進偵查庭，檢察官端坐上位，一等我們坐定，就核對身分證，先進行告訴人與被告人個別訊問程序，同時指示田毅與藍玉坐下答話，兩人形同陌路，各坐一方。看得出來藍玉又緊張又憂慮，不過接下來的庭訊，在檢察官多次質疑告訴人與律師後，不斷擦出火花，戲劇感十足，藍玉似乎放鬆了一些，轉而以好奇的心情冷眼旁觀，彷彿在觀看一齣荒誕不經的鬧劇。

庭訊一開始，檢察官就指著告訴狀劈頭問起田毅：「告訴人你到底在告什麼？我怎麼都看不懂？證據都沒附過來，只有一份空白的契約書，這樣來告什麼意思？」

田毅一臉莫名其妙，不知所措地轉過頭來看著他的律師，梁律師連忙回答：「那份契約書告訴人有簽名，上面第七條載明告訴人對於紀錄片也有權利，而被告藍玉用紀錄片去剪出番外篇，侵害告訴人的著作權，所以我們告侵權。」

檢察官聽了更火大，反問告訴代理人：「告代我看你執業的資歷頗深，應該明白這份合約只有一方簽署是不會生效的嘛，怎麼拿這種證據來告呢？告訴人你到底有沒有簽約？如果沒簽，你來告做什麼？」

田毅急著說：「這份我簽了之後交給製作公司，可是他們一直沒用印交還給我。」

檢察官又發怒，斥道：「這種法律常識還要我們法院來教你嗎？你就可以去催製作公司呀！要不然就不要開始做事啊！」

田毅補了一句：「可是那時候我紀錄片已經開始拍了，受訪者都敲好時間，不能不做下去，製作公司不把合約交給我，有什麼辦法？」

檢察官提高音量，不滿地問：「那你去找製作公司啊！為什麼來找法院？你們動不動就要法院幫你們要錢、要合約，我們檢察官又不是討債公司！」

田毅靜默下來，不敢再答話，他的律師也不曉得如何止住檢察官的怒氣，索性保持沉默。

檢察官從告訴人這一方得不到可用的證據合約，轉過來問被告：「妳呢？妳有簽約嗎？妳也是紀錄片導演嗎？這份空白的合約妳知道是怎麼回事嗎？」

藍玉小心翼翼地回答：「我是製片，當初製作公司找我當製片，有簽一份合約，就是我的律師寫的答辯狀附的證據，……。」

檢察官急躁地打斷藍玉的發言，問道：「妳的律師有寫答辯狀？在哪裡？什麼時候送進來的？我怎麼沒看到？」一邊連珠砲地問，一邊翻找卷宗，書記官見狀低聲說了幾句話，同時抽出一份書狀交給檢察官，他說：「噢！就是這份，妳說的製片合約是證物幾號？……證物三號，看到了，對！上面有簽名蓋章，那麼田毅導演的合約呢？你們有附上來嗎？有啊，在哪裡？證物五號這份是嗎？……對啊！上面有『田毅』的簽名，告訴人你自己看看，這是不是你簽的？」

法警立即將檢察官遞出的卷宗轉交給告訴人看，田毅看了點點頭，他的律師急忙走上前一起查看，梁律師表示：「這份合約製作公司沒給告訴人。」

田毅補充道：「這是後來要領錢，製作公司的會計有一天忽然叫我去公司簽約，那一次簽了很多文件，我來不及仔細看，以為只是領錢的單據。」

這時我站了起來向檢察官說明：「檢察官，從頭到尾告訴人跟製作公司只簽這份合約，上面有記載紀錄片著作權歸屬製作公司，整部片子完成後，製作公司再將全部的視聽著作權轉讓給文化局，檢察官您可以配合證物三號、五號的製片、導演合約書，再看到證物六號文化局採購契約第十二條的規定，就可以理解辯護人的說法。」

檢察官邊聽邊核對，火氣漸消地表示：「告代，你看辯護人寫的答辯狀這麼清楚，後面附的十份證物，都可以明確地佐證，不像你們的告訴狀，我讀了好幾遍都看不懂！而且只附一份證據，唯一的這份證據又不具法律效力。現在我看了被告的答辯狀，才漸漸搞懂這整個案子，可是為什麼製作公司跟你們簽了導演、製片的合約，又作了這份告訴人附的合約呢？被告妳知道是怎麼回事嗎？」

果然檢察官問到這個疑點，還好前幾天有幫當事人複習整理這一段的原委，希望藍玉還記得重點。

我定睛凝望被告席上的藍玉，她不疾不徐地答道：「我知道，當時製作公司也有給我這份草約，因為文化局經費不足，我們需要租直升機空拍台灣的幾條河流，還要向《國家地理雜誌》請求授權高雄小林村落的三分鐘土石流滅村影片，又要做影片後製，大約還不夠四百多萬元。製作公司跟我還有田導演就分頭去找資金，而且約好如果找到資金，可以共同擁有紀錄片的權利。製作公司就請他們的法務草擬那份合約，後來文化局考慮的結果，不想要版權太複雜，答應由局裡增加預算，採購案作了契約變更，於是那份合約用不到，製作公司就把它作廢了，這件事也有告知田導演，我不曉得為什麼這次居然拿這份已經作廢的合約來告我們？」

檢察官邊指示書記官記明筆錄，邊回應說：「我也不明白，告代這到底是怎麼一回事？告訴人你有跟你的律師講這些過程嗎？我是沒當過律師啦！不知道一般律師碰到這種情形，到底是要直接跟當事人解釋，不生效的合約是不能提告的；或是有什麼訴訟策略的考量，就拿這種空白合約來法院告？」

田毅低下頭，輕聲地說：「我當時沒留意到，也沒告訴律師。……可是不管怎樣，在法律上允許被告這樣侵害我的權利嗎？」

檢察官聽了火氣又上來，怒斥道：「你還聽不懂嗎？你哪有什麼權利，這份空白合約製作公司沒用印，法律上根本不生效，你的律師沒教你嗎？你剛剛不是承認有簽證物五號的合約，上面就沒有寫到你有權利啊！」

田毅的律師臉青一陣、白一陣，猶想找台階下，辯解地說：「製作公司沒把證物五號的合約給我的當事人，……。」

我再度起身釋明：「之前我們雙方在文化局的協調下，有碰面談和解，那時辯護人就曾拿出證物五號合約給告代看，而且還印一份給他帶回去。」

田毅的律師發覺謊言被揭穿了，竟然若無其事地補上一句：「當時我們已經向法院提告了。」

藍玉聞知立刻表達不滿之情，她說：「梁律師你不是答應我們談和解期間不提告？你怎麼可以表面上談和，私底下遞狀？玩兩面手法，欺騙我們？」

田毅的律師不甘受辱，搶著駁斥：「和解破裂了，本來我們就有權利告！」

藍玉激動地說：「你亂講！我的律師拿合約給你看之後一個月，和解才破局的，原來你那時候就偷偷告了……。」

田毅惱羞成怒，也加入戰局：「什麼叫『偷偷』？我被侵權了，難道不能告嗎？我是正大光明地告！」

檢察官眼看偵查庭內雙方人馬叫陣，場面瀕臨失控，大聲制止，喝道：「你們把這裡當菜市場了噢？兩邊都不要再講了，我剛剛還問你們要不要談和解，我可以先把這個案子移送調解委員會。既然你們之前都談過了，今天又吵成一團，我看也沒必要談和解了，筆錄簽名後，各自請回。」雙方當事人悻悻然簽名後，我帶著藍玉走出偵查庭。

開庭後，往往心情是複雜的，因為庭訊中受到各方衝擊，包括對方的挾怨濫訴、告訴人律師不夠專業與敬業、檢察官事先未充分準備，與當庭焦躁不安的氛圍，導致我心中跌宕起伏，最令人痛楚的還是一樁重要紀錄片的文化盛事演變為意氣之爭，不只令人唏噓感嘆，更為這場司法鬧劇不知如何落幕而心痛……。

回想方才坐在偵查庭辯護人席時，眼見告訴人田毅被檢察官急躁地一再質問的當下，同情之心油然而生，很希望幫他找到合理的說辭脫困。甚至檢察官一度徵詢被告，將此案移送調解委員會的必要性時，有一剎那間我幾乎要點頭同意，期待透過調解程序終結此部司法鬧劇……。可是田毅終究不是我的當事人，我不可能當庭幫他解圍，而本案約談前和解協調會已經開過兩次，田毅倨傲的要求是無法達成和解共識的，於是我只好代表被告敬謹委婉地回絕檢察官移送調解的提議。

庭訊結束步出偵查庭時，仍為田毅出庭受挫而感悲憫，望著他的背影，心頭湧起一個想法：「要不要現在邀約田毅與他的律師到我的事務所商談和解？」

畢竟此種案情複雜，心情糾結的刑案是需要訴訟雙方坐下來，抒發情緒、解開心結、溝通關鍵問題，才能徹底消除彼此的仇怨，達成和解的共識，由告訴人撤回訴訟而結案。否則不論檢察官最終決定提起公訴與否，必然造成勝負立見、輸贏分明的結局，當事人之間將會怨更深、仇愈濃。

心裡還在思量時，忽然聽到藍玉輕聲說句：「對不起！」轉過頭看到藍玉正欠身向田毅鞠躬賠禮，孰知田毅毫不領情，帶著出庭的餘慍，回嗆：「妳是該道歉的！」

在法庭攻防的訴訟洗禮後，田毅依然這麼高傲偏執？顯然還沒得到人生的教訓，對於自己的錯誤還沒有深刻的醒悟，只是一味地指責對方的不如己意處。對方如此的心性，倘使立刻幫他安排和解，讓全案順利落幕，他不再嘗受到檢察官當庭的詰問屈辱、律師索求證據的苦惱、被告義正辭嚴的反駁辯解，甚至最終接獲檢方寄達敗訴的不起訴處分書……，此番迅速和解的結局是否促使田毅更趾高氣昂、自以為是，一輩子認定這部紀錄片就是藍玉負了他？這樣的結果是否合乎情理法、吻合法律人信仰的公平正義、符合中國人的天道——因果業報嗎？

心思轉折起伏中，我搖搖頭給了自己否定的答案。於是拍拍神情無奈的藍玉肩膀，示意離開氣氛凝結的現場，一起走到法院門外，告訴她：「有些事無法強求，在今天庭訊的震撼下，沒料到田毅依然執著於他的尊嚴與提告的立場，我想這個案子短期內要和平解決，有它的困難度，恐怕只能讓檢察官依法處理，檢察官如果仔細讀我們的答辯狀，應該不會有事的。」

藍玉點點頭，臉上少了憂慮，多了傷感。站在法院門口，她說：「律師，就像一部影片，膠卷一路往下放映，真沒想到最後竟是這般結局。當初合作拍攝紀錄片的過程中，兩個人雖有意見不合，我覺得工作難免會各有堅持，忍一下就過去了。可是萬萬沒料到最後竟然演變成兵戎相見、對簿公堂；更沒想到田毅的律師連告訴狀都亂寫一通，開庭語無倫次，幸好妳一個月前就整理好答辯狀跟所有證物送到法院給檢察官，雖然他開庭前沒看到，不過當庭核對，他也能及時弄清楚整個案情，不然很難想像方才情況會如何失控！」

藍玉騎上摩托車離去，而我回到事務所，整理上午偵查庭訊的重點，思索著需否再補充被告的答辯理由，沒想到在此同時田毅竟然另闢戰場，掀起更大的波瀾。

過兩天，吃早餐喝咖啡時偶爾瞥見一篇報導，新聞標題引人好奇：「拍片競賽鬧雙包，南市滿城風雨」，原來是台南市文化局舉辦「39小時拍片競賽」活動，今年公開招標由「二號工作室」得標，而非原創德國團隊承辦，但曾擔任策展單位的德國團隊照常舉辦相同競賽而鬧雙包案，連柏林國際影展主席也在臉書發文批評，甚至跨海指控台南市政府剽竊。台南文化局則表示該競賽活動的智慧財產權屬於政府單位，而非策展人，因此無法接受剽竊的說法，對於影展主席介入批評，文化局只能說「非常遺憾」。文化局義正辭嚴、不卑不亢，令人激賞！心裡想著如果台灣的文化機關都能有這種法律素養與風骨氣度，國民就覺得更有尊嚴感了。

進辦公室之後，還在思考這個有趣的案例——究竟台南市府的競賽活動有無著作權？正巧文化局的商先生來電，他說：「律師，好久不見！不曉得紀錄片侵權案進行得如何？昨天我們局長突然接到議員關切的電話，提到這個案子，市議員要求紀錄片DVD的產品全面下架，雙方和解撤告。」

噢！原來是田毅提告的侵權案，司法訴訟碰上障礙，轉而走民意代表路線，用議員來壓官員了！

我回報前兩天開庭的狀況，猜測田毅可能慮及提告受挫，才求助於議員以和解收場，保留顏面，商先生聽了恍然大悟，說出文化局的想法：「我們新局長剛接這個職位，對於紀錄片採購案之前的過程及此案爆發的狀況未曾參與，不太了解案情。他基本立場是想要配合議員的提議，和解下架，可以快速解決這個問題；不然如果議員在議會質詢起來，引發媒體注目，可能會鬧出更多風波，輕者我們的預算可能被砍，重則說不定會丟官！所以早上我已經照局長的指示，趕緊聯絡與這個案子有關的廠商明天盡快來局裡開會，商量產品下架的作法、成本時間的問題，以及採購契約執行有無影響。有了結論之後，下週找田毅與律師來開和解會議，不知律師妳明天是否有空，一起到局裡談和解？」

局長怎麼那麼快就屈服？這個時代官員真的不敵議員？只要議員一出面，行政機關就全數買單、遵照辦理？那麼我的當事人的公平正義呢？當初參與這部紀錄片所有相關人員的心血期待呢？一通電話，全面下架，採購案耗費的公帑預算呢？民脂民膏就為了滿足議員選民服務的需求，以及顧全局長保住官位的欲望，而全然丟棄？

我冷冷地問：「議員有提到其他和解條件嗎？田毅有沒有要求我的當事人要簽道歉信、賠償？」先問清楚我的當事人必須付出什麼代價換取和解撤告，再決定下一步是否配合文化局的步調。

「不用，議員說都不用賠償了，也毋需寫什麼道歉函，只要產品立刻下架就可以和解，田導演答應全部被告都一起撤告。」商先生快速回答。

我說：「那麼這樣就單純多了，我建議你們文化局跟廠商談好下架的事，你們與田毅直接簽和解書就好，我們不用出面，因為下架與否，藍玉並無權利決定，只要發行單位——文化局與出版DVD的通路廠商談妥，你們簽完和解書，全案就可以撤回，我還出去談什麼呢？」

商先生很驚訝，急急問道：「律師，這案子妳從頭到尾參與，事實面與法律面都很清楚，妳一起與會，我們比較知道方向及法律上注意事項。」

看來文化局很難理解我的思考邏輯，於是我清楚明白地解釋立場：「這個侵權案在前兩天檢察官開過庭，我就認為沒必要和解了，因為檢察官弄清案情後，覺得田毅提告事證不足。文化局其實不需要為了迎合議員不合理的要求就允諾全面下架，議員雖然威脅要動員更多地方上有力人士或紀錄片受訪的文化界大老、學者專家跳出來批判當初訪談作業的瑕疵，但這些受訪人士都已簽署訪談同意書，在法律上的授權毫無瑕疵可言，這幾十份的同意書都在文化局成果驗收報告中，你們很清楚，相信局長也看得到。為什麼此刻就擋不住議員的壓力，一定要產品下架呢？你沒看到今天的報紙嗎？同樣是你們南部的文化局，人家台南市文化局在面對國外的施壓與批評，多麼義正辭嚴地表明立場，毫不退卻或心虛，為什麼你們就要唯命是從，完全接受議員的訴求？也許新任局長有政治上的考量，我無法置喙，不過我是律師，只談法律上的是非對錯。在這個案子上，我的當事人沒侵權，我的責任就是要幫她爭取清白，當初建議透過你們文化局開和解協調會是希望盡速和解，勿讓案件進入訴訟程序，免得兩敗俱傷、仇怨加深，可是事到如今狀況已不相同，檢察官都已經開庭調查，而且事實愈辯愈明，對方提告並無證據支持，全案很可能會不起訴，那麼我的當事人這段期間所受到的委屈，應該由司法機關還給她公道與清白，因此站在當事人的立場，我不認為我必須代表她出席和解會議。至於你們要跟對方談和解，消弭政治風險與可能的輿論壓力，我尊重文化局的決定與作法。」

商先生聽出我的堅持，不再多言。

掛斷電話後，我轉告藍玉方才的對話經過，她有感而發地說：「律師妳說出了我的心聲，現在我要的是公平正義，而不是和解假象。」是啊！在受盡委屈與司法凌遲後，遭受冤枉的人已不願意期待和解的表面和平，內心渴求的是法院查明事實真相，法律回復他的清白與名譽。

到頭來「政治」與「法律」還是被分開考量，文化局與田毅導演及梁律師開會協商後，在議員重度關切下，文化局仍朝和解的目標努力，同意除了以文化局長名義寫封道歉信給田導演之外，還承諾在文化局的官網刊登公開聲明：「《哭泣的山河》紀錄片DVD番外篇標示不當，同意更正，增列導演田毅。」

商先生以電子郵件告知我與藍玉導演這項開會決定的和解條件，並說明田導演已放棄賠償的請求，只要文化局官網公開聲明致歉，以及產品回收重貼標示，他就願意向台北地檢署撤回全案。

雖然我對於行政首長為了保住官位，不惜向議員低頭的行徑感到遺憾，無法苟同，但深知無法勸阻文化局的決定，僅能站在藍玉導演被告的立場，寫封信給商先生，重申文化局在官網致歉的內容會對侵權案有罪的認定產生不利的影響，不過倘使文化局能促使田毅導演信守承諾，在官網致歉聲明刊登之同時，確實向檢察官撤回全部被告的告訴，應該可以圓滿結案。

我唯一能做的，似乎只能把告訴人撤回提告的風險轉由文化局承擔，其他也發生不了作用。因為法律案件的是非曲直、公平正義，在面對政治考量及官位保衛戰時，似乎成為枝微末節！不過，由於前一段洽談和解期間觀察到梁律師的出爾反爾、狡詐反覆的行徑，我覺得有必要提醒文化局切勿輕信對方的承諾，無庸先行刊登文化局官網致歉聲明，免得田毅反悔拒絕撤回告訴，就產生無可彌補的錯誤了。

藍玉讀了我的回信後，寫了一封文情並茂、語氣沉重的電郵，回覆文化局，強調藝術人的用心，及等待公平正義的渴求。

藍玉信裡最後一段寫著：「我突然覺得法庭以外的世界，真的很無力也很無奈！明明訴訟已露出曙光，眼看正義要實現了，仍有一群人亟欲透過政治實力達到不法目的，在他們追逐權力的道路上，藝術的追求、良知的維持、法律的尊重都得靠邊站。」

此際身為藍玉的律師只好調整自己的心態，從最早期盼文化局站在主管機關的高度、出面宣示權利、主持公道，到現在全面放棄這種不切實際的幻想，只能冀望在法庭上為被告爭取清白。

過了一個多月後，終於收到檢察署不起訴處分書，判定被告藍玉及製作公司、文化局均無侵權刑責，理由是紀錄片的著作權歸屬文化局，告訴人田毅不享有任何權利，因其持有的契約書屬於空白版本，無人簽名，法律上不生效力。檢察官不起訴的理由完全採納我們被告答辯狀上的主張，而且狠狠地打了田毅一個耳光，終於公平正義得到彰顯。

我立刻將這份不起訴書寄給藍玉導演及文化局，藍玉得以放下一年多來心中的沉重巨石。文化局商先生立即來電致謝，並慶幸雙方尚未達成和解，那份擬就的致歉聲明尚未放上文化局官網。

我信口提問：「議員沒再來施壓嗎？」

商先生答道：「當然有，昨天還打電話威脅局長說再不和解，就要發動國外影藝重量級人士出面譴責，甚至要在市議會質詢時給市長及局長難看！」

我有點好奇地問：「局長的反應呢？」

商先生欣慰地表示：「上次跟律師通過電話後，我陪同科長向局長報告全案梗概，以及律師為我們分析的法律立場，還有強調律師轉述偵查庭檢察官的態度與調查方向。局長聽了，改變前些時日的想法，認為對方透過議員施壓很不恰當，而且紀錄片《哭泣的山河》上映後市民反應熱烈，近日南部流行音樂中心開幕，還獲選為台灣紀錄片影展開幕片，自然不宜輕易和解，特別交代我們盡量拖延，延後和解時點，看能不能先等到檢察官的結果，還好今天收到了，我剛剛就連同不起訴處分書上簽呈給局長了。」

哇！終於行政首長硬起來了，敢抗拒無恥議員的不當需索，真想看看那位為選民服務的熱誠議員，在收到不起訴書一瞬間的表情。當他昧著良知與法律，很熱誠地為田毅導演奔走脅迫局長之後，猛然發現公理正義不站在他的選民那邊時，他是如何平衡自己的良心與理智？也許他絲毫沒有任何的掙扎與波動，只當作是一樁目的不達的服務項目，轉身之間，又為另一個「選民託付」而繼續奔波出力了。

電郵聯繫告知刑案結果後，我沒刻意再與藍玉聯繫，聽說她正忙著籌拍下一部電影，先讓她沉澱一段時日吧！這一年多的煎熬真是難為她了，幸好結局是法院為她洗刷了冤屈，但願這些磨難讓她更堅強，日後能更篤定地持續走在追尋影像夢想的路上。

網路世界四通八達，無遠弗屆後，有些部落客假正義之名，行霸凌之實，躲在虛擬的網路背後射出一支支暗箭……中箭落馬的人是要奮起反擊，或隱忍不發？

文創園區的樂團展覽／網路誹謗案

這樁網路霸凌事件發展之初，樂團的團長只用電子郵件諮詢我法律意見，他說：「律師，好久不見！謝謝您上次專程南下來欣賞我們在『大港開唱』的表演。這個月我們樂團受邀在台南安平文創園區作一個很特別的展示，透過互動裝置，把樂團成軍十二年，所有專輯主打歌的創作歷程在展場呈獻出來，主辦單位特地找了台南在地的行動藝術專家幫我們設計策展，做得很有趣，策展人還提議可以向台南市政府文化局申請補助，後來也順利拿到三百萬元的補助款。沒想到上週有個部落客根本沒有來看展出，只有在我們的粉絲專業看到幾則留言，就加油添醋，Po 文惡意批評，以下是這個部落客的文章連結：http://elbz29.pixnet.net/blog/post/33765422-%E3%50%90%E5%38%E4%81%@B4%85%75。我本來沒在意，反正活動出來，一定有正、反面看法，可是昨天我看幾個網路媒體開始跟這個新聞，除了引用那個部落客的部分說辭，還大肆渲染，甚至批評文化局胡亂補助、濫用公帑，今天早上文化局科長來電關切，問我們如何回應？這裡有幾則媒體連結http://www.storm.ng/article/12345、unn.com/news/story/2016/186457、star.ehday.net/news/347256、www.stn.com/F/news.aspx?newsid=123456，請您先看一下，晚點在電話中請教。」

我迅速點開這幾項網頁連結，先看到部落客的 Po 文：「××樂團在台南安平文創園區展覽，除了吉他、鼓組、創作簡譜、腳踏車之外，似乎並無新意！門票二百元，樂團與粉絲，一個願打、一個願挨，大家高興就好！但這個活動文化局給了三百萬的補助。樂團的經紀公司靠自己的本事就可以辦這個展覽，不是嗎？文化局習慣錦上添花，不想雪中送炭，給一個剛得金曲獎的樂團補助，施者安心、受者實惠，可那些嗷嗷待哺的獨立樂團呢？永遠擠在密不通風的地下室練唱，去求爺爺告奶奶才有一、兩次表演機會，連樂器都無力更新添購，賴神您看到了嗎？草民都很想知道為什麼？流行音樂跨界補助年發兩千萬誰能決定？文化局只會回應：評選程序不公開，如此能杜悠悠之口嗎？」

似乎誹謗的文句都沒出現，只有冷嘲熱諷之意，部落客這篇文章應該是針對政府公部門的政策發出不平之鳴，樂團的展覽不巧成為箭靶，在法律上並無可責難之處。於是我作了法律分析回覆當事人：「關於部落客臉書 Po 文事件，採取法律程序可行性回覆如後：

＊依刑法第三百一十條誹謗罪的成立，必須傳述足以毀損他人名譽之事，部落客臉書

Po文內容，除了「展覽只放樂團團員私人物品，陳舊模糊，幾個名人簽名照，沒有三百萬辦不起來嗎？」一段評論在法律上較為可議之外，其他內容似乎並無直接對於藝人與樂團造成名譽之毀損。

* 雖然其中一段：「××樂團在駁二展覽他們的吉他、鼓組、大學的退學通知單、第一場演唱會海報，門票兩百塊，預售只要一百五十元，粉絲們照樣捧場。」似乎帶有諷刺之意，但內容屬實，且該文創園區個展活動對外公開，觀眾及網友皆可進行公評，亦不構成刑法上的誹謗罪。
* 至於民法侵權（侵害名譽權）行為損害賠償之請求，似乎也難以成立。
* 如果想要達到警告的目的，你們樂團可以考慮寄發律師函，警示部落客勿再發表損及他人名譽或形象之文章，否則將追究法律責任。

當事人看了我回覆的電郵，又來電討論確認後，決定繼續觀察，先不採取法律行動。我以為事件就此平息，沒想到媒體跟進批評文化政策，逼得文化局出面解釋，媒體的新聞標題重砲轟擊：「××樂團展覽補助三百萬挨轟 文化局說話了」、「有關『流行音樂跨界合作產業創新補助』評審過程黑箱作業，文化局今日澄清」、「三百萬補助××樂團個展太誇張 文化局強調：要驗收過關才會撥款」，網友也樂得隨之起舞，掀起正反論戰。不過網路新聞都針對公共政策抨擊，樂團經紀公司遭池魚之殃，只能無奈地隱忍。

過了兩個禮拜，居然又出現另一篇部落客 Po 文，這次標題聳動，內容批判性更強，標題寫著：「台灣為什麼一直有白癡的展覽出現？」文章裡點名今年各式有名的展覽，全部都列入『白癡展覽』名單，其中等級只有『爛』、『很爛』、『超爛』的區別。文中話鋒一轉，談到了××樂團這次在台南安平文創園區的展覽，部落客質疑是否真正有品味有價值的展覽都存活不了？他說：「政府是希望透過這些怪異荒誕的展覽來提高民眾的整體文化水平？台灣美學教育實在太差了，於是主辦單位搞出幾個公仔、拍照打卡的商業展覽，爛到缺乏質感，認為觀眾照樣會買單，真的是這樣嗎？政府文化部門的官員自己有美學素養、藝術品味嗎？他們徹底明白這一代民眾的藝文需求嗎？國民黨時代只有總統夫人偶爾自己買票進兩廳院看表演，其他官員除了選舉作秀，會進展場或音樂廳嗎？到了民進黨時代，不是一個樣兒嗎？阿扁、小英、花媽、賴神何曾走進兩廳院、華山文創、駁二特區觀賞演出？這些居高位者，握有最大文化資源的決策者，卻對藝術無感，莫怪乎屬下會對這些低劣白癡的展覽作補助！中國大陸有文革摧毀文化底氣也就罷了，而台灣呢？自詡為中華文化最後一塊寶地，結果在台南唯一算得上藝術文創園區的安平竟然持續出現白癡的展覽，台南人情何以堪?!不過，台南的鄉親也別難過，台北的華山、松菸也沒什麼好展覽，這之間沒有南北差別待遇或城鄉差距，純粹是政府部門品味不足，配上流行音樂人鄙視觀眾而已。我們要為自己發聲，在網路抗爭，直到台灣不再出現白癡展覽為止。」

這次部落客驚人之語一出，每天有上萬個讚，三萬多人推薦分享。樂團團長氣急敗壞，揚言要提告，拉著經紀公司經理來找我，問道：「律師，『白癡』展覽算是誹謗的講法了吧？而且我可以確定部落客沒到過我們的展場，他憑什麼作出這種評論！您上次提到接受政府補助而且在文創園區公開展覽須受公評，可是這種公評已經涉及人身攻擊，假批判公共文化政策之名，行攻訐樂團之實，對我們已經造成形象的損傷，歌迷紛紛在公司網站與臉書留言，群情激憤；文化局也認為我們該出面表明立場。我們可不可以直接去警察局提告，同時開記者會？」

我攤開部落客的文章，指出有畫螢光筆的文字：一、「台灣為什麼一直有白癡的展覽出現？……『白癡展覽』名單，其中等級只有『爛』、『很爛』、『超爛』的區別。」；二、「××樂團這次在台南安平文創園區的展覽……主辦單位搞出幾個公仔、拍照打卡的商業展覽，爛到缺乏質感」；三、「屬下會對這些低劣白癡的展覽作補助」；四、「藝術文創園區的安平竟然持續出現白癡的展覽」，都已觸犯刑法第三百一十條的加重誹謗罪，顯然誹謗要件均已構成。

不過，我還是提醒當事人，提告仍需三思而行：「一旦此案提告，部落客為了自保，必然援引免責條款，表明師出有名，例如展覽的品質低劣之處，包括補助款三百萬元的用途與流向，是否與展覽內容相符？有無符合文化局補助的條件？種種法庭攻防、答辯方式，部落客可能在網路繼續發動網軍公審。此外，被告還有一個籌碼——逼迫文化局加入戰場，他可以向法官聲請傳訊文化局承辦人員，出庭說明補助緣由及驗收結果。因為看這篇文章，部落客比較著重文化政策的探討，你們只是知名度高，被援引為批判的箭靶。他主要是針對文化局，到時候法院開庭，媒體吵得沸沸揚揚，文化局撐得住嗎？」

經紀公司的經理不解地問：「我們難道不能為三百萬的補助款作政策辯護，或澄清樂團策展過程，每分錢都花在刀口上嗎？我們有預算表，每個項目的支出憑證，譬如牆上的音樂互動裝置，光是程式系統設計費就多達五十五萬元，還有策展費用、現場木工裝潢、水電拉線都超過百萬元，這些是不爭的事實，我們有證據的。」

我回應：「有人證、物證當然很好，問題是這位部落客資歷很深，當他發動網友一一檢證你們提出的支出項目時，每一筆開銷真的符合市價行情嗎？縱使你們付的都是合理的價格，被告為了打擊你們，去找幾個國、內外類似的展覽，請策展人分析各項花費明細，強調你們浮報濫付，樂團與經紀公司會不會遭受二度傷害？」

經理望著攤在桌上的展場相片默然不語，我再繼續方才的問話：「文化局這兩次的反應很明顯的都是為了自保，上次要求你們自行回應媒體，這次科長跳出來說這個活動及政府補助都是可受公評的事，然後就沒再往下解釋了……。」

團長不解地打斷我的分析：「創作展是我們辦的，文化局要解釋什麼？」

音樂人的思考都是直線的，當藝術與政治被串在一起時，彼此的界限、各自的角色，音樂人就似乎看不清了。

我試著釐清樂團與行政機關的界限：「雖然展覽是你們樂團與經紀公司策展執行，展覽的標的也是以樂團的創作歷程及作品展示為主，可是部落客與媒體抨擊的重點之一在於補助對象及金額，他們認為評選過程不夠透明、金額的決定失之主觀，執行成果與補助金額不成比例，這些批判必須由文化局出面說明，為政策辯護，樂團或經紀公司的角色不適合對大眾解釋，因為你們是被補助者。」

團長聽懂了，點點頭再問：「那麼文化局為什麼不好好地對外說明？」

樂團經理開口了：「還不是為了保住官位，面對不可測的網軍鄉民，文化局不想多說多錯，乾脆採取沉默是金的對策。」經理的話語中有無奈、諷刺，也有不滿。

我補充：「經理的觀點沒錯，台灣行政機關對於網路世界的民意無法掌控，尤其政黨輪替後，執政黨習慣在街頭抗爭，這種看得到、摸不清的網路民心，他們很陌生，雖然行政院或縣市政府青壯派網羅很多網路奇才，但多數官員依然持敬而遠之的態度，所以文化局索性把燙手山芋丟給你們。另一方面是台灣的行政機關不習慣為自己的政策辯護，一來公務系統很少訓練公務員政策辯護能力，二來可能是當初政策製作過程過於粗糙，事後難以辯護。譬如這次補助案，文化局科長大可出面解釋你們經紀公司當初如何通過考核評選而出線？為何要補助這次展覽？展覽的價值，對於流行音樂跨界有何正面影響？……」

樂團經理忍不住插了話：「對呀！當初我陪團長去文化局，這些評選要件，我們不只寫在企畫案上，在會議現場，團長都深入解說，我們去報告兩次才通過的，文化局很清楚啊！」

我有感而發：「是的，我相信評選過程是很嚴格的，可是現代官員缺乏『雖千萬人，吾往矣』的膽識與風骨，另一種可能是，說不一定他們自己也認為這次展場效果不如預期，所以科長才會告訴媒體要再經過驗收，才會撥款，可是我滿懷疑他們到底有沒有到現場看？」

團長突然想起什麼似的，立刻提出：「律師，被妳猜中了，文化局從頭到尾都沒派人來看，只有展場開幕記者會上局長有出面致詞，可是他講幾句話，跟樂團一起讓媒體拍照後，就匆匆忙忙走了，根本沒時間走進去看展覽。後來網路上開始有批評的聲浪，我又去邀請科長到展區一探究竟，免得無法具體回應媒體的質疑，沒想到科長說她怕到了現場碰到媒體很尷尬，真是奇怪的心態，對我們一點信心都沒有！」

我提醒他們政治的現實：「所以你們真的決定要提告嗎？倘使這個誹謗案進入訴訟程序，文化局卻不挺你們，譬如說……我假設最壞的狀況，展覽結束後文化局在網路或輿論壓力下，驗收不通過，被告以此結果在法庭作為呈堂證據，佐證他的網路文章並無不實，你們的提告會不會變成自取其辱?!」

團長露出無法置信的表情，喊道：「可是他說我們這是白癡的展覽耶！這樣都不犯法嗎？那我是不是也可以在臉書寫說這個部落客是白癡？」

我說：「當然『白癡』的展覽已經構成毀損名譽，可是這個展覽屬於刑法第三一一條可受公評之事，如果被告能證明所誹謗之事是真實的；而法官又認為他的評論是適當的，只是措詞過於激烈，因而判決無罪，這個可能性還是有的。尤其近年來妨害名譽案件激增，社會氛圍傾向對於言論自由限制減少，有些法官認為民主法治社會對於各式言論應該採取較為寬容的立場，而且這篇網路文章一半以上的內容著眼於文化補助政策的批判，法官可能認為部落客誹謗你們樂團的犯罪意圖不明顯而判免罰，到時候會不會對樂團傷害更大？」

團長臉色愈來愈黯淡，不發一語，似乎在思索我的分析日後倘使成真，提告的意義何在？樂團經理則不平地問：「這麼說網路的惡意批評，我們都無法反擊，只能挨打嗎？」

我正色地說：「當然不是！只是因為樂團是公眾人物，這件誹謗案又起源於網路，關鍵人士——文化局的立場你們又無法掌控，我才必須比其他一般案件，更要考量法律以外的因素，譬如政治和輿論，包括網路鄉民的反應。誠然網路的惡評現在由於搜尋引擎很強大，一篇有殺傷力的文章，常常會存續很久，而且還被無限次地轉傳引用，對你們樂團傷害是持續的，不得不顧及現實面的問題。針對這一點可以發函給入口網站，請他們刪除這種法律上有爭議的文章，也可同步發函給部落客警告他立即移除這篇文章，否則將追訴法律責任。至於是否要提告，還是請你們多考量訴訟過程中引發的展覽財務審核歧異觀點，以及審判勝負帶來的影響。更何況打官司曠日費時，等到勝訴判決確定下來，可能已經是三年後的事，說不定你們樂團又拿下一個金曲獎，歌迷早就忘記這次展覽引發的網路風暴了！最後一個因素要請你們考慮的是，這位部落客雖然資深，但還搆不上『網紅』的資格，你們對他提告，恰恰可提高他的知名度，以樂團的名氣來抬高他的曝光率，值得嗎？」

團長有種恍然大悟的神情，釋懷地說：「謝謝律師的開導，我回去會跟團員解釋，安撫他們的情緒，目前可能就等下週展覽結束，先忍耐觀望一段時間，看看後續媒體反應。如果這次事件淡化，文化局也順利驗收通過，我們就擱下這次的風波周折，如果又有其他負面連鎖效應，反正律師有提到誹謗案是告訴乃論罪，在六個月內都可以提告，到時候我們還是有機會到法院伸張正義的。」

當事人想通了，真好！藝人在成名的過程中享受舞台上的絢爛光環，也必須承擔成為公眾人物的代價。希望樂團成員可以把這次的網路風暴當作創作歷程的經驗與教訓，面對跨界合作須更謙卑，對於輿論批評要更寬容，而執行政府補助案則需要更謹慎了！

當現實世界的正義與網路平台的正義發生衝突時，部落客版主大放厥辭批判公共事件時，網民要站在哪一邊？法官要如何判定正義的內涵與價值？

網路世界的正義／部落客誹謗案

忙了大半年，好不容易幾個重大案件辯論結案，趁著深秋涼意，南下西子灣度過中秋節連假。午後抵達海邊的民宿，望向窗外的沙灘，拿出單眼攝影機調整光圈、試著對焦，心想今天高雄豔陽當空，傍晚在海灘一定捕捉得到西子灣夕照，一償多年的宿願。

正在調相機鏡頭時，手機響聲劃破海邊的寧靜，瞄一眼來電顯示是經紀公司的老闆Peter的電話號碼，他原來是台大國貿系高材生，酷愛搖滾音樂，大學時代組團作曲，唱遍全台校園。畢業時放棄家裡安排的留美深造機會，到中南美洲騎重機旅行思考人生的方向，半年後回到台灣，決定繼續從事音樂創作及表演事業，從小小的音樂製作工作室作為起點，持續音樂創作活動，兼作藝人經紀業務。五年前獲得金曲獎最佳專輯獎項，創作才華廣受樂壇肯定後，公司財務漸漸轉虧為盈，表演邀約不斷，期間發生幾次合約執行衍生糾紛，他才透過朋友找我諮詢合約問題，合作一段時間後，有了信任與事業需求，正式聘請我擔任他經紀公司的法律顧問。平時除了合約需要我提供專業協助，由秘書轉達溝通外，鮮少直接來電。假日期間他親自聯繫，想必是重大急事，我接起電話，話筒裡傳來他低沉成熟的聲音：「律師，很抱歉假期打擾妳，上個月邀妳去松菸看展，不曉得去看了沒？」

糟糕！這幾個禮拜忙著法院開庭辯論，根本沒心思也沒時間欣賞藝文活動，那張貴賓券還夾在 iPad 的套子中，真不知道如何解釋。在支吾其詞中，Peter 似乎不以為意，逕自說出來電原意：「那個展覽現在移到高雄駁二特區了，今天早上我們公司的宣傳突然又看到上次給我們惡評的部落客，他的文章居然又登在網路媒體，只是換個標題，依然是惡意攻擊，上次妳勸我不要提告，免得觀眾失焦影響展覽，我覺得也有道理，沒想到我們忍了下來，他居然又重登舊文，而且點擊率一路攀升，留言的人似乎也都受到他偏激論點的影響，質疑這個展覽的價值，連補助單位文化局也受抨擊。我把網址貼給妳，可否請妳看看我該如何回應，是不是寫個存證信函，叫他撤除 Po 文，公開道歉？」

我說：「我先看看他的文章，上次他寫的內容我還記得，看完再跟你聯絡喔。」掛斷電話後，渡假的心情登時煙消雲散，我把 iPad 拿出來，查詢郵件，點閱 Peter 剛寄來的媒體網址，快速讀過，發現除了標題更新外，內文完全照舊，主要就是透過這個樂團主唱的展覽批評公部門對於流行音樂的不當補助。關閉網路文章後順手把 iPad 擱在床上，眼角瞄到似乎有紙張滑落，原來是 Peter 上次寄來的展覽入場券掉了出來，我撿起來順手要丟到垃圾桶，忽然瞥見這張貴賓券右上角有「高雄駁二特區」的字樣，仔細看才知貴賓券可以選擇在台北松菸文創園區或高雄駁二特區擇一進場，展覽截止日期剛巧落在今天，午後六時結束。我看一下手機現在是四點，衝到樓下詢問民宿主人交通路線，他說從民宿開車到駁二特區大約二十分鐘，他正要騎重機出發到高雄市區，可以順道載我一程，我看一下身上的長裙，二話不說衝回房間換上牛仔褲，抓件外套與背包，就跟著民宿主人上路了。

不到十五分鐘，我們就飆到駁二特區入口處，脫下安全帽，說聲謝謝，我快步走進駁二，找了幾個指示牌，才在第二排的展場看到 Peter 公司樂團的展覽看板。遞上入場券，服務人員善意地提醒剩下五十分鐘，展覽即將結束，我微笑示意，一轉頭看到偌大的樂團logo——WORLD，宣示了創作展的主題，接著進入不同的空間，燈光、顏色、裝潢擺設皆有各自的特色，表達樂團嘗試結合科技與音樂創作的強烈企圖心，紫色的房間放置樂團使用的各式樂器，木吉他、電吉他、鍵盤、鼓組及直立麥克風，觀眾可以觸摸樂譜，點選樂團專輯歌曲，樂器自動彈奏；紅色的角落是樂團十年來巡迴演唱旅行全世界五十六個城市，在街頭錄製的各式代表性聲響，我好奇地捺按「紐約」的圓圈，帝國大廈的落日相片傳出人潮擁擠的吵雜聲，接著再按「吐魯番」，出現一陣陣風沙呼嘯的聲音，往下找到「台南」，赤崁樓的圖片背後傳來摩托車引擎、小販叫賣聲。我再走到藍色音樂區，從天花板垂降一個個音符與歌詞，只要拉一下音符垂繩，樂曲就流瀉滿室，拉動歌詞的細絲線，牆上就映出一排排歌詞，現場有幾個高中生玩得不亦樂乎！

忽然耳畔傳來許多兒童歌唱的聲音，我爬上樓梯走進那個黃色明亮的空間，原來是樂團曾經創作一首描述戰火下的孩子各種心情的歌曲，房間中央牆面螢幕正播放各國兒童清唱這首〈破碎的玩具〉的影片，有中東、北非、西藏、巴黎、東南亞的小孩，以各地方言演唱，其中在敘利亞阿勒坡倒塌的古廟旁，站著三個衣衫襤褸的小女孩手抓著破損的布娃娃，合唱著歌曲的影像最令人心疼。我駐足良久，不忍移開視線，沒想到這四個樂團的大男孩，居然在炮火猛烈的戰地找到仍有力氣歌唱的孩子，錄下戰爭中最純淨和平的聲音。

最後一區是團員出道以來記錄各階段的紀念物品，有自行車、靴子、專輯封面、樂譜手稿、錄音機、打歌服、MV場景、歌迷簽名卡，讓人回顧樂團成軍迄今的出道歷程。出口處有兩個木櫃放置一些周邊商品，幾乎已告售罄，我也應景買個吉他造型的鑰匙圈，走出展場，天色已暗，心想西子灣的夕陽又緣慳一面了，只能寄望下一次旅行的緣分了。

搭捷運回到民宿，民宿主人已在庭院備好晚餐，我隨意挑個最靠近海灘的一桌，打開iPad 邊看 Peter 寄來的那篇部落客文章，對照著下午在展場拍攝的照片與影片，發現這位重砲攻擊樂團展覽的部落客根本未曾蒞臨展場觀看各區的展示，只是道聽途說，收集媒體報導資料，選擇性地引用某些敘述，加以猛烈抨擊。文中指摘整個展覽品質低劣粗糙，充斥團員私人物品，根本是毫無意義的展覽，造成台灣文創的沉淪，枉費公部門的鉅額補助，文末甚至點名藝人與文化局長應出面向全體納稅義務人致歉！

難怪經紀公司如此憤怒，我關掉 iPad 及手機後，聽著西子灣海濤一波一波湧上岸邊的聲音，望向深邃的夜空，思索著網路世界的思維模式。這位部落客顯然以正義之師自居，認為撰文批評不公不義的社會亂象是版主職責所在，必須引導網友勇往直前。可是他在資訊不足的狀況下，自以為是地提筆警世，偏差的判斷是否反而引領網友陷入錯誤的思考方向，而造成不公平的評價？

吹著海風，聽著濤聲，漫步在沙灘上，遠方傳來民宿主人彈吉他唱鄉村民謠的歌聲，輕快愉悅，我決定今夜暫時不與當事人討論這個案子了，明天回台北再思考這個問題吧！

週日晚上回到台北，整理行李，洗個熱水澡後，泡杯紅棗茶，打開電視看著《文茜世界週報》，同時點進 iPad 的信箱，十封電郵映入眼簾，仔細一看，原來是 Peter 的秘書蒐集部落客文章的相關報導與臉書網友的留言，其中包含部落客買廣告衝點擊率的對話。原來這個部落客想抓住批判這次展覽的機會，藉著經紀公司與樂團的知名度，提高點閱數，成為網路紅人，他的文章披著探討文創的外衣，卻未經查證，恣意評斷，只是企圖透過探討的主題及藝人的知名度墊高自己在網路平台的地位，偏偏有一群死忠的臉友受其蠱惑，跟隨他的主張熱烈附和，甚至肆意謾罵！這些人或許認為政府補助的公共政策值得關注，進行公評；或許對於知名藝人排擠補助機會深覺不以為然；又或者長期不滿台灣展覽的品質或文創園區的商業化，因而認同這位部落客的發聲。

不過，在批判之前，是否應該先進入實體展場一探究竟，而不是道聽途說，遽下判斷，以訛傳訛，如此一來，對於努力創作的藝人與辛苦籌備展演活動的單位，是否極不公平？

正巧《文茜世界週報》播出廣告，我轉台看到熱門的政論節目，四位名嘴正滔滔不絕對於洪習會及行政法院撤銷不當黨產委員會凍結銀行存款的行政處分發表高論，稍微聽其發言即可斷定這些名嘴似乎連事件完整的過程或文件都未曾深入研究，抓個標題或看個梗概就大肆批評怒斥，這種討論公共議題的方式與態度，怎能讓真理愈辯愈明、讓被評者心悅誠服、讓民眾深受啟發？當社會充斥著這類情緒性的言語，浮動的人心將更加焦躁，而不知伊於胡底……。

我決定再點進這個部落客的臉書粉絲專業，多了解他的文章及立場，於是耐心地點開一篇一篇來讀，很快地又進到讓 Peter 頭痛的這篇文章，點閱數已達二千多人，留言區正反意見穿插，其中有一則吸引了我的目光，似乎是樂團鐵粉的捍衛建言，要求部落客撤下這篇文章，部落客竟回應指出他的每篇文章都是肺腑之言，如果無端撤下來，如何對得起廣大支持的網友及自己的良心？

「良心」？還是「貪心」——貪求成名的心！部落客顯然堅持自己合理化後的論點，這種執迷不悟又急於出名的部落客，恐怕很難點醒他了！

第二天一上班，Peter 就傳 LINE 給我，問道：「律師，經過這兩天的沉澱與蒐集相關資訊，公司同事都建議直接到法院提告，妳的建議呢？」

我說：「提告是最後不得已的手段，尤其是針對網路誹謗，法院訴訟曠日費時，等你最終獲得正義的肯定時，部落客的文章早已傳遍虛擬世界，恐怕網友只記得他的指控，而沒耐心追隨你的司法審判進展或結果。而且這個案子比較特別的是牽扯到公共議題——文創活動取得公部門補助的必要性與正當性，多數網友會認為他這篇文章師出有名，點出了目前台灣社會最值得關注的公共議題之一。他在文章中不斷強調批判的重點是國內文創的公部門補助制度，只不過藉由幾個展覽凸顯實例來作說明，倘使你們真的提告，法官到時候審理這個妨害名譽的案子，一定會調查被告有無誹謗的犯罪故意，換言之，法官必須查明部落客撰文目的是否為了毀損樂團的名譽？我們已可確定他根本沒到展場觀看，而且文章中某些對展覽內容的描述是不實的，這一點符合刑法第三百一十條誹謗成立的要件，而且被告無法引用『證明其為真實』之免罰規定。不過，一旦部落客站到法庭的被告席，他一定會為自己辯解，最有利的方式就是援引刑法第三一一條規定『善意發表言論，對於可受公評之事，而為適當的評論』而主張免罰。你也看到文化局急著撇清責任，副局長已經告訴採訪的記者，這個補助案及執行展覽成果都是可受公評之事，而部落客舉著『文創公評』的大旗，以及提出臉書網友熱烈回應的證據，承審法官可能會認定他並沒有犯罪故意。」我深入分析進入法庭攻防可能遭遇的論點與風險。

「這樣法院不就沒有公平正義了嗎？一個亂傳謠言的人能夠躲在公共議題下，傳播網路觀點傷害努力創作的歌手樂團?!」Peter 極度不滿地感嘆。

當事人提告前，我必須充分分析案件的利弊得失，協助當事人作成正確的決策，於是先略過他的感嘆，接著說道：「你這個案子還有另外一個困難是文化局補助款如何花費執行的問題，這個部落客一定抓住挨告的機會，請法官調查補助款的流向，以證明他的 Po 文是符合事實的適當言論。法官依法會同意他的聲請，那麼當你提出一張張預算表及財務憑證單據，被告只要去市場詢價，胡亂指出你的價錢不符市價，浪費公帑，連帶市府文化局被打臉，依目前政治走向，尤其時值市長選舉期間，官員為了自保，常常屈服於網軍公審之下，不分青紅皂白、是非對錯，先對選民道歉再說，那麼你們的地位更是岌岌可危。萬一部落客在訴訟中動員網軍一波波反擊，政府官員道歉了事，不敢與你們並肩作戰，屆時公司與樂團一定會更難堪。」

「律師，妳的意思是叫我不要告？還是只寄律師函警告他就好？萬一他相應不理，文章還是不撤呢？我們要繼續忍受這種網路霸凌嗎？」Peter 覺得為難，更難掩不平之色。

「我不是建議你們不要提告，而是把進入訴訟可能遭遇的困難先行模擬，讓你有心理準備、預作防範。這種網路誹謗，經常會透過傷害公眾人物的聳動言詞，藉以抬高身價，傳播似是而非的觀念，當然部落客的惡意撰文必須接受法律的檢視、司法的審判，否則此種歪風將繼續在網路平台飆竄，日後會有更多人受害。我建議你們先寄發律師函予以警告，倘若部落客拒絕刪除文章，持續轉發或轉播這篇文章，再向法院提告。不過提告前，你一定要先整理好政府補助款的資金流向證明，為公部門補助的執行過程作好辯解的準備，戳破被告批判公共議題的正義假象，避免上法院後遭受二度傷害。」

Peter 面色凝重地說：「好吧！我回去再跟樂團及同事討論，作成決定後再請妳往下執行。」

科技網路拉近了人際距離，擴大人們的視野，可是造成的傷害也是無遠弗屆，如何遏止心存不軌的部落客惡意的攻訐，還給真誠工作的人們清白乾淨的空間與公平的評價，Peter必須好好抉擇了。

附錄

歡樂飲酒歌／國際訴訟侵權案

渾厚高亢的歌聲迴盪在山野之間，流轉於奧運舞台，歌曲背後卻藏著貪婪與不尊重。台灣原住民不得已，只好選擇訴諸法律對抗美國唱片公司，多年的國際訴訟，最終在阿美族愛好和平的天性中，達成和解結束法庭審判的殺伐爭戰，讓音樂重回美好的境地。

當山海間自然迴盪的原住民歌聲，響徹台東縱谷之際，演唱歌曲的這一對老夫婦怎麼想得到，這首阿美族流傳百年的〈歡樂飲酒歌〉竟然傳唱到奧林匹亞運動會上，甚至引發長達三年的國際音樂著作權訴訟！

接到滾石唱片集團子公司——魔岩唱片的張培仁總經理 Landy 來電，我已經在中視晚間新聞播報前的「奧運特別報導」看了三天宣傳影片，也聆聽了多次這首奧運宣傳曲。當時只覺得歌聲渾厚高亢，洋溢奧運和平、競爭、寬容、光亮的精神，卻從未想到這樣的樂聲居然來自台灣的阿美族歌唱。

總經理 Landy 以一貫不疾不徐，低沉富磁性的聲音告知這個驚人的重大事件。語氣中透著隱隱的焦慮，給人些許壓力，他說：「律師，妳還記得上個月我們公司簽的原住民藝人郭英男夫婦嗎？出事了……。」

怎麼可能忘記呢！這是魔岩唱片簽過的歌手唱片約年紀最大的人，簽約時已經七十三歲，滾石集團內部審慎評估合約的風險及投資的可行性，不過最終在總經理 Landy 推動「原浪潮」——原住民音樂的堅持之下，滾石老闆決心將音樂夢想置於商業考量之上，毅然支持總經理的提案。於是滾石唱片排除萬難，以行動和真摯的態度感動部落與家人，終於獲得這位被譽為阿美族最善於歌唱的原住民長老首肯，夫妻倆簽下生平第一份唱片歌手合約。

咦！不是剛簽約嗎？怎麼會出事了？莫非合約出了問題，不會吧！前幾個月我跟公司法務討論多次，琢磨許久合約才定稿的，怎麼可能一執行就有事?!律師通常心臟要很強，隨時準備迎接無奇不有的悲慘爭端，雖然擬訂修改合約，不會像處理訴訟案件一般刀光劍影，勝負立判。但合約一執行，就看得出律師的功力，倘使合約條文邏輯不通，規範不夠明確，一定會反映在實際操作上，衍生更大的糾紛，所以合約簽署後，在執行過程中，才會測出合約擬訂的優劣。難不成合約沒訂好才出事？我開始忐忑……。

原來跟那一份歌手合約無關，總經理說出更令人不敢置信的消息：「這幾天中視的奧運特別報導，律師有看嗎？背景音樂好像就是郭英男唱的歌，我們正設法再蒐集更多資料比對聲音。」

「有啊！這幾天晚上我都看奧運特別報導，沈春華當主播嘛，你是說奧運選手的影片配的歌聲嗎？那是阿美族音樂嗎？聽不太出來，只覺得歌聲高亢、渾厚，震懾人心，咦！你怎麼知道呢?是藝人或部落傳來的消息嗎?」我一邊回想昨晚七點多的中視新聞報導片頭的影片,一面覺得奇怪,奧運宣傳曲怎麼會用到我們台灣原住民的歌聲?

「剛才郭英男他們在台東打電話過來說的,前兩天部落族人聽收音機,聽到奧運的報導,立刻發現背景音樂是郭英男的聲音,趕快告訴郭英男。他們家人一起看中視新聞確認是他唱的,感到很疑惑又生氣,為什麼奧運用他的歌卻沒告訴他?他們就去找台東一位議員請教要怎麼處理,了解事情梗概後,議員跟他們說這種事情跟法律有關,要找律師處理,民意代表幫不上忙,因為可能涉及侵權訴訟。郭老先生也沒認識什麼律師,後來想到有跟唱片公司簽約,就問公司怎麼辦,剛剛製作部同仁才告訴我發生這等大事,我向三毛報告後,三毛叫我立刻諮詢律師,這是不是一個音樂侵權事件?我們要怎麼處理?」Landy 清楚交代消息來源與事件背景。

「奧運歌曲到底有沒有侵權,還是要先確認是不是郭英男的歌聲。你們手上有奧運的宣傳影片跟郭英男的錄音帶或CD嗎?必須先用精密的音響設備同步比對,確定是他的歌聲後,才能判定是否構成侵權。」我先提醒侵權的前提事實及證據的鑑定問題,繼之一想又問道:「奇怪,公司不是還沒幫郭英男錄製唱片嗎?奧運是用哪首歌曲,怎麼拿到郭英男的錄音帶,是他以前還沒簽約時唱的嗎?」

「目前無從得知是怎麼拿到郭英男的音樂,郭家的人說奧運用的是〈歡樂飲酒歌〉。這首歌他們在豐年祭都會唱,是有人錄下來,或是什麼時候請郭英男夫婦唱的,現在還不清楚。事情剛發生，資訊還太少，不過我已經請同事側錄中視的奧運報導背景音樂，還有拜託郭英男的家人從台東寄他以前唱的這首歌錄音帶來比對，應該下午會送到，律師傍晚有空嗎？請妳來公司一起聽，辨認一下，我們再討論怎麼處理這個緊急狀況。」Landy 危機處理經驗豐富，立刻付諸行動。

「好，我四點過去公司討論。」我掛斷電話，趕緊交代法務助理盡量蒐集奧運宣傳影片的資訊，我開始找著作權法關於音樂著作及錄音著作的相關規定，再查原住民的音樂有沒有特別規定，後來想到今年奧運在美國亞特蘭大舉行，侵權行為地在美國，於是接著查詢美國著作權法的規定。同時研究如果確定屬於侵權事件，究竟侵害什麼人、什麼權利？不過，還沒能建立整個事件的思考架構，就趕著要到魔岩唱片公司開會了。

踏進魔岩總經理辦公室，看到 Landy 戴著專業耳機，面對辦公桌後面的大型音響專注地聆聽，轉身看到我，立刻拔掉耳機的插頭，放音樂給我聽，一面解釋：「這是郭英男的歌聲，出現在 ENIGMA 樂團《徘徊不定》專輯中〈Return to innocence〉返璞歸真這首曲子中，律師妳聽聽看。」

音樂流瀉一地，先是前奏，接上原住民歌聲〈歡樂飲酒歌〉，穿插英文唱腔，搭配得天衣無縫，自然順暢，歌曲長度四分十五秒。聽畢一曲，Landy 接著放奧運宣傳曲，音樂完全相同，但是樂曲較短，最後將這兩首歌曲分由兩部音響同步播放，完全重疊，無法區分，Landy 以他專業的音樂鑑賞力斷定是同一首歌。

關掉音響後，Landy 問了郭英男夫婦心中最深的疑問：「亞特蘭大奧運會侵權了嗎？」

「使用原住民的音樂與歌聲，沒經過原住民的同意，就成立侵權。」我下結論。

Landy 帶著我走到另一棟大樓——滾石唱片公司的辦公室，進了總經理室，Landy 報告方才鑑定歌曲的意見及我的看法後，滾石老闆段鍾潭（圈內人暱稱三毛）只提出一個問題：「奧運歌曲有侵權嗎？」

我點點頭，三毛說了一句話揭開了這樁聞名世界的國際音樂侵權訴訟的序幕：「那麼我們就開始吧！進入法律程序。」

三毛問我多少時間可以整理初步的法律意見及採取步驟，我說大約四個小時。三毛轉頭指示 Landy：「我們今天晚上十點開會，請製作部、企宣部及負責郭英男藝人的部門經理全部與會，由律師先分析法律觀點及建議，我們討論處理策略及執行方式。」Landy 頻頻點頭後，疾步走向辦公室分頭交代秘書聯繫，我立刻回到事務所準備法律意見書。

這是個難熬的下午，由於侵權事實涉及多國的樂團、音樂製作公司、唱片發行商，我必須在晚上開會前的短短四個小時內，研究這個跨越三十年（一九六六年至一九九六年）、橫渡三大洲（亞洲、歐洲、美洲）原住民歌曲的案情。事實面的資訊極少，法律規定卻須適用多達五個國家地區——台灣、美國、法國、英國、德國的著作權法，僅僅是台灣的著作權法從民國五十五年到現在八十五年，立法院就修改了六次，我快速地查詢台灣著作權的歷史沿革，確認各階段的著作權法都有保護詞曲、錄音，而且保護年限都涵蓋在歌曲各階段中。一陣緊湊的查閱分析中，突然安心了下來，因為這首歌確實有受到法律的保護，如此一來採取法律途徑就師出有名了。

可是接下來的問題更頭痛了，這首〈歡樂飲酒歌〉可以被保護的到底是什麼「著作」呢？是詞曲音樂著作，或是歌聲——表演著作、錄音著作？這首歌似乎不是郭英男作曲填詞，而是部落長老傳唱的老歌，錄音帶也不是他錄製的，所以「詞曲音樂著作權」及「歌曲錄音著作權」絕對不是他可以主張的，那麼「編曲」、「演唱」呢？聽說郭英男曾改編此首歌曲的旋律，而且可以確定的是，奧委會使用的歌曲是郭英男夫婦演唱的歌聲，剛剛在Landy的辦公室比對過的，毫無疑義，只是我國的著作權法有保護「表演著作」嗎？

我立刻翻閱一九六六及一九七八年的中華民國著作權法，其中完全沒提到「表演著作」。心頭一驚！是不是演唱歌曲不在著作權法保護之列？查了半個多小時才發現當年立法過程中，立法委員認為「表演著作」可以涵蓋在「舞蹈戲劇」中，毋庸另外明文規定，就省略「表演著作」這個項目了。可是「歌唱表演」可以列入「舞蹈戲劇」中嗎？這些立委袞袞諸公怎麼沒有考慮到這一點呢？眼下迫於時間緊急，也只好認同立委的講法，根據「舞蹈戲劇」的著作權規定主張演唱者郭英男有「表演著作權」了，至於「編曲」的音樂著作權恐怕要再向郭英男本人查證，才能有定論。

匆匆地將這些法律規定，包括魔岩唱片提供的有限資訊，以及幾個小時研究的心得整理重點，八點多回到家，隨意吃了幾口飯，拿了資料就衝到會議場所。那是滾石唱片老闆家附近的餐廳，晚上十點不到，滾石一級主管與魔岩唱片總經理 Landy 都到了，一會兒滾石老闆三毛也出現了，面對這種跨國侵權案，大家都嚴陣以待。

三毛一坐定，第一句話就問：「Is this a case？」這件案子成立嗎？

我篤定地點點頭，三毛說：「好！我們開始討論。」Landy 先說明這個侵權事件的爆發緣由，以及這幾天案情的發展、郭英男的態度與部落的反應，我接下來解釋侵權事實的重點與法律上可以主張的權利。分析法律的立場過程中，與會的主管紛紛拋出各種疑點，同時提議採取的因應策略，包括召開記者會、提出侵權訴訟、籲請政府機關出面協助、要求奧運及時停止使用侵權歌曲……。各式各樣的意見一一出籠，三毛都靜靜地聆聽，讓大家暢所欲言，腦力激盪。到了凌晨一點，我表示必須離席回家照顧小孩，三毛問我：「律師，妳的看法呢？妳建議我們怎麼做？離開前說明妳的法律上見解，好嗎？」

我說：「我提議先確定郭英男的立場，如果他確定要委任唱片公司處理全案，請他先簽署授權書，因為這個案子明天一曝光，媒體報導後必然會受到各方矚目，很多雜音會出現，部落也會介入，眼前首要亟務是先穩定當事人的心情，確定書面的授權，唱片公司才有資格處理這個跨國侵權案。」三毛立刻指示 Landy 明天聯繫郭英男，簽署侵權案委任授權書。

我繼續分析：「此案有幾個重大疑點還未釐清，我認為應該先查證清楚，包括當年郭英男演唱〈歡樂飲酒歌〉的錄音狀況，錄音如何授權？他一九八八年到法國表演究竟詳情為何？必須先向關鍵人士或政府機關查證，關鍵點查清楚再召開記者會，才不會發布錯誤訊息。」

Landy 立即附議，交代秘書聯絡安排明天拜訪此案關鍵人士，至於政府機關的查詢就由我正式發函處理。

臨走前我再強調：「接下來最重要的是，如何面對目前持續播放此首歌曲的奧委會，我建議以最快的速度委聘美國律師發函警告，要求奧委會立刻停播這首〈歡樂飲酒歌〉，並且向原唱者郭英男夫婦公開致歉，賠償侵權損失。倘使奧委會誠意十足，願意跟我們和解，最佳的和解方案就是在七月十九日奧運閉幕式邀請郭英男到亞特蘭大奧運現場演唱這首歌，讓全世界看到。」

此時大家聽了都熱血沸騰，整間餐廳氣氛高亢喧譁到極點，只有三毛依舊冷靜清醒地確認策略方向與分配工作項目。我在凌晨兩點離開後，聽說他們繼續討論到凌晨四點，確定危機處理的分工架構及排序。

翌日，我一進辦公室，把昨晚會議中唱片公司主管提供的資料，逐一整理分析，按照年份、事件、單位區分歸類，初步拼湊出大致的事件輪廓：

1. 〈歡樂飲酒歌〉在阿美族稱為〈第二首長歌〉，每年豐年祭中常被演唱，郭英男為部落中公認歌唱者之翹楚，多年來擔任重要祭典活動之領唱者；

2. 民俗音樂學者×教授曾在西元一九六六進行民俗樂曲田野採集過程中，於一九七八年到台東尋訪郭英男夫婦錄製他們演唱〈歡樂飲酒歌〉；

3. 郭英男夫婦於一九七九年曾受×教授之邀，前往台北「第一唱片」公司錄音室錄製〈歡樂飲酒歌〉並且發行唱片；

4. 在一九八八年文建會的安排下，由×教授擔任理事長之×藝術基金會邀集多個部落知名原住民演唱者與團體參加太平洋藝術節活動，郭英男夫婦及馬蘭吟唱隊也在受邀之列，組團飛往歐洲各國去表演原住民音樂舞蹈；

5. 在一九八八年法國巴黎的「法國文化之家」表演時，郭英男曾上台演唱〈歡樂飲酒歌〉，「法國文化之家」作成現場錄音，事後要集結當天演唱之原住民歌曲製作專輯CD，但發現〈歡樂飲酒歌〉的錄音品質不佳，「法國文化之家」向×教授索取錄音帶，×教授提供錄音帶，但究竟錄音帶是一九六六年田野採集的錄音或一九七七年第一唱片的錄音尚待查證，「法國文化之家」製成CD並支付相當於三千元法郎的授權金予×藝術基金會；

6. 德國 Mambo 唱片公司聘請「謎ENIGMA」樂團委託製作人 Michael Cretu 製作《徘徊不定》專輯唱片，Cretu 在德國一家小唱片行發現「法國文化之家」發行的台灣原住民複音歌唱CD，選取其中一首〈歡樂飲酒歌〉，改編混音為〈返璞歸真〉歌曲，由英國維京 Virgin 唱片公司透過EMI唱片公司於一九九四年在全球發行專輯唱片；

7. 奧委會於一九九六年經由EMI唱片公司授權，將改編的〈歡樂飲酒歌〉即〈返璞歸真〉作為亞特蘭大奧運宣傳曲，授權全球各國播映奧運宣傳影片時使用。

事件發展的梗概大致理出頭緒了，可是很多人、事、時、地、物的細節無法確認。尤其是關鍵的歌曲授權經過無從得悉，我與滾石、魔岩唱片公司決定親自登門拜訪關鍵人士——×教授，一窺當年故事發展的究竟，才能進一步評估法律程序如何進行、提告與否。能不能啟動一場跨國的侵權訴訟，由原住民出面控訴國際唱片公司侵害著作權，端視後續案情的揭露與發現了。

在滾石老闆緊急召開會議，我決定承接〈歡樂飲酒歌〉侵權案之後，各組人馬在三毛分工指派工作下，積極推動，分進合擊。魔岩唱片的總經理 Landy 發揮最高的效率，透過滾石集團綿密的人際網絡，在不到十二小時內已聯繫上這樁侵權案的關鍵人士——×教授。當時×教授擁有國策顧問、×藝術基金會理事長頭銜，我們完全沒有把握他會答應與我們見面，尤其在擬將提告的敏感時節前夕，這位台灣的音樂界重量級人士，願意告訴我們多少事實真相？特別是跟他個人有關的歌曲授權部分，究竟實情為何？享有高知名度、崇高地位的他可能吐實嗎？

帶著忐忑不安的心情，Landy 拎著伴手禮，我們相約在公車站附近的公園，兩人走入巷弄尋訪×教授的住處，繞了好幾條巷道終於找到了。捺門鈴之前，我們已演練過提問的重要問題，包括當年田野採集的歌曲、領軍參加歐洲藝術節的過程，返國後提供〈歡樂飲酒歌〉

的轉折，以及這些故事過程中有無完成授權手續。我們約好原則上由 Landy 發言，我只需適時補充或提問，以免律師開口，主導訪談，引發學者的不悅與壓力。

踏入×教授家門後，Landy 不負所託，以他一貫穩定中帶有磁性的聲音，先敘說來訪緣由，接著禮貌性地請教×教授當年的往事。×教授平和地坐在典雅的椅上，溫文有禮地回顧三十年前著手的民俗音樂田野採集歷程，提到了他親自到台東造訪郭英男夫婦欣賞演唱的情節，又敘說極力促成各原住民族組團前往瑞士、巴黎、歐洲、各大城市的光榮事蹟，眼睛閃爍著欣慰與愉快的光芒。聽著溫煦的長者將陳年美事娓娓道來，我們都沉醉在歷史的榮耀歡樂中。

眼看夜愈來愈深，×教授夫人催促吃藥就寢，我擔心此行主要任務未達，向 Landy 示意，提醒他趕緊詢問在台東錄音或巴黎表演錄音有無授權的事。Landy 似乎一時沒意會過來，繼續聆聽，未發一語，於是我只好鼓起勇氣問了這個尖銳的問題。原本含笑盈盈處處流露學者風範的×教授聞之臉色丕變，開始訓斥晚輩：「你們這麼年輕，完全無法想像在民國七十幾年台灣國際地位的艱難，我們在中華民國退出聯合國，與世界很多重要國家斷交後，可以爭取到帶著台灣原住民前往歐洲各國重要城市表演，極其不易！這是外交上極其艱鉅的任務，這些原住民的演唱舞蹈表演處處獲得熱烈的歡迎，在那個時代，這是多麼不容易的外交成果，妳卻追問我有沒有授權？有沒有簽約？巴黎法國文化之家樂意將我們來自台灣的原住民表演錄音下來，這是多麼光榮的事，還需要什麼授權簽約?!妳曉不曉得歐洲國家著作觀念濃厚，怎麼可能侵權？你們追查此事應該到此為止。」

表明當年組團突破外交困境的心跡之後，×教授繼續說：「後來法國文化之家的館長說要把這些原住民的音樂製作CD，放在他們館裡保存，我也覺得很好呀，推廣我們台灣原住民音樂嘛！後來館長告訴我當天他們現場錄音效果不好，問我有沒有其他的錄音帶？我就把以前在第一唱片發行的專輯錄音帶裡面，郭英男有唱到〈歡樂飲酒歌〉的帶子寄給他，之後聽說外國的唱片公司用到這首歌發專輯，我寫信問法國文化之家，他們也馬上寄了版稅來，我就代表基金會同意，都有經過正式簽約授權嘛！」

問題是演唱者郭英男夫婦有沒有授權？這是重點呀！如果源頭沒授權，縱使歌曲的錄製單位——法國巴黎文化之家或×藝術基金會完成授權手續，還是不合法啊！望者微慍的學者，我很猶豫要不要再提出另外一題絕對會觸怒他的疑問，看到Landy急忙打圓場安撫×教授的情緒後，我決定依然要提問，因為在今夜拜訪之後，全案進入法律程序，很可能再無探知真相的機會了。

果然律師提問都會觸及當事人最敏感的神經，我一詢問：「在第一唱片的錄音及法國文化之家館方的錄音，請問郭英男有同意嗎？」

×教授凌厲眼神射向我，不悅地說：「都是往事了，他們都唱了，有什麼同意不同意呢？」

我決定再斗膽加碼問一句：「那麼後來法國文化之家館長請您提供〈歡樂飲酒歌〉的錄

音帶，×教授有經過郭英男夫婦的同意嗎？」

×教授索性站起來表示送客，我定定地看著他，如如不動，等待答案。

他走到玄關打開大門，說道：「錄音帶是×藝術基金會的，為什麼需要他們的同意?!」此際 Landy 與我只好識趣地起身走到門邊，禮貌地告別。

我們走出×教授的家，心中仍有很多疑問與不以為然。那一年我與 Landy 才三十幾歲，年輕氣盛，追問事實未果，帶著滿腹問號，我們信步走到附近的公園，Landy 提問下一步怎麼做？「看起來整個歷程就是沒得到演唱者的授權，還講得義正辭嚴，什麼突破外交困境、民族的榮耀……律師，現在怎麼辦？」

「我覺得也不太能責怪×教授的心態，當年台灣的國際地位與處境確實非常艱難，能帶領原住民走出去，登上國際舞台誠屬不易！況且當時台灣社會各階層著作權法的意識也很薄弱，他的想法恐怕也是一般人普遍的觀點，而且在那個時代，學者或有社經地位的人常會為了追求某種榮耀或光環，提出冠冕堂皇的口號，合理化他們的作為，而忽略個人權益。再說整個案件中，我們恐怕不適宜與他為敵，他的身分、地位都很關鍵，我們得善用這顆棋子，最好能促使他站在郭英男這邊，共同討伐外國的侵權。」我凝視著公園昏黃的街燈與天際的滿月，提出心中的感想，Landy 點點頭，無奈地接受，我們分頭回家。

回到家裡，我再度抱著各國著作權法資料，繼續加班，研究侵權的主體及違反的各年代法律規定，確認後要整理交給魔岩唱片，協助郭英男夫婦委託美國加州洛杉磯的律師事務所

DWEWEY BALLANTINE 撰擬律師函。美國律師事務所作業的同時，在國內我們仍持續查證當年事件發生的疑點，試圖藉由不同管道詢問相關人士，將整個事件拼湊完整的輪廓。

我除了尋訪郭英男的親友回溯一九七八年錄音的狀況外，進一步寄發信函予文建會及×藝術基金會，請他們提供一九八八年郭英男夫婦赴法國表演的經過及曾簽署的文件。八十五年七月五日我寄出律師函，×藝術基金會回信表示，當年他們並非主辦單位，故未保存任何相關文件；倒是關於「謎」樂團製作《徘徊不定》專輯唱片時，曾取得法國文化之家分配一半的授權金，在×藝術基金會的聲明下，法國文化之家分配一半的授權金一萬五千法郎予×藝術基金會，基金會願意將這筆款項與郭英男夫婦均分。

郭英男請家人詢問我和唱片公司可否收下這筆錢，我期期以為不可，此案即將進入法律程序，在這個節骨眼收取版稅，不啻事後追認授權，那麼就沒有資格提告侵權了。我建議郭英男家屬思考，他們是否收了一萬五千法郎或其中一半，就可接受目前全盤事件的發展？思索數日之後，他們也覺得不合理，世人終究不了解真相，也不知道〈歡樂飲酒歌〉來自台灣，郭英男家人認為事情不應該以此種方式結束，於是決定拒收這筆遲來的授權金。

二十天後文建會回覆，僅表示會內並無郭氏夫婦赴法國表演的相關文件資料。文建會的回覆如此簡略，令人意外，如果依照×教授的講法，在當年國際情勢艱困下，文建會得以受邀帶領原住民團體赴歐表演，是何等的大事，為什麼官方遍尋書面文件紀錄不著？本於律師研究案情蒐集證據的精神，我不死心地繼續尋求相關的線索，終於找到一九八八年陪同出國的重要人士之一——徐韶仁口述部分事實。透過電話他回憶往事，說道：「文建會委託徐瀛洲組團出國表演曾經簽約，但合約已經遺失，文建會也曾與法國文化之家簽約。當時郭英男等原住民上台表演，法國文化之家在現場欲進行錄音時，徐瀛洲曾出面當場提出異議，而文建會並無任何人員出面交涉或阻止；至於×教授是否允諾法國文化之家作成現場表演的錄音，並無所悉。」

到底這席話是否符合真實狀況，我與魔岩唱片都沒有把握，於是我們決定再深入追查，三天後循線尋訪一九八八年任職文建會第三處表演藝術科擔任視察的黃武忠，曾隨團出國，擔任財務及行政工作。黃武忠表示文建會當年未曾與法國文化之家簽約，但雙方傳真文件往來有包含「同意書」，文建會確實曾與帶團的徐瀛洲簽訂委託契約，可是郭英男上台表演時，對於法國文化之家依慣例錄音的動作，文建會現場人員由於不諳法文，無人出面交涉。

顯然這些官員也無法提供當年的文件，那麼究竟文建會有無書面同意法國文化之家同意現場表演錄音，已成羅生門，無法證實。縱使有書面同意，如果沒有獲得表演者本人的同意，也無法發生法律效力，追根究柢，繞了一大圈還是要回頭向郭英男夫婦確認，從一九六六年×教授開始進行原住民音樂田野採集至一九七八年在台東錄音，及一九七九年前往台北第一唱片錄音室，一直到一九八八年法國表演現場錄音有無同意，或者收受酬金？

郭英男雖然已屆七十四歲的高齡，記憶力倒是一點不輸年輕人，往事歷歷，娓娓道來，他說：「民國六十七年×教授來台東叫我們唱歌，說要錄音，那時候是用一台很簡單的錄音機在錄，……他沒有給我們什麼啊！只有帶一瓶小米酒來送我們。第二年到台北錄音，也沒有什麼表示呀。那次到法國表演，我也不知道有錄音，他們叫我上去表演我就上去了，我太太沒有一起唱，因為她身體不太舒服，坐在下面，外國人講什麼我們都聽不懂，文建會派誰去我也不認識，只有×教授我們見過，不過，在法國表演，他也沒跟我們講什麼事。」

看來是可以下結論了，郭英男並沒有同意任何人將他的演唱〈歡樂飲酒歌〉錄音授權給法國文化之家或ＥＭＩ唱片改編或製作專輯發行，因此不論是法國文化之家、ＥＭＩ唱片公司或亞特蘭大奧運使用〈歡樂飲酒歌〉的演唱錄音都涉及侵權。

在查證事實及侵權情節的同時，我也針對跨時三十年（一九六六至一九九六年）的相關國家著作權法分析研究完畢，整理出郭英男對於〈歡樂飲酒歌〉擁有的權利，至少包含歌曲旋律的改編權及演唱的表演著作權。於是我整理了這個侵權案的事實：

1. 台灣台東阿美族（Amis）經過世代創作、傳承，發展出〈第二首長歌〉（母語「巴拉芳」即〈歡樂飲酒歌〉），經郭英男先生重新編曲，與其妻郭秀珠女士以對位與合聲之形式演唱。於民國六十七年，音樂學者×教授進行台灣全省民俗音樂田野調查工作，錄製了由郭英男夫婦演唱之〈歡樂飲酒歌〉。整個錄音是在台東郭英男先生親戚家中完成的，此外，尚錄製其他首歌曲。在錄音當時，郭英男夫婦口頭同意並允許×教授於教學目的下使用此錄音著作。然而，×教授卻在未為郭英男夫婦知悉之情形下，逕將上述〈歡樂飲酒歌〉之錄音製作成卡帶販售，稍後並發行CD版本，而將此錄音著作存放於×藝術基金會。

2. 民國七十七年五月法國文化教育部（French Ministry of Culture and Education）邀請×藝術基金會帶領台灣原住民前往巴黎世界文化會館參加「太平洋地區原住民舞蹈音樂節」。在行政院文化建設委員會之資助下，郭英男夫婦隨同×藝術基金會赴法演出。在世界文化會館演出過程中，法國文化之家（Maison Des Cultures Du Monde簡稱MDCDM）未徵得郭英男等人之同意，錄下其現場演唱之歌聲，其後欲與尚收錄部分×藝術基金會於民國六十七年蒐集之民俗音樂，製作為「台灣原住民複音歌唱」（Polyphonies Vocales Des Aborigenes De Taiwan）鐳射唱片發行。但由於在世界文化會館之錄音品質未盡理想，法國文化之家乃向×教授要求提供錄音效果較好的〈歡樂飲酒歌〉，×教授隨即提供在民國六十七年錄製的〈歡樂飲酒歌〉予法國文化之家，其間並無任何讓渡文件。鐳射唱片之發行封面標寫法國文化之家與×藝術基金會，但未註明演唱者郭英男夫婦之姓名。

3. 民國八十二年德國維京唱片公司（Virgin Record Company of Germany）委託瑪寶音樂公司（Mambo Musik Company）為「謎」（Enigma）樂團製作《徘徊不定》（The

Cross of Changes）唱片專輯。於同年四月四日，瑪寶音樂公司交付一筆款項予「法國文化之家」。四月十九日，瑪寶公司製作人 Michael Cretu 與「法國文化之家」簽訂合約，取得授權使用〈歡樂飲酒歌〉。之後即將之糅合現代舞曲旋律編入〈返璞歸真〉（Return to Innocence）單曲中。該授權合約明定，「法國文化之家」保證其享有母帶之所有權且經合法授權；此外，「法國文化之家」聲明，所有他們及藝人可主張的權利皆已轉讓。《徘徊不定》專輯一經發行，立即躍居告示排行榜全世界前一百名並連續蟬聯三十二週，且持續四週保持全球第四名，銷售量亦超過六百萬張。此專輯在台灣是由台灣科藝百代（ＥＭＩ）唱片公司代理發行；在美國則是由 Virgin Schallplatten GmbH 獨家授權給 Charisma Records America 紐約的公司發行。該專輯鐳射唱片是由加州 Capitol-EMI Music 公司之子公司 Capitol Records, Inc. 製造。

4. 民國八十四年八月×藝術基金會理事長寄發一份著作權聲明書（Copyright Statement）予法國「法國文化之家」，此聲明書之相關部分，聲明×藝術基金會所發行之任何錄音著作，其著作權歸原始演唱者所有，或視為歸原始演唱之民族團體所有，因為他們應被視為該音樂之著作人或作曲者。理事長於民國八十四年八月間與法國「法國文化之家」洽商後，法國「法國文化之家」匯寄壹萬伍仟法郎予×藝術基金會。

5.民國八十五年美國亞特蘭大夏季奧運會使用〈返璞歸真〉一曲中〈歡樂飲酒歌〉之樂曲片段作為奧運宣傳短片之配樂，使用過程並未標明演唱者為郭英男夫婦或支付任何權利金予郭英男夫婦。

上述侵權案的事實提供給滾石高層後，三毛與 Landy 一讀完，立刻決定正式委託美國律師寄發律師函給EMI唱片公司、奧運委員會及法國文化之家，提出侵權賠償的明確訴求，限期回應，否則進入法律訴訟。

〈歡樂飲酒歌〉跨國訴訟開了第一槍，接下來是戰是和，就看這些侵權者如何回應了。阿美族原住民的音樂遭侵權，台灣各界咸感震驚，媒體披露後，各界關心及批評紛至沓來，有人譴責外國唱片公司及奧運，有人為阿美族音樂登上國際舞台而喝采。不過，在探討〈歡樂飲酒歌〉演唱者郭英男夫婦有無權利？可否提告？幾乎國內智慧財產權產、官、學各界都一面倒，傾向於演唱者沒有詞曲音樂著作權，他們普遍認為〈歡樂飲酒歌〉不是郭英男作詞作曲，而是阿美族部落世代傳唱的歌曲；郭英男也沒有表演著作權，因為著作權缺乏相關規定；更沒有專輯錄音著作權，因為不是郭英男錄製的……。

唱片公司看了這些排山倒海的負面報導，憂心忡忡，尤其連內政部著作權委員會的官員接受電視台的採訪時都表示，原住民對於這首〈歡樂飲酒歌〉並不享有任何權利時，更是差點澆熄我們這群正在為郭英男夫婦辛苦爭取權益團隊的信心。不過基於多年緊密合作建立的信賴關係，滾石唱片集團對我提出的法律立場完全信任與接納，因此縱使外界一片否定聲中，我們依然積極籌備侵權案的各項布局，在最急迫短促的時間內，我與滾石高層再度開會共商對策，包括法律訴訟、媒體因應、事實蒐證等重要步驟的展開與落實。

會議中推動此案進入法律程序的共識達成後，一組人馬負責尋求聯繫美國大型律師事務所，因為主戰場在美國，第一波法律動作勢必要在美國發生，趕在奧運舉辦期間祭出法律手段，才能收到最大的效果。沒想到我們的提告對象——EMI唱片及奧委會勢力太過強大，正式詢問的十家美國知名法律事務所，只有兩家願意進一步接觸洽談，其他八家表示不願意得罪EMI唱片公司而放棄合作機會。甚至尋找美國媒體公關公司協助時，多數遭到斷然回絕，理由也是不欲與EMI唱片公司對立，而唯一有興趣的一家公關公司索價甚高，滾石老闆只好忍痛割捨在美國發動媒體戰的策略，把時間精力專注於美國律師事務所的合作洽談。

可是國內的媒體報導，我們卻不得不面對。在媒體無孔不入的突兀紛亂狀況下，有些記者直闖台東郭英男家中專訪、有些採訪學者官員放出負面消息、有些向唱片公司打探軍情，連外國媒體也加入搶新聞的戰局，魔岩唱片索性宣布，確定在民國八十五年七月二日召開記者會對外說明。

記者會前夕唱片公司邀請郭英男夫婦來到台北，我帶著事先擬就的中英文委託書請他們夫妻簽署。在飯店休息時，剛巧大家分頭在忙，我與郭英男單獨聊天，他生平第一次與律師講話，神色有些拘謹靦腆，我想著如何讓老人家心情放鬆一些。我們坐在窗邊，望向窗外燈光閃爍的台北市夜景，我隨大家的叫法，開口問道：「阿公，來台北心情如何？覺得台北怎麼樣？」

郭英男看看窗外沉思好一會兒，答說：「台北的房子都好小，好像火柴盒⋯⋯。」我隨意提到：「台北房子多、車多、人也多，阿公會不會一到台北，就想回故鄉？」郭英男果然笑著說：「我現在最想的，還是在我們台東的山谷中唱歌。」難得有這麼一個空檔時刻，提到他喜愛的歌唱，阿公像孩子般開懷地笑了。

當天晚間魔岩公司傳真記者會邀請函與新聞稿的草稿過來，我看過修改定稿後，魔岩企宣人員以最快速度傳送給各家媒體記者，平面和電子媒體無一遺漏。

邀請函

郭英男記者會招待會

目前 Enigma 的暢銷單曲〈Return to the Innocence〉在全世界已銷售有數百萬張之譜，並且於近期被選為一九九六年奧運主題曲。然而當這首歌被世人廣為傳唱的同時，卻很少人知道在〈Return to the Innocence〉這首歌中出現的空靈歌聲，卻是出於台灣台東的原住民夫婦——郭英男夫婦。

從Enigma到奧運會的主題曲，整個過程當中，郭英男夫婦並未受到他們應該享有的公平對待與基本尊重，迄今整個事件已受到全世界媒體高度關注，並且透過國內外各媒體的逐漸披露，世人已開始對這事件稍有了解。然因牽連甚廣，事件的來龍去脈仍混沌不清。因此郭英男覺得有其必要，召開公開記者會，親自交代事件的始末與個人主張。

郭英男夫婦與其阿美族領唱團等六人，已於一九九六年一月與魔岩唱片簽約。除了授權魔岩為其錄製專輯外，並決定將所有法律相關事務委託魔岩代為處理。記者會當天，魔岩將偕同郭英男夫婦宣布，未來相關法律事務的處理方向與作法。

時間：八十五年七月二日（二）下午二點

地點：遠東飯店地下一樓 洛北秀南廳

北市敦化南路二段二〇一號

聯絡人：魔岩唱片

魔岩企宣部同時發布新聞稿聲明：

魔岩唱片公司自即日起正式協助郭英男先生夫婦處理〈歡樂飲酒歌〉侵權爭議，委託黃秀蘭律師為其法律顧問，並著手進行有關之查證工作。另外，魔岩唱片公司也在此鄭重表示，如有任何法律事務而產生的金錢收益，魔岩唱片將不會從中獲取任何利益。

魔岩唱片已代郭英男先生夫婦在所有前述相關單位之所在地尋求律師，我們當然非常願意看見郭先生的歌聲在全世界被傳唱，也很榮幸這首歌能在奧運中流傳，但是在查證後，如確認有任何單位明確地侵犯了郭英男先生的基本權益，就將對其採取法律行動，無論對方是政府、國際公司甚至是奧委會。

我與 Landy 在七月二日早上叮嚀郭英男夫婦在記者會上只需表明以下立場：奧運播放宣傳曲確實是他們夫妻演唱、決定透過法律程序爭取權益，委託律師打國際官司獲得賠償，最重要的是讓全世界知道這首歌來自台東阿美族的聲音。

郭英男聽完點點頭，不過，澄澈的目光有一絲黯然，我問他怎麼了？

阿公說：「我一輩子沒有上過法院，沒想到這麼老了才要打官司……。」

我笑一笑說：「阿公！別擔心，您只要出面說明立場，其他的交給我們處理。」他臉色漸趨和緩，沒再多言。

第二天記者會順利完成，經媒體報導後，各方熱烈迴響，但討論者眾、欲趁機出名者也多。社會各界普遍看法仍認為郭英男並未擁有此首歌曲之權利，預期這場即將發生的國際侵權訴訟可能以敗訴收場，只有著作權事務的主管機關——內政部著作權委員會開始轉變態度，主動協助，並指派科長定期關心此案了解進度，給予官方支持。但也僅止於定期來電關心詢問，或提供相關法規資訊，至於真正面對國際侵權者，所涉及的法律事務及各項折衝談判，還是要靠當事人和唱片公司自行奮鬥爭取，政府機關對於史上第一次國內原住民遭遇音樂著作權遭受外國侵害，依然束手無策，無法站在特定的高度給予法律、人力、行政、外交協商各方面資源的援助，受害的原住民只好自求多福了。在國內政府機關、學術機構及民間普遍反應侵權案勝算極低的狀態下，滾石集團與魔岩唱片毫不退縮，取得郭英男夫婦堅定的允諾與表示後，決定展開國際訴訟，向侵權者宣示爭取權益的決心。

不過持續兩週多數媒體報導，依然傾向不利於郭英男夫婦爭取權利的立場。魔岩唱片與我咸感不平，萌生孤軍奮戰的感觸，滾石與魔岩唱片高層及企宣人員疲於應付各方媒體車輪戰，正欲研商對策之際，剛巧台北市政府表態聲援，樂意為郭英男夫婦召開記者會力表支持。Landy 向三毛報告市府訊息後，滾石高層決定接受北市府的邀約，七月十八日指派專人帶領郭英男夫婦從台東專程北上，參加翌日在台北市政府召開的國際記者會。

民國八十六年七月十九日中午兩點記者會才會開始，一點鐘我與 Landy 已抵達會場，在外面走廊再度討論並確認記者會流程：先由 Landy 開場說明事件背景，接著介紹郭英男、郭秀珠夫婦及馬蘭吟唱隊，同時請郭英男敘說心情與決定，Landy 繼續說明整個侵權案疑點與唱片公司立場，再由我宣布即將採取的法律途徑，約莫進行三十至四十分鐘後，開放媒體發問十至十五分鐘，最後請郭英男夫婦與馬蘭吟唱隊在現場演唱〈歡樂飲酒歌〉，在歌聲迴盪中結束記者會。

中午兩點前，遠東飯店地下一樓記者會現場已擠滿記者，攝影機架設整排，攝影記者忙著選定位置取景，文字記者有些翻閱魔岩唱片發放的新聞稿，有些電話聯繫電視台晚上播映新聞的時間。會場同時播放郭英男夫婦的〈歡樂飲酒歌〉，氣氛愈來愈熱烈喧鬧，直到郭英男夫婦身着阿美族傳統服飾入場，全場騷動，鎂光燈閃個不停，畢竟年邁的原住民唱者對上了全球矚目的奧運國際賽事與知名唱片公司，台灣原住民又是被侵權的一方，社會各界莫不將焦點放在這對老夫婦身上，亟欲了解郭英男夫婦目前的心情、立場與最後決定。

喧鬧的記者會場，在 Landy 低沉嗓音開始說明事件緣由之際，立刻轉為寂靜無聲，直到介紹郭英男夫婦時，現場爆出熱烈掌聲。郭英男靦腆地起身表示，很開心得悉這首曲子躍上國際舞台，可是覺得很奇怪，竟然沒有人知道這首歌是他演唱的，在滾石及魔岩唱片公司支持下，他決定向奧運侵權者討公道，讓全世界知道〈歡樂飲酒歌〉的歌聲來自台東的阿美族。

Landy 熟練地接過麥克風，簡單扼要地分析這個事件的重大疑點及音樂人、原住民的期許後，再將麥克風遞給我，以律師身分補充即將採取的法律程序——寄發律師函要求奧委會與ＥＭＩ唱片公開道歉，承認侵權，並且回復原唱者之名聲及賠償損害。接下來郭英男夫婦及馬蘭吟唱隊的現場演唱，將記者會的會場氣氛引爆到最高點，高亢歡樂的歌聲結束之際，Landy 及時宣布記者會到此為止，畫上圓滿的句點。

滾石高層在這段期間，強烈感受到郭英男夫婦及部落的殷殷期待，同時慮及唱片公司保護藝人權益及原住民音樂的立場。因此記者會後積極落實法律行動，第一步是委託美國 DEWEY BALLANTINE 律師事務所撰擬律師函，敘述郭英男夫婦演唱〈歡樂飲酒歌〉遭受「法國文化之家」與謎樂團侵權經過，要求合理補償。律師函草稿經過我們反覆討論確認定稿後，正本於民國八十五年七月十八日寄予英國ＥＭＩ唱片公司、德國瑪寶 Mambo 公司，副本發給奧委會、法國文化之家。

ＥＭＩ公司接獲律師函後，轉請謎樂團專輯唱片的製作公司——維京公司的律師 Bernard J. Fischbach 在美國時間七月二十六日（週四）致電予我方美國律師 Kelly C. Crabb，表示ＥＭＩ公司已接獲郭英男的律師函，旋即詢問關於謎樂團使用〈歡樂飲酒歌〉之歌曲，並不是一九八八年郭英男在「法國文化之家」現場表演時錄音取得，而是×教授於一九六六年錄製提供一事，有何回應？維京唱片的律師先採取否認侵權的立場，認為歌曲錄音的權利在×教授手裡，謎樂團專輯使用的歌曲與郭英男夫婦無關，企圖卸免侵權責任。不過談話結束前，他還是好奇地問了一句話：「郭英男想要什麼？」我方委任的美國律師把問題轉回台灣，詢問我們郭英男夫婦的和解條件是什麼？

ＥＭＩ唱片公司對於我方遞出的侵權警告函有了回應，滾石唱片高層與郭英男夫婦都很振奮。在國內媒體一面倒的低迷氣氛中，維京唱片律師的來電不啻給我們一劑強心針，表示對方重視這份跨國的法律警告。縱使他們的律師在電話中流露出國際唱片公司的強勢與傲慢，不過，他們也不敢輕忽這樁可能演變為國際訴訟的侵權案，尤其是歌曲授權使用的對象是亞特蘭大奧運委員會。在奧運史上首次爆發宣傳曲侵權爭議，爆發的時機又正巧是四年一度的奧運賽事如火如荼進行中，奧委會的焦慮與持續施加在授權單位——EMI唱片公司的壓力可想而知，難怪EMI唱片公司要求維京唱片的律師親自來電解釋，進一步想知道這對原住民夫婦的要求。

既然對方拋出問題，我們就得給答案，權利人被侵害時，首要的訴求當然是「正名」，侵權者必須要承認真正的權利人是何人，並且昭告天下。因此，在我與滾石高層內部討論和解條件的會議中，第一項通過的共識就是EMI唱片公司與奧運委員會必須公開宣示〈歡樂飲酒歌〉演唱者是台東阿美族原住民郭英男夫婦，同時對於未經郭氏夫婦同意，擅自使用他們的歌聲，必須表達歉意。

權利人的尊嚴保住了之後，接下來要討論實質的損失，這個議題就涉及著作財產權的侵害，因而產生唱片版稅及授權金的損失，以及著作人格權的侵害衍生的精神上損害。通常侵害著作權造成的精神上損害，法律不會具體規定，被害人無法從著作權法條文找到具體金額的根據。因此我建議滾石唱片決策核心，先考慮著作財產權的經濟損失，這類著作權與授權金的計算，屬於唱片公司較為熟悉的財務模式，滾石唱片較能掌握相關數據。不過，面對國際唱片公司全球性的行銷實況，大家仍有疑惑……。

「律師，我們對於ＣＤ售價、藝人版稅比例都瞭如指掌沒錯，可是ＥＭＩ唱片究竟在《徘徊不定》這張專輯銷售過程獲利多少？銷售總數量是幾張？還有他們授權〈返璞歸真〉這首歌曲給奧委會所收取的授權金，我們現在都無法得到精確的數據，要怎麼算出求償的金額呢？」魔岩唱片總經理在大家熱烈討論賠償項目之際，提出關鍵的問題。確實這些數據不明，將造成求償計算的瓶頸，財務長接著問：「我們可以要求ＥＭＩ唱片公司提出這些數據或授權合約嗎？」

「恐怕很難，維京律師的態度急於撇清侵權責任，怎麼可能主動提供ＥＭＩ公司商業機密與財務收入？唯一可以得到這些數據金額的合法管道，只能透過法院發動調查權。可是目前還沒進入訴訟階段，無從啟動司法調查審計機制，倒是有位熱心的中國郵報《*The China Post*》記者鍥而不捨地追蹤這個案子，她寫信問了ＥＭＩ唱片公司的高層，經理告訴她這張專輯在全球已經賣了五百萬張，也許我們可以用這個銷售量作為推算演唱者版稅的基礎。」我找出《中國郵報》記者傳真給我的信件交給財務長，一邊解釋法律程序。

財務部門主管邊看信函，邊拿ＣＤ確認曲數說道：「一張ＣＤ如果售價是台幣二百五十元，共有九首曲子，暫時先以十首整除，再以百分之二十的藝人演唱版稅計算，藝人每張ＣＤ可以拿到十二塊半，五百萬張的全球銷售量，可以作為求償的版稅，而且還應該加上著作人格權的精神賠償跟奧運的授權金。我們的計算基礎這樣合理嗎？」財務長想確認計算公式是否可行。

「我想在美國音樂工業，歌手的版稅應該無法給到這麼高的比例，百分之二十真的很高，這一部分可能要再確認。」我提醒和解金的計算要符合唱片行業的商業模式，勿太樂觀。

「而且〈Return to innocent〉這首曲子一半是ENIGMA樂團的歌聲，郭英男夫妻演唱的部分大約只占一半，因此歌手版稅必須再折半。」魔岩總經理Landy再挑出另一個計算版稅的重點。於是大家再重新檢閱專輯CD及權利項目，以及美國律師提供的藝人可以求償的細項信函。

會議持續兩、三個小時後，我作了初步結論：「根據郭英男夫婦在這張『謎』樂團製作的專輯所享有的〈返璞歸真〉歌曲的權利，包括編曲的音樂著作權及演唱〈歡樂飲酒歌〉的表演著作權，擁有版稅比例為十八分之一（曲數九分之一乘以歌曲比例二分之一等於十八分之一），以這個比例計算銷售版稅及授權金，具體金額請美國律師調查《徘徊不定》專輯唱片銷售量，依照美國唱片公播規定，算出求償數據，以及要求日後專輯繼續發行的版稅支付方式與專輯署名。」

會後我將會議結論轉告美國律師後，美國律師允諾透過管道查訪《徘徊不定》專輯銷售數據，同時著手撰擬和解條件的信函手稿。一週後滾石唱片的高層再三審閱美國律師的和解求償信函後，確認內容無誤，通知我轉告美國律師於翌日（八月一日）將求償和解信函傳真予維京唱片的律師，接下來又得沉住氣等候對方的回音了。

經過整整兩週的等待，我方委託的美國律師終於傳來消息說：「今天（八月十四日）我與維京唱片的律師協商，他們提出質疑，認為郭英男的〈歡樂飲酒歌〉是一九六六年在台灣錄製，一九七九年唱片在台灣發行；而一九六六年台灣並無世界各國承認的著作權法，郭英男的歌曲錄音不受美國保護，因此EMI唱片公司無須賠償。」

沒想到等待的結果，居然獲得如此不負責任的答覆，滾石唱片高層與我均感憤怒與憂心，覺得此樁侵權案的談判恐怕困難重重。但是對方的質疑又不能不回應，於是我盡快查閱相關資料後，向我方委託的美國律師說明以下重點：

1. ENIGMA專輯中郭英男夫婦的歌聲是一九八八年錄製，在法國發行的《台灣原住民之複音歌唱》專輯內頁說明書載明〈歡樂飲酒歌〉是一九八八年在法國錄製；
2. 如果EMI唱片堅持是在一九六六年錄音，應該舉證；
3. 台灣一九二八年已制定有著作權法，一九四六年中美通商友好協定中明確規定著作權保護的互惠原則，一九九三年的中美協定第四條也明定台灣人民的著作權在美國亦受到保護，保護期可以追溯到一九六五年，因此不論是一九六六年或一九八八年的錄音，郭英男夫婦演唱的歌曲在美國都應該受到保護。

美國律師獲悉後找到相關規定，過兩天立即將這些重點以書面回覆予維京唱片的律師。

詎知維京律師研究一週後回電，居然強調一九九三年的中美協定不能拘束美國，這個答覆真是匪夷所思，幸好翌日（八月二十三日）我方美國律師就列舉美國法院的案例支持中美協定的效力及於美國，美國必須遵守協定的內容，並且以書面向維京唱片的律師解釋。沉寂了十日後，維京唱片的律師才回覆，表示將與ＥＭＩ唱片公司討論後，再作決定。

在焦灼等待美國和解談判回音的同時，台灣的法律追訴動作也同步展開，我代表郭英男夫婦在七月十八日寄發律師函予中國電視台及ＴＶＢＳ電視台，主要強調法國「法國文化之家」未徵得郭英男夫婦的同意，將其演唱之歌曲〈歡樂飲酒歌〉錄製為鐳射唱片，不僅未在該鐳射唱片上註明郭英男夫婦為演唱者之字樣，甚且事後擅自授權德國 ENIGMA 合唱團唱片公司收錄於《RETURN TO INNOCENCE（返璞歸真）》專輯，該專輯亦未註明演唱者姓名，更未支付權利金，近日一九九六年亞特蘭大夏季奧運會選錄為宣傳短片歌曲，一再侵害著作人格權及財產權，電視台未經郭英男夫婦之授權，於晚間新聞奧運特別報導中持續播送〈歡樂飲酒歌〉之樂曲，有侵害郭英男夫婦著作權之嫌。籲請電視台盡速提出合法授權之相關文件，如涉有侵權情事，則應出面澄清處理。

十天後中國電視台指派主管來到我的事務所協商和解事宜，中視提出和解建議，希望雙方能簽訂和解書及〈歡樂飲酒歌〉的歌曲使用同意書，中視願意為郭英男製作播映特別節目。我趕緊將此和解條件轉達給滾石唱片，由魔岩的總經理向郭英男夫婦解釋。在美國和解談判陷於膠著之時，中視積極出面商談，我們都希望能達成和解，由侵權單位承認錯誤並致歉，讓我們持有一份註明〈歡樂飲酒歌〉權利人是郭英男夫婦的文件，這將會為低迷的侵權案注入強心劑。

沒料到唱片公司將中視的和解案件轉知當事人後，郭英男夫婦與家人不知何故商量多日，遲至八月八日始同意和解，中視獲悉後，認為亞特蘭大奧運業已閉幕，此時和解已無實益，故婉言回絕。我們接到此訊息，頗感錯愕，但也無奈，僅得另外冀望TVBS電視台能善意回應，孰料八月十九日TVBS委託律師回函表示：「奧委會聲稱亞特蘭大奧運的宣傳曲使用〈歡樂飲酒歌〉曾獲得合法授權，並無侵權疑義，如郭英男夫婦主張享有〈歡樂飲酒歌〉的著作權，應該要提出權利證明。」

顯然電視台根本不相信郭英男是〈歡樂飲酒歌〉的權利人！明明是郭英男夫婦演唱的歌曲，全世界都否認不了，可是一旦進入法律程序，就需要種種證據方法來證明權利的存在，這是文明世界設定的遊戲規則，不是一個原住民所能理解或做到的。倘使郭英男沒有與唱片公司簽約，唱片公司沒有委託律師團隊接案，恐怕到現在還沒有人知曉曾經有一張在美國告示排行榜 Billboard 蟬聯三十二週前一百名，全球銷售量逾五百萬張的專輯唱片中有一首主打歌一半是台灣阿美族的原住民演唱的。

可是縱令中、美律師攜手合作，提出侵權賠償的訴求，目前客觀局勢都對我們不利，除了專輯CD的歌聲可以透過鑑定確認是郭英男夫婦的原音外，所有的人證、物證、書證都無法作為郭英男擁有〈歡樂飲酒歌〉權利的依據，難怪國內、外侵權單位有恃無恐地陸續宣稱使用歌曲業經合法授權，拒絕和解。最初聽聞奧委會委員吳經國報告亞特蘭大奧運宣傳曲使用原住民郭英男的歌聲，奧運主席薩瑪蘭奇於七月十七日立刻裁示以奧委會名義發函向郭英男夫婦致敬，併表謝忱；但在翌日收到郭英男委託的美國律師寄發侵權警示的律師函之後，奧委會改口表示俟全案法律程序結束始表明立場。

想必奧委會認為全案係遭受池魚之殃所致，否則在奧運宣傳曲播出之前，已經依法向唱片發行公司EMI取得授權，怎麼事後又被扣上「侵權」的罪名？奧委會收到律師函之後，當然要求授權者——EMI唱片公司出面交代，因此眼前侵權案能否和平解決的關鍵，端在EMI唱片公司的態度與立場。

在歷經國內播放侵權歌曲的中視、TVBS電視台拒絕和解，加上奧委會改變和善的態度後，我們也在屏息等待EMI律師的回覆。從七月底、八月中旬到九月初的聯繫、溝通、解釋，維京唱片的律師就藉辭要與EMI公司商議，開始神隱。經過一個月音訊杳然，我們要求美國律師十月三日直接電詢EMI英國發行公司，電話中對方允諾一週後德國瑪寶製作公司指示律師具體回應，但期限屆至後卻石沉大海，於是十月八日我方的美國律師發函催促維京唱片盡速回覆。遲至美國感恩節前夕，EMI唱片公司之委託律師竟以EMI唱片公司並未侵權，以及貧窮的原住民郭英男無力在美國打一樁可能耗資高達美金一百萬元的侵權官司為由，悍然拒絕和解。

殷殷期盼了四個月，非但和解談判破裂，對方甚至以如此輕蔑侮辱之字眼作為其被發現盜用著作之回應。郭英男得悉此一噩耗後，失望之餘，十分不解，為何法律支持他的立場，對方侵權後，卻仍如此跋扈，不肯認錯？他一輩子未進過法院、打過官司，無法理解犯錯的人常常是要到最後關頭才會低頭面對法律的制裁。郭英男天真地以為，今天我們提出抗議，明天對方就會致歉改過。

在歷經四個月的侵權案引爆、發函警告、談判協商、和解破裂之後，提告與否，滾石與魔岩唱片陷入兩難，數度召開會議深入討論及評估。當我再度前往魔岩唱片開會，在深切關心本案的魔岩唱片負責人段鍾潭、總經理張培仁面前，詳細分析美國法院的訴訟程序，及可能耗費的時間、金錢、人力後，本案的主角郭英男沉默了，他沒有想到正義的爭取、權利的維護竟要付出這麼大的代價……。

魔岩唱片看到郭英男眼中的渴望、語氣中的堅持，在公司經過數日的密集討論評估，最終為了維護原住民的音樂與郭英男的著作權，決定不計代價為改變台灣之形象、維護阿美族之尊嚴、爭取郭英男夫婦之權益，全力支持郭氏夫婦勇敢地跨出第一步，向國際唱片公司宣戰——進入美國法院提告，希望打一場漂亮的國際侵權法律戰。

接下來要正式部署戰局、選定訴訟律師、決定起訴法院及提求侵權求償的訴求。我先在台灣蒐集資料，篩選比較可能合作的律師事務所，在美國聖誕假期結束後，飛往美國與數家律師事務所接觸，詳細了解侵權訴訟的程序。美國律師先作出初步分析，如果郭英男夫婦提告侵權案，採取「簡易訴訟」的程序，只需歷經三個月的法院書面審理，毋需陪審團冗長的審判過程，全部費用為美金二十六萬元，但是採此途徑勝訴率不高，因為迄今為止，居於全案關鍵的×教授尚未表態與我方站在同一立場，而且ＥＭＩ唱片公司矢口否認郭英男享有〈歡樂飲酒歌〉的著作權，因此走「簡易訴訟」的程序必然不能爭取勝訴結果。

另一個選項是進入美國法院「一般審判」程序，由於須經陪審團審判，估計官司至少耗時三年，律師費用高達美金八十五萬元，缺點是費用過高，而且曠日費時，當事人郭英男的年紀與體力恐怕無法負荷前往美國出庭或參加記者會，且扣除成本費用後，縱使勝訴，對方的賠償額度也所剩無幾。但是好處是透過這樁空前的跨國訴訟，可以達到宣傳原住民音樂的目的，又能爭取郭英男的法律權益，而且勝訴時對方須負擔原告的合理訴訟及律師費，可以降低我方的成本費用。

我把這些評估因素及資訊帶回台灣後，引發滾石唱片決策核心的激烈討論，雖然大家都同意採取「一般審判」程序，但是律師費及相關費用——法律訴訟費一千元美金、證人口供取錄每人三千元美金、專家鑑定費（會計師計算ＥＭＩ唱片的專輯收益、音樂專家比對侵權歌曲等）每人五千至兩萬元美金、審判翻譯費、交通車馬費、郵電影印等雜支，加總金額令人咋舌，當事人郭英男必然無力支付分毫，全部費用須仰賴滾石／魔岩唱片負擔。因此滾石內部陷入長考，滾石老闆希望有其他付款方式的選項，於是詢問我有無分段支付律師費用的可能性，先支付定額較低的費用例如兩萬至五萬元美金，俟我方勝訴再支付後酬（contingency）？

我再向美國律師事務所查詢，多數事務所拒絕，因為此案非常複雜，不僅侵權地跨越亞洲（台灣）、歐洲（法國）、美洲（美國），歌曲使用歷程及案情發展長達三十年——一九六六至一九九六年，牽涉三十年間各國著作權法的變更及案情事實之難以掌握，加上被告是EMI唱片公司，勢力龐大、人脈綿密，原告的律師打贏官司拿到後酬的機率極低，於是多數接觸中的美國律師事務所放棄接案機會。後來有位華人律師提醒，選擇律師事務所須先確定起訴的法院，如果決定在東岸起訴就不適宜找西岸的律師；反之如果選定在洛杉磯起訴，就不宜委託紐約的律師接辦，否則不僅交通費用增加，而且律師不熟悉當地法院的習慣與流程，會影響案件的進行。

面對如此善意的律師，我把握機會進一步請教他如何確定起訴法院？他不厭其煩地詳細分析：「這個侵權案被告是EMI唱片公司及奧委會，由於EMI唱片銷售侵權歌曲〈歡樂飲酒歌〉的專輯銷售範圍遍及全美，因此美國每一個州都可以起訴。不過因為原告是台灣人，又是原住民，倘使選擇比較保守的州，或是白人較多的州，譬如美東的紐約、波士頓、華盛頓，恐怕陪審團及法官都不具同理心，也不會特別同情郭英男的被害人遭遇。這種跨國的侵權案，最好要找移民較多、娛樂業發達、觀念較開放的州，例如加州，它的電影工業蓬勃發展，法院對於音樂產業比較熟悉，而且外國居民比例高，陪審團的成員也會包含外國人，可能比較同情台灣的原住民，這樣勝訴的機會就提高了。」

確實有道理，我順勢請這位華人律師介紹加州洛杉磯的律師事務所，他欣然同意，立刻推薦曾經合作的法律事務所，強調他們擁有出色的智慧財產權部門的律師。在數度洽商後，這家事務所樂意以較低額度的訂金，以及搭配收取後酬的方式與我們合作，並且在很短的期間內提出案件訴訟程序的時程表，簡要整理後寄給我們：

（一）一九九七年一月三十一日前郭英男夫婦在美國洛杉磯聯絡地區法院起訴

＊原告：郭英男、郭秀珠

＊被告：ＥＭＩ唱片公司、亞特蘭大奧運籌備委員會（Engima、Virgin Records、Mambo Music、Maison des Cultures Du Monde 將相繼在訴訟中被ＥＭＩ牽連為被告）

＊訴求：①賠償過去合理損失（起訴時無法精確估算，須在訴訟中委託會計師向ＥＭＩ財務部門索取全部報表資料鑑定）

②支付未來合理版稅收入。

③更正著作人姓名。

（二）被告ＥＭＩ、亞特蘭大奧委會須針對原告的起訴狀提出答辯

（三）聯邦地區法院接著將要求原告、被告在起訴之日起六十日內交換所得相關文件資料（ex.法國文化之家與 Enigma 簽訂之授權合約，Virgin Records 與ＥＭＩ簽訂之發行合約，ＥＭＩ公司之版稅報表）

（四）法院進行發現真實程序（discovery）原告、被告可要求證人作「口供取錄」之程序。EMI可能要求原告郭英男、相關證人前往美國作證。

（五）法院強制和解，和解不成則進入辯論、陪審團聽審程序，最後達成判決。

美國律師還預估從（一）至（五）須耗時三年。在審慎長考後，滾石唱片決定與他們合作，正式委託在加州法院開啟訴訟。

本來以為一旦委託美國的律師接辦此案，開始要提告，向法院起訴，我在台灣的法律支援工作會減少，沒想到不減反增。因為在美國打侵害著作權的官司，必須先在美國協會辦理著作權註冊登記，才能到法院起訴，於是我得在台灣先準備〈歡樂飲酒歌〉的基本資料及郭英男演唱的檔案，全部翻譯成英文，提供給美國律師代為申請著作權登記，這個註冊手續就耗費將近半年。

此外，美國律師要求我研究台灣一九六六年起至起訴的著作權法的立法沿革及各次變更的法條內容，並且對應到這個侵權案件重要時間點一九六六年×教授田野採集、一九七九年台北第一唱片錄音、一九八八年法國文化之家表演、一九九四年EMI唱片發行專輯、一九九六年美國奧運侵權的各階段台灣著作權法的相關規定。尤其是針對我方主張侵權的編曲音樂著作權及表演著作權之法律依據，以及著作權法主管機關的意見。於是我將立法院相關資料詳細研讀、一一臚列，再佐以文字分析說明，撰擬完成一份厚厚的法律意見書。

孰知擬就這份文件之後，美國律師認為還不足以證明郭英男享有編曲音樂著作權，我只好請教美國律師要提出怎樣的證據，法官才能相信郭英男曾經針對〈歡樂飲酒歌〉重新編曲？美國律師的答案令人傻眼，他要求提出的證據方法，簡直是強人所難，聽完他的回覆，我真想放棄不幹了！

美國律師說：「請妳找出幾十年前郭英男改編後的版本，讓法官比對是否改編程度高達百分之八十以上，而且這兩份版本比對的檔案要提交到法庭之前，請妳找到台灣的專家鑑定人，鑑定兩個版本的異同，再加註相對應著作權法的法律意見，提出英文版的法律意見書。這份法律意見書不適宜由妳或我撰擬，因為法官需要第三方的專家意見，我們都是郭英男的委託律師，寫出來的法律意見書公信力不足，陪審團也不會採納的。」

幾十年前改編的歌曲版本到哪兒去找呢？我們哪知道郭英男改編前長年流傳於部落的〈歡樂飲酒歌〉旋律為何呢？我們只是聽過部落耆老及郭英男提過這個故事，而且約略哼出原版的旋律而已，要怎麼去找到幾十年前的原版歌聲呢？這項不可能的任務怎麼達成呢？萬般苦惱之下，我還是得接下這個艱難的任務，同時向滾石唱片求助，期待他們能找到歷史檔案。魔岩唱片公司人員直接飛到台東，上窮碧落下黃泉，四處向部落打探歷史資料，動員許多族人翻箱倒櫃，翻遍整個部落，居然不負所託，找到幾十年前的〈歡樂飲酒歌〉老版本，當時稱為「第二首長歌」。我們比對郭英男改編後的版本，確實已有八成以上的改變，顯然能夠證實我們提出郭英男擁有編曲之音樂著作權的主張。

可是這種版本比對的結果不是我們說了算，美國律師知道有這個結果之後，興奮之情溢於言表，但仍提議由專家證人來進行比對、分析，作成書面意見。到底要怎樣的人選才能符合這個需求呢？雖然旋律的差異一聽即知，可是要把這份差異對應到相關著作權法規定，整理出台灣著作權法近三十年來的沿革變更，恐怕只有法律學者可以勝任，於是我回到母校討救兵。昔日台大法研所的學長謝銘洋在德國攻讀法學博士後，回到台灣大學法律系任教，專攻智慧財產法，著作權相關的著作豐富，講學著述在國內頗受好評。我把謝銘洋教授的職經歷傳真給美國律師後，他們認為謝教授的資歷日後擔任侵權訴訟案的專家證人無可挑剔，因此請我先委託謝教授撰擬法律意見書，作為侵權案提告的準備。

我把不同版本的〈歡樂飲酒歌〉錄音帶，以及侵權案的三張專輯CD，包括第一唱片公司的《阿美族民歌》、法國文化之家的《台灣原住民複音歌唱》與EMI唱片一九九四年發行的《徘徊不定》專輯一起帶著，再準備侵權案文件，包含我整理的案情分析、事實經過與法律意見，前往台大法學院拜訪謝銘洋教授。由於事前在電話裡已經說明案情梗概，謝教授完全掌握事實背景及案情資料，於是我們在教師休息室一見面就播放〈歡樂飲酒歌〉新舊版本，謝教授反覆聽了幾次，確定新版本的歌曲已經修改百分之八十以上的旋律。繼之討論此案在台灣、美國、法國的侵權要件，及EMI唱片與奧委會應該承擔的賠償法律責任，在確立這些被告的侵權責任後，謝教授欣然接受這項委託，允諾一個月內完成中、英文版的法律意見書。

在一切起訴文件備齊後，郭英男夫婦透過滾石／魔岩唱片的支持協助，以及我的安排，委託美國律師向加州中央地區法院遞交起訴狀，起訴狀首頁載明，原告是郭英男郭秀珠，被告包括維京唱片公司（VIRGIN SCHALLPLATTEN GmbH）、瑪寶音樂公司（MAMBO MUSIC）、CHARISMA RECORDS OF AMERICA、CAPITOL-EMI MUSIC, INC.、「謎」樂團（ENIGMA）、MICHAEL CRETU（製作人）、國際奧林匹克運動委員會（INTERNATIONAL OLYMPIC COMMITTEE），案號為 97-9602 JSL（AIJX），訴請侵害著作權之損害賠償，而且特別註明需要陪審團，起訴狀內容重點如後：

1. 根據一九七六年著作權法，美國法典第十七篇第一〇一條及其以下之規定，此係一侵害著作權之訴訟。
2. 依美國法典第二十八篇第一三三一條、一三三八條（a）和（b）項及其補充管轄權，此訴訟係隸屬於此法院所管轄。
3. 原告郭英男和郭秀珠為夫妻，係一音樂作品之著作人、音樂著作之表演人及於中華民國台灣省台東市豐谷北路所錄製之音樂錄音物之製作人。
4. 原告聲稱一九九二年十二月後，被告等分別故意暨直接地侵害原告之歌之著作權，包括實際地抄襲、公開地演出、製作暨散布或授權有聲錄音物之製作及散布、參與並助長如此之侵權行為或分得所有藉由實際地使用原告之歌於被告 CRETU 和「謎」

樂團錄製之〈返璞歸真〉一曲及作為此曲之一部所得之收益。

5. 〈返璞歸真〉一曲後以單曲之形式呈現並收錄於《徘徊不定》（Cross of Changes）專輯。

6. 被告CRETU、「謎」樂團和瑪寶音樂公司參與並促成重製原告之歌以創作及錄製〈返璞歸真〉一曲。

7. 被告瑪寶音樂公司、CHARISMA、CAPITAL及維京唱片公司促成暨參與製造並散布用於機械上重製〈返璞歸真〉一曲之有聲錄音物於美國及世界各國。

8. 被告奧委會、CRETU及「謎」樂團促成暨參與「謎」樂團公開演出〈返璞歸真〉一事。

9. 奧委會特別使用原告之歌於一九九六年奧運會之宣傳短片中。

10. 原告等係於一九九五年始知悉被告等直接侵害原告等之國際著作權之違法行為。

11. 被告等因未分別地於相關之有聲出版物說明書中將原告之歌之來源及著作權之所有權歸屬於原告等，而製造了一個關於原告之歌及其錄音物錯誤來源的印象。

12. 原告等未獲得法律上應有之補償，且上述錯誤之說明書已造成且將繼續造成原告無法彌補之傷害暨損失。據此，原告等主張其個別之請求：

（1）訴訟未決期間暨永久地禁止被告等個人、其各個代理人、受僱人及代表人以任何形式侵害原告等之著作權，包括銷售、製造、散布被告CRETU與「謎」樂團所錄製之〈返璞歸真〉錄音物暨授權、促成參與及助長任何之侵權行為。

（2）命令被告等每人結算由渠等之每一著作侵權行為所生之所有營利、收益暨利益，並給付原告等因每一侵害上述著作權之行為所遭受之損害賠償金額或法院就著作權法規定之適當範圍內所判之損害賠償金額。

（3）命令被告等每人宣誓交付於訴訟未決期間及為銷燬所扣押之所有侵權複製品、錄音物、有聲錄音物暨所有金屬版、板模、鑄作物及任何其他製造侵權錄音物、有聲錄音物複製品之工具。

（4）被告等應給付原告等此訴訟之費用包括法院允許原告等得請求之適度之律師費用。

（5）原告等應得其餘暨後續之補償。

戰鼓鳴起，台灣原住民向國際唱片宣戰，且看美國法院如何面對這樁跨國侵權訴訟了。加州法院受理此案後，要求原告將起訴狀繕本送給每一位被告，包括EMI唱片公司、維京唱片公司、瑪寶音樂公司、克里圖製作人、謎樂團、奧委會。

起訴十日後，承審法官 J. Spencer Letts 代表法院通知原告與被告兩造，〈歡樂飲酒歌〉侵權案由他承辦，被告應該在收到原告送達的起訴狀後三十天內提出答辯狀，繼而雙方律師應在律師事務所進行強制性的非正式會議，討論此案的審判準備事項。

美國訴訟制度與台灣法院實務有極多地方不同，以起訴狀送達為例，在台灣的法院提起民事訴訟時，只要把起訴狀正本及依被告人數準備的繕本份數同時交給法院收發處，原告的責任已盡，接下來只需等候法院通知，送達起訴狀的責任完全由法院承擔。法官要負責把起訴狀寄達給每一位被告，萬一原告起訴狀上提供的被告地址送達不到，法官再通知原告另行呈送被告戶籍地或公司營業所，或以公示送達的程序代之。但在美國法院則必須由原告自行負責將起訴狀送交到每一位被告手上，並且須有送達的證明。倘若雙方對於書狀送達發生爭議，原告必須提供送達員的證詞或物證，用來證明已盡到起訴狀送達的義務。

這個侵權案我方律師在訴訟程序中，首度遭遇的問題就是起訴狀送達的困難。被告之中公司法人包括奧委會、ＥＭＩ唱片公司、維京唱片、瑪寶音樂、克力斯瑪唱片及謎樂團只經過一些時日的文書作業處理，就順利地送達起訴狀，但專輯製作人克里圖（Cretu）長時間外出，不住在居所地，送達員幾次都無法順利送達給他本人，後來美國律師不得已，在商請我們的同意後，特別僱請偵探查訪被告克里圖的現居所，才查知克里圖剛巧在這幾個月前往地中海上一個小島旅行兼出差工作，出沒不定，偵探花了好大的力氣才帶領送達員成功地將起訴狀面交給小島上的克里圖本人，完成起訴狀送達任務。當然這筆額外的偵探費及搭機／船到小島的交通費又得由我方支付，這些意外的支出日後不斷地出現，滾石唱片事到臨頭也得咬緊牙關地概括承受，全面買單了。

被告ＥＭＩ唱片在民國八十七年一月二十日收到起訴狀，二月九日就委託律師史密斯 JOEL McCABE SMITH 來函告知我方郭英男夫婦委託之美國章均寧律師（EMIL C. CHANG），聲明他代表被告進行本案訴訟，將於二月十九日提出答辯狀，並詢問EMI及維京 Virgin 唱片公司送達情形。章均寧律師在二月十二日回信，提醒史密斯律師此案備受國際矚目，隨著案件之訴訟進展，對於被告之負面批評聲浪也將接踵而至，被告律師團宜有心理準備。

章律師除了代表郭英男夫婦處理侵權案的訴訟程序之外，還寄發「爭議通知書」到美國著作權登記機關 ASCAP，要求提供侵權案歌曲〈返璞歸真〉應支付的所有權利金明細。此外，我們考慮郭英男夫婦預備在法國向「法國文化之家」及其他發行〈返璞歸真〉歌曲的公司提告，章律師也同步聯繫其事務所之法國合作律師 Therese de Saint Palle，委託研究本案在法國訴訟的可行性，及查明法國文化之家的組織性質、創立時間、目的、經費來源。

Palle律師研究案情後，提出一連串疑問，我方章律師於二月十九日回覆如後：

1. 郭英男夫婦對於×教授錄製之專輯或「法國文化之家」製作之CD皆不知情，亦未針對其後被告等所發行之錄音著作物為任何口頭或書面之授權；
2. 除就「法國文化之家」外，我方亦有意控告法國之EMI、Capito l及 Virgin 公司；
3. 已要求律師考慮對台灣EMI起訴或發律師函，使此案於世界各國之訴訟同時進行以促進此案盡早圓滿之解決。

章律師同時以書面答覆法國律師的助理 Alexandra 之問題：

1. ×教授於一九七八年與郭氏夫婦接觸並錄製了一品質不佳之錄音著作物，後其基於錄音效果之考量，乃製作了一九七九年之錄音物。「法國文化之家」所使用者即係一九七九年之錄音物；
2. ×教授製作前揭錄音物可能係代表×藝術基金會所為。我方並未擁有前揭收錄被侵權曲〈歡樂飲酒歌〉之錄音物；
3. 根據過去十八個月來之調查，我方並未發現郭氏夫婦所簽署之任何書面授權文件，關於此點將再向律師確認；
4. 此案系爭歌曲僅係〈歡樂飲酒歌〉，將寄一卷此原曲之拷貝帶予 Alexandra。

同一時間加州法院的法官 Letts 也有動作了，法官決定一九九八年四月一日召開「準備會議（status conference）」，雙方律師接到傳票後，如期出席會議。會議開始法官一坐定就疾言厲色地向被告們諭示：「我絕不允許這麼複雜的案子進入我的法庭，接受大陪審團的審判，你們必須立刻商談和解。」被告公司委託律師默不回應，在兩造依程序陳述各自主張後，法官指示雙方在兩週內交換書狀，說明事實及提出相關書狀。

我方律師章均寧在五天後立即以信函通知ＥＭＩ公司委託的史密斯律師，表明：「1.原告對於合理的和解條件保持開放的立場，如需進一步討論和解事宜，我隨時願意配合；2.你們所聘請的中國律師提到郭英男夫婦的〈歡樂飲酒歌〉一九七九年錄製的版本在當時不受台灣著作權法保護的觀點是錯誤的，你們應該重新檢視所有法律的規定；3.尤其最值得注意的是在此案中你們所主張著作權已轉讓予被告公司的說辭是無法獲得台灣著作權法的支持。」

史密斯律師代表ＥＭＩ唱片公司在同日（四月六日）立刻回信，針對我方章律師的前述告知完全不作回應，只是攻擊原告的傳票尚未合法送交全體被告，甚至從程序中否認加州中央地區法院對於此案擁有司法管轄權，企圖從程序的合法性推翻此案。他不懷好意地宣稱：「我完全看不出來被告維京唱片公司關於謎樂團〈返璞歸真〉歌曲與美國加州地區法院有何關聯性，請讓我知曉依據什麼行為或事實可以合理化原告在加州控告維京唱片的論點」。

到了四月十五日史密斯律師又寫了一封措詞強烈的信，除了抱怨我方律師尚未在兩週內依照法官的指示提出「事實、文件與證據」交付給被告，以至於被告的答辯狀需延期提出之外，還強調郭英男夫婦演唱的〈歡樂飲酒歌〉的著作權享有者的主張完全欠缺法律根據，甚至依被告的研究，在那段時期台灣的法律對於錄音帶（sound recordings）並無任何保護的規定。

史密斯律師以示威性的口吻說：「案發當時美國的著作權法相關規定倒是非常明確，倘若你們找到台灣法律任何可以支持原告論點的條文，願意提供給我們參考，我們會倍覺感激！一旦你們可以提出 Letts 法官所要求的有力事實與證據，我們被告一定會照法官庭諭，立刻回應。」最後史密斯再次強調維京音樂公司在美國加州並沒有參與任何實質經濟活動，加州法院對維京音樂欠缺司法管轄權，郭英男夫婦不應該對維京音樂提告。

史密斯律師的信函字裡行間充滿倨傲與挑釁，不斷抬出 Letts 法官的名義，企圖施加壓力，迫使我方提供更多訴訟資訊。章均寧律師緊急與台灣的我們透過電話、傳真信函及電子郵件密集協商後，在四月二十三日嚴肅凌厲地回應史密斯律師的信。

信函首段就抗議被告的主張——郭英男夫婦的歌曲著作權不受法律保護，認為被告這種立場是不符事實，也不合法。接下來指出四月一日的庭訊中，我方已詳細分析解釋郭英男改編〈歡樂飲酒歌〉的旋律，新舊版本大相逕庭，有證人可以證實。並且反過來要求被告，如果堅持郭英男的歌曲屬於公共財Public domain，應該同步提出證據，包括人證與物證。

章律師信心堅定地答覆：「我們研究這個案子超過一年，發現沒有任何證據支持郭英男演唱的〈歡樂飲酒歌〉是公共財，所有我們準備的證據都指向郭英男擁有全部的著作權，這是無庸置疑的。為了協助你們了解台灣的著作權法，於茲說明台灣著作權法曾在一九六四、一九八五、一九九〇、一九九二的六月及七月、一九九三年都曾修法，一九六四年的版本規定著作權受到一些限制，但是到了一九八五年大幅度修法頒布後，還規定可以追溯適用，依據第三章第十三、十四、二十四、二十七、二十九、三十一條（Article 3.

Sections 13 等）擴大著作權法的保護，盡量讓台灣之著作權法與伯恩公約 Berne Convention 一致，因此郭英男擁有〈歡樂飲酒歌〉的著作權是有法律依據的，倘使被告仍堅持相反的論點，請提供特定理由及法律規定加以說明。」

至於維京音樂的司法管轄權之訴求，章律師只以「等你正式取得維京音樂的訴訟代理委託，再來跟我談吧！」四兩撥千斤地回應了。同時要求被告提出下列資料：

1. 被告克里圖（製作人）的現今居所地；
2. 史密斯律師與維京音樂之關係；
3. 其他哪些被告主張〈返璞歸真〉的著作權；
4. 被告主張〈歡樂飲酒歌〉是公共財的法律基礎；
5. 〈返璞歸真〉歌曲在美國及其他地區銷售的收入來源及財務資料。

最後不忘提醒被告，希望他們能遵照法官的指示盡速針對本案作實質的答辯，勿再玩弄程序的技巧，那會是無濟於事，只是拖延訴訟而已！被告的律師史密斯收到這封嚴正聲明的信函後，不甘示弱，一週後也回覆一封充滿火藥味的信函，看來侵權案雙方的煙硝戰已經延燒到法庭外了。

史密斯律師在四月三十日回信中，不僅諷刺原告律師四月二十三日的信函對於案情的釐清毫無助益，無法提供被告理解為何郭英男演唱的歌曲擁有著作權，被告對於台灣著作權法深入研究，也完全掌握歷次修改的條文精神，但是這些修改與郭英男在本案擁有的權利有何關聯，還是無法獲得答案，因而有必要要求原告以書面回答下述問題：

1. 原告在本案中訴求的錄音是哪一年製作的？
2. 為何原告會演唱這首歌曲，錄製成錄音帶，有什麼情況促使他們錄音？
3. 原告質疑的這首歌曲的演唱錄音，是否沒有任何文件存在？
4. 原告主張一九八八年在法國文化之家表演時錄製的歌曲是有爭議的，這是原告所持的論點嗎？如果是的話，我方（被告）將提出明確的文件資料澄清這個爭議。
5. 原告主張侵權歌曲與成為公共財的〈歡樂飲酒歌〉有極大的差異，請提供明確的人證、物證讓我們查核。

史密斯律師在信中同時請求原告進一步解釋郭英男享有著作權的台灣著作權法依據，只要原告提得出來，被告一定能夠強有力地反駁。至於維京音樂的加州法院司法管轄權，被告毫無意圖要玩「程序遊戲」，如果有必要，雙方可能要回到法庭釐清這個重要議題，等到原告解釋清楚，被告維京音樂就可以決定是否委託律師處理此案了。章律師接獲這封極端不友善的信，雖然深感憤怒，認為被告只是推拖延宕，毫無解決侵權爭議的誠意；但也覺無奈，因為這種訴訟手法正是大財團面對訴訟常用的卑劣首段。為了避免法官誤會，章律師決定蒐集更多維京音樂在加州針對侵權歌曲進行的經濟活動的諸多證據，於六月十五日正式遞出書狀向法官解釋。

史密斯律師獲悉後，怒不可遏，連忙在兩日後寫一封信譴責我方律師，而且以極為鄙夷的語氣，批評我方律師迄未針對被告數次提問具體答覆。於是重複引述上一封信提出的問題，甚至加上結論指出，縱使郭英男主張的錄音帶有受到台灣著作權法的保護，錄音歌曲的著作權也應該歸於×藝術基金會享有，郭英男依然沒有著作權，那麼提出這件侵權案有什麼法律根據呢？信末還激烈地表示，既然原告一直答非所問，雙方的交換書狀淪為被告扮演獨角戲，將向法官報告訴訟兩造已走入死胡同，無法交換書狀釐清案情，請求法院重啟調查，但最後願意再給原告一個補正的機會，如果十天內原告再不具體答覆上一封信的提問，被告將請法官回復本案的訴訟程序。

不過史密斯又不忘語帶玄機地附上一段被告關於和解的看法，他說：「你們在六月十五日的書狀上表示和解的話，就不必再進入浪費司法資源的正式調查程序，被告也毋庸提出更多額外的資料，基於原告對於和解討論的渴求，我們認為這是很荒謬的建議！除非明天就是世界末日，不然我們怎麼可能面對原告無法證實他在本案的主張都是正確的，卻要求進入和解談判，這是前後顛倒的不合理的情節。假使原告期盼：提出一個和解的需求，我還是會跟被告們討論，對於本案進行評估，再提供和解的初步想法，如果你們有此堅持，就不必回覆我上述的疑問了。」

我們律師仔細研究被告最後這一封信，覺得很疑惑，被告的態度模稜兩可，表面上似乎很強硬地逼迫我方提出諸多事實證據，可是最終又不忘送上臨別秋波——和解的提議。究竟是被告拖延訴訟的策略，還是心虛企盼和解，令人費解，我與章律師商量的結果，認為這封信雖然語氣強勢，但真正用意我們仍須再三推敲，接下來是重啟和解談判，抑或回復法庭審判程序，端視承審法官的態度了。

我方律師在民國八十七年六月十五日遞出的書狀，點燃了〈歡樂飲酒歌〉訴訟的戰火，雙方真正要進入法庭攻防的肉搏戰。法官接著立即在七月十六日召開聽證程序，要求雙方以書面提出證人名單及證明的事項，同時必須摘要書寫證人的聲明書，互相交換資訊，作為審判的準備。被告律師立刻積極進行收編證人的工作，預備提交給加州法院的承審法官，列為審判庭傳訊的證人，這些檯面下暗自敲定的動作，我們事前完全無法探知，更無預防的可能，直到九月四日收到史密斯律師的信函，才知道被告謀略之強，用力之深！

被告律師提交的證人名單，最具震撼力的莫過於台灣的民俗音樂學者×教授，被告希望透過×教授的證詞，證實一九七八年他到台東錄製郭英男夫婦演唱〈歡樂飲酒歌〉，錄音著作權屬於×教授所有，並且在郭英男夫婦於一九八八年前往法國文化之家表演後，×教授翌年因應法國文化之家之請求，以×藝術基金會之名義授權法國文化之家使用，共同發行《台灣原住民的複音歌唱》專輯。這個關卡只要打通了之後，法國文化之家授權ＥＭＩ唱片使用，繼之再授權予奧委會，一連串原本侵權的違法行徑，一瞬間都翻轉為合法。此外，被告還列出台灣著作權法學者、法國文化之家職員、中國新聞的記者，將分別出庭證明台灣著作權法只保護錄製唱片者，法國文化之家獲得授權才使用〈歡樂飲酒歌〉郭英男夫婦的歌聲，以及郭英男夫婦早在一九九三年已經知悉EMI唱片公司使用他們的歌聲，藉此主張我方在一九九七年才提起訴訟，請求權時效業已消滅。

我們看到這份證人名單非常震驚，尤其看到×教授簽署的聲明書，更是難以置信，連忙與滾石唱片高層討論因應方案，同時電詢郭英男關於當年×教授錄製歌聲之經過。我將郭英男的說辭整理後傳真給章均寧律師，經過幾番電話、傳真信函往來後，我們發現這批被告既已勞師動眾，跨海尋求台灣的證人，且成功取得他們的允諾，勢必在法庭裡力戰到底，不可能輕易屈服。於是我們也作長期抗戰的準備，不僅增聘美國律師，加強律師團隊實力，並且於一九九九年一月十一日再追加侵權被告，包括EMI唱片轉授權的公司包括AKA製作公司、SONY音樂集團、Warlock唱片公司、電影公司等，合計十七家公司，成為侵權案第二波追訴對象，理由是EMI唱片使用〈歡樂飲酒歌〉並未獲得合法授權，EMI轉授權的公司當然也構成侵權，追加這些重量級的被告也展現我們全力反擊的決心！

雖然追加起訴的被告確實達到我們的策略目標——給予EMI唱片更大的壓力，迫使被告同意開啟第二輪調解會議。但是調解會議在雙方當事人、律師及保險公司持續六個小時的協商，而我在台灣徹夜守候，隨時通話討論下，依然功敗垂成，雙方各自提出的和解金額差距太大，和解終告破局。加州法院法官 Judge letts 確認兩造協商失敗，立刻訂下一九九九年七月十三日的審判庭，諭知原告郭英男夫婦必須出庭，在加州法院陪審團面前接受訊問。

沒想到起訴一年半之後，終究還是走到這一步，原告、被告雙方必須進入法庭接受審判，這是我們最不樂見的程序，它還是發生了。這時郭英男已經七十六歲了，體力大不如前，倘若一路從台灣飛到洛杉磯，我們真的沒把握經過飛機舟車勞頓之後，一旦步入法院，他能否頭腦清楚、鎮定如常地說明三十年前的事實？

在這個巨大的出庭壓力之下，我與美國律師都密切討論，苦思良策，看看能否找出好方法，讓郭英男夫婦不用承受出庭審訊的煎熬，又能夠解決這樁愈來愈棘手的侵權案。

我苦苦思索了兩個月，深感時至今日，與其坐困愁城，不如拿出殺手鐧與對方生死對決了。於是我向滾石高層提出前往法國控告法國文化之家的訴訟策略，三年前侵權案爆發，之所以沒有考慮與加州法院同步起訴，是憂心訴訟戰線過長，勞民傷財，而且心中深盼美國的訴訟可以盡速和解，毋庸開啟多國訴訟，以免增加經濟、時間、人力的勞費支出，沒想到美國法院的被告盛氣凌人、頑抗不屈，甚至神通廣大，請來了台灣多位專家證人出庭背書作證，眼看侵權案對我方日益不利，我只好建議滾石唱片再闢戰場，背水一戰。

美國的章律師與我電話溝通後，心情沉重地在八十八年四月十九日的來信中，作成法國訴訟的利弊得失分析，建請我方當事人盡快作成決定，好讓他與法國律師趕在五月份向法國法院起訴，藉由法國文化之家一併成為侵權案被告的訴求，加上媒體壓力，逼迫ＥＭＩ唱片出面談和。雖然這個策略極佳，而且也很可能達到我們設定的目標，可是多一條戰線畢竟又會增加人力、財務的負擔，因此滾石高層聽完我的分析後，猶豫再三，對於不熟悉外國司法制度的我們而言，打官司已是折騰，打外國官司更是辛苦，所以我也不忍心催促他們盡速定案，沉思三日後，滾石老闆請我詢問美國律師，可否以正式信函通知被告及「法國文化之家」，再給他們一次和解的機會，倘使三度和解依然破局，郭英男夫婦將在法國開啟侵權訴訟。

美國章均寧律師對於這種試探性地放消息的手法，完全沒把握效果如何，不過為了滿足當事人的需求，他還是聯繫ＥＭＩ唱片的史密斯律師，透露原告下一步即將採取的行動。史密斯律師不以為意地應允轉達這個訊息，我們都以為這種試探不足以發生多大效用，於是展開新一波的國際媒體宣傳與攻擊，沒想到一週後，卻有戲劇性的變化，ＥＭＩ唱片居然釋出善意，同意雙方再坐下來，進行第三次談判。我們驚訝之餘，仍期盼奇蹟出現，如果和解能談成，我們就毋需心驚膽戰地帶著年邁的郭英男夫婦，飛往美國出席七月十三日加州法院的審判庭應訊了。

不過雙方要趕在七月十三日開庭前完成和解談判，的確是樁不可能的任務，在沉重的時間壓力下，美國律師立即安排協商的時間地點。然而為了預防和解破裂，原告必須遵照法官的提示出庭應訊。章律師建議我們必須同步與郭英男溝通各項問題，包括我方律師及對方律師可能的提問，務必一切回答符合我方立場，不能有任何閃失，尤其對於被告律師可能會緊追不捨，死纏爛打的問題，要反覆演練，讓郭英男熟悉法庭氣氛及對方逼問方式，免得在情緒被擾亂下，不慎說出對我方不利的答案。於是我一方面與滾石唱片深入討論和解條件，一方面請郭英男夫婦北上模擬演練各項法庭提問，整個五月份全部心力投入這個案件，全力戒備，等候美方消息。

這一次的策略重點，一方面拉長戰線，向EMI唱片公司施壓，二方面引發國際媒體之注目。果然此項策略奏效，EMI唱片公司承受不了轉授權公司挨告後持續強烈的反彈與抗議，以及可能加入法國被告的戰略，再度要求商談和解。經過數週艱苦的談判，終於在同年六月間傳來和解的捷報，EMI唱片在其他眾多被告的壓力下，願意接受我方的和解條件，包括金錢賠償、支付版稅，承認〈歡樂飲酒歌〉的編曲音樂著作權及表演著作權為郭英男夫婦擁有，並且致贈兩張白金唱片，以示感謝他們的貢獻。

和解在即，郭英男先生卻陷入「接受和解或繼續審判」的疑惑與掙扎中，站在律師的立場，不能為當事人作成決定，只能分析利弊得失提供參考。經過數日的長考與家庭會議，郭英男先生親口告訴我，他同意和解，因為考量到EMI唱片公司提出的和解書中載明郭英男夫婦正式將歡樂飲酒歌追認授權予EMI唱片公司等使用，而且EMI唱片公司為感謝郭英男夫婦對專輯唱片的貢獻，承諾透過美國律師在八十八年十二月八日來台頒贈白金唱片予郭英男夫婦，並將在日後產製發行的鐳射唱片上標明〈返璞歸真〉一曲改編自台灣台東阿美族郭英男先生編曲、郭英男夫婦演唱之歡樂飲酒歌。

郭英男說他爭取尊重的訴訟目的達到了，而且阿美族天生喜好和平，在阿美族的音樂裡，只有包容、沒有對立，面對ＥＭＩ唱片公司的歉意與誠意，他沒有理由不原諒對方。八十八年六月八日郭英男夫婦當著我及魔岩唱片總經理的面親筆簽下了和解書，結束了這場長達三年的國際侵權爭訟。

MAGIC 23

INK PUBLISHING

正義是你想的那樣嗎？——訴訟實戰攻略

作　　者　　蘭天律師
總 編 輯　　初安民
責任編輯　　宋敏菁
美術編輯　　黃昶憲
校　　對　　潘貞仁　蘭天律師　宋敏菁

發 行 人　　張書銘
出　　版　　INK 印刻文學生活雜誌出版股份有限公司
新北市中和區建一路 249 號 8 樓
電話：02-22281626
傳真：02-22281598
e-mail：ink.book@msa.hinet.net
網　　址　　舒讀網 http：//www.sudu.cc

法律顧問　　巨鼎博達法律事務所
施竣中律師
總 經 銷　　成陽出版股份有限公司
電　　話　　03-3589000（代表號）
傳　　真　　03-3556521
郵政劃撥　　19785090　印刻文學生活雜誌出版股份有限公司
印　　刷　　海王印刷事業股份有限公司

港澳總經銷　　泛華發行代理有限公司
地　　址　　香港新界將軍澳工業邨駿昌街 7 號 2 樓
電　　話　　852-27982220
傳　　真　　852-31813973
網　　址　　www.gccd.com.hk

出版日期　　2019 年 5 月　　初版
ISBN　　978-986-387-289-4

定　價　450 元

國家圖書館出版品預行編目資料

正義是你想的那樣嗎？
——訴訟實戰攻略／蘭天律師著
--初版, --新北市中和區：INK印刻文學,
2019.05 面；14.8 ×21公分. --（Magic；23）
ISBN 978-986-387-289-4 （平裝）
1.訴訟法 2.個案研究
586 108004959